Coaching Fellows • Coaching hautnah

AF272188

Dr. Janine Hagen (Hrsg.)

COACHING HAUTNAH

Echte Coaches.

Echte Klienten.

Echte Transformation.

Bibliografische Information der Deutschen Nationalbibliothek: Die Deutsche Nationalbibliothek verzeichnet diese Publikation in der Deutschen Nationalbibliografie;
detaillierte bibliografische Daten sind im Internet über http://dnb.dnb.de abrufbar.

Die automatisierte Analyse des Werkes, um daraus Informationen insbesondere über
Muster, Trends und Korrelationen gemäß §44b UrhG („Text und Data Mining") zu
gewinnen, ist untersagt.

© 2025 Dr. Janine Hagen

Lektorat: Jessica Heuser
Illustration: Balthasar Rybak
Umschlaggestaltung: Nadine Hawle

Verlag: BoD · Books on Demand GmbH, Überseering 33, 22297 Hamburg, bod@bod.de

Druck: Libri Plureos GmbH, Friedensallee 273, 22763 Hamburg
ISBN: 978-3-7693-5731-8

Für alle, die mutig ihre Schatten umarmen,
um endlich im eigenen Licht zu strahlen.

Inhalt

Kapitel 4

Souveräne Leader und Teams: Stärke, Klarheit und Empathie leben 249

Geleitwort von Georg Breiner

Coaching ist wie ein bunter Blumenstrauß. Und wenn man, so wie ich, so manchen Strauß überreichen durfte, weiß man: Es sind nicht immer die prächtigen Rosen, die den Unterschied machen. Oft sind's die kleinen Blüten, die plötzlich erblühen. Oder das Unkraut, das sich als Heilpflanze entpuppt. Ich begleite Menschen seit zwanzig Jahren – in Vorstandsmeetings genauso wie in den ganz persönlichen Situationen, wenn das Leben eine neue Richtung braucht. Ich kenne die Hektik und die stillen Momente, in denen jemand einfach nur fragt: „… und was jetzt?"

Coaching hat sich verändert. Es ist vielfältiger, professioneller und technischer geworden. KI, digitale Tools, virtuelle Settings – das alles bereichert unsere Arbeit, wenn wir es klug nutzen. Besonders dort, wo es hilft, Komplexität durchdringbar zu machen. Trotz aller Entwicklung, der Kern bleibt: Coaching ist Beziehung. Kein Tool der Welt ersetzt das, was zwischen zwei Menschen entsteht, wenn es wirklich zählt. Wenn es ganz nahe kommt. Da sein. Spüren. Sicherheit geben. ErMUTigen. Und in Demut vor dem Prozess, im richtigen Moment genau die Frage zu stellen, die etwas in Bewegung bringt. Die Idee zu zünden, die alles umdreht.

Dieses Buch zeigt die ganze Blumenwiese des Coachings – in echten Fällen, mit echten Begegnungen, in denen echte Wendepunkte erreicht werden. Es erzählt nicht nur von Methoden, sondern von Menschen. Davon, was möglich wird, wenn jemand sich auf den Weg macht. Ich bin sicher, du hast beim Lesen genau solche Momente: Wendepunkte. Momente, die dich berühren. Momente, die bei dir bleiben. Momente, die deine Coaching-Kompetenz veredeln.

Georg Breiner
Executive Coach, Autor und CEO von online-Systembrett.com

Ein Blick hinter die Kulissen persönlicher Entwicklung

Als mir die Idee für ‚Coaching hautnah' kam, wusste ich: Dieses Buch soll mehr sein als eine Sammlung von Fallstudien. Es soll ein Fenster öffnen – ein Fenster in echte Coaching-Prozesse, mit all ihren Höhen und Tiefen, ihren Aha-Momenten, aber auch den Herausforderungen, die auf dem Weg dorthin liegen.

Meine Vision ist es, professionelles Coaching zu einem integralen Bestandteil unserer Gesellschaft zu machen. Zu einem kraftvollen Werkzeug, das jeden Menschen dazu inspiriert, das eigene Potenzial zu entdecken, innere Stärke zu entwickeln, voller Klarheit die persönlichen Ziele zu erreichen und ein erfülltes Leben zu führen. Dieses Buch soll dazu beitragen, indem es Coaching ‚hautnah' für dich erlebbar macht.

Du wirst den Fragen lauschen, die plötzlich einen Durchbruch auslösen. Die Stille spüren, wenn eine Erkenntnis Raum greift. Die Emotionen nachempfinden – von Zweifeln über Erleichterung bis hin zur Freude über einen befreienden Perspektivwechsel.

Coaching ist eine zutiefst menschliche Begegnung. Es geht um Entwicklung, um Wendepunkte, um Mut. Es geht um Menschen, die sich trauen, Fragen zu stellen, deren Antworten sie insgeheim fürchten. Um Coaches, die mit Präsenz und Erfahrung begleiten, aber nicht belehren. Um Klient:innen, die manchmal zögern, manchmal zweifeln und dann doch den entscheidenden Schritt machen.

Als Herausgeberin war es mir wichtig, dass dieses Buch nicht nur Wissen vermittelt, sondern Emotionen spürbar macht. Deshalb beschreiben wir hier keine abstrakten Konzepte, sondern erzählen reale Geschichten aus der Praxis. Geschichten, die zeigen, was Coaching in all seinen Facetten bedeuten kann, von Life Coaching über Business Coaching bis hin zu Spezialdisziplinen. Es sind Fälle, die berühren, inspirieren und manchmal auch herausfordern.

Ein Buch voller Vielfalt

Jeder Fall in diesem Buch ist einzigartig – so wie jeder Mensch, der sich auf einen Coaching-Prozess einlässt. Die 30 Geschichten spiegeln die ganze Bandbreite des Coachings wider: unterschiedliche Ansätze, Persönlichkeiten, Arbeitsweisen. Hier begegnen sich intuitive Methoden und strukturierte Prozesse, klassische Coaching-Techniken und mutige, kreative Interventionen.

Vielleicht erkennst du dich wieder in der Frau, die nach Jahren des inneren Chaos endlich Klarheit über sich selbst gewinnt – wie Charlotte, die in ihrem Kopf ein Stimmengewirr hörte, das sie ständig daran zweifeln ließ, ob sie gut genug war. Im Coaching lernte sie, ihre inneren Anteile neu zu sortieren, ihre eigene Stimme wiederzufinden und sich selbst mit mehr Selbstliebe zu begegnen.

Oder in Peter, dem Beamten, der immer dachte, Perfektionismus sei sein größtes Kapital – bis er merkte, dass er sich selbst und sein Team damit erstickte. Sein Coaching zeigte ihm, dass echte Führung bedeutet, loszulassen und Verantwortung zu teilen. Er entdeckte eine neue Souveränität, die nicht aus Kontrolle, sondern aus Vertrauen wuchs.

Vielleicht findest du dich aber auch in Katrin wieder, die nach ihrer Brustkrebsdiagnose spürte, dass sie nicht einfach in ihr altes Leben zurückkehren konnte. Das Coaching half ihr, sich nicht mehr nur über Leistung und Erwartungen zu definieren, sondern sich selbst die Erlaubnis zu geben, das Leben nach ihren eigenen Regeln neu zu gestalten.

Diese Vielfalt zeigt, dass Coaching kein starres Konzept ist, sondern ein lebendiges, individuelles Zusammenspiel zwischen Coach, Klient:in und dem individuellen Thema. Ebenso vielfältig wie die Menschen und Themen sind auch die methodischen Hintergründe. In den beschriebenen Prozessen kommen unter anderem systemische Aufstellungen, Hypnose-Elemente, Visualisierungs- und

Embodimenttechniken, biografische Reflexion, Glaubenssatzarbeit, Arbeit mit Persönlichkeitsanteilen, Zeitmanagement, Soziometrie, Timeline-Arbeit, Emotions-Regulation, Mentalreisen oder Tools wie das Zukunftspanorama zum Einsatz. Die Methoden sind so individuell wie die Coaches selbst und zeigen die kreative, professionelle und ganzheitliche Bandbreite modernen Coachings.

Für wen ist dieses Buch?

,Coaching hautnah' richtet sich an alle, die Coaching lieben und an diejenigen, die es kennenlernen wollen. Wenn du selbst Coach bist, wirst du hier Inspiration für deine eigene Arbeit finden, Einblicke in die Methoden anderer bekommen und vielleicht die ein oder andere persönliche Erkenntnis gewinnen. Wenn du darüber nachdenkst, Coach zu werden, bietet dir dieses Buch einen realistischen Blick hinter die Kulissen. Coaching ist keine Magie, sondern ein Handwerk, das mit Herz, Wissen und Erfahrung wächst. Und wenn du einfach neugierig bist, wie Coaching funktioniert und welche Transformationen es bewirken kann, dann wirst du hier in die Welt der Persönlichkeitsentwicklung eintauchen.

Vielleicht findest du in diesem Buch einen Coach, dessen Arbeit dich besonders berührt. Coaching ist ein persönlicher Prozess, und oft spüren wir intuitiv, zu wem wir Vertrauen aufbauen können. Zögere nicht, mit den Coaches in Kontakt zu treten, deren Geschichten dich ansprechen. Eine Zusammenarbeit kann genau die Veränderung in Bewegung setzen, nach der du suchst.

Wichtige Hinweise

Die Fälle sind in vier Kapitel gegliedert. Kapitel 1 und 2 können eher dem Life Coaching und Kapitel 3 und 4 eher dem Business Coaching zugeordnet werden:

Kapitel 1: Der Weg zu mir selbst: Identität, Sinn und Selbstvertrauen entwickeln
Kapitel 2: Innere Fesseln: Emotionale Heilung und neue Freiheit erleben

Kapitel 3: Beruflicher Umbruch: Veränderung wagen und den eigenen Weg gehen

Kapitel 4: Souveräne Leader und Teams: Stärke, Klarheit und Empathie leben

Diese Einordnung ist nur eine grobe Orientierung. Coaching folgt keinen festen Schubladen, genauso wenig wie wir Menschen es tun. Wer beruflich feststeckt, trägt oft persönliche Themen mit sich. Wer im Privatleben an Klarheit gewinnt, bringt diese auch in den Job ein. Viele der Fälle überschreiten die Grenzen zwischen beruflicher und persönlicher Entwicklung – weil wir als Menschen eben nicht zwischen ‚privat' und ‚beruflich' trennen, wenn es um unsere tiefsten Fragen geht.

Coaching arbeitet viel mit inneren Bildern. Ein einziges Wort oder eine gezielte Frage können plötzlich eine starke Vorstellung auslösen. Ein Berg, der erklommen werden muss. Ein langer dunkler Tunnel mit Licht am Ende. Ein Labyrinth, in dem ein neuer Weg gefunden wird. Diese inneren Bilder begleiten Klient:innen oft weit über das Coaching hinaus. Wir haben sie deshalb auch in diesem Buch in Form von Illustrationen sichtbar gemacht, die die Essenz einzelner Fälle aufgreifen und zum Nachdenken anregen.

Natürlich stehen in diesem Buch echte Fälle im Mittelpunkt, doch um die Vertraulichkeit der Coaching-Prozesse zu wahren, haben wir einige Details anonymisiert oder verändert. Namen, Branchen oder bestimmte Kontexte wurden teilweise angepasst, um die Identität der Klient:innen zu schützen. Zudem sind einige Fälle in gekürzter Form dargestellt. Trotz dieser Anpassungen bleibt die emotionale Tiefe und Authentizität der Geschichten vollständig erhalten. Denn es geht um das, was Coaching wirklich bewirken kann.

Gemeinsam geschrieben, gemeinsam gewachsen

Zuletzt ist es mir ein Herzensanliegen, Danke zu sagen – all jenen, die auf ganz unterschiedliche Weise dazu beigetragen haben, dass dieses Buch Wirklichkeit werden konnte: Ein riesiges Dankeschön an dich, liebe Jessica Heuser – für dein kluges Lektorat, deine klaren Gedanken, deine wertvollen Fragen und deinen Mut, Worte so lange zu hinterfragen, bis sie wirklich tragen. Danke dir, lieber Balthasar Rybak, für deine Illustrationen, die auf so feine Weise sichtbar machen, was oft im Verborgenen liegt. Danke dir, liebe Nadine Hawle, für dein sicheres Gespür für Formen, Farben und Ausdruck – dein Design hat dem Cover seinen unverwechselbaren Charakter verliehen.

Danke euch, liebe Coaching Fellows – für euren Mut, eure Geschichten zu teilen, euch zu zeigen, euch zu reflektieren. Ihr habt nicht nur eure Erfahrungen aufgeschrieben, sondern seid dabei auch selbst als Coaches auf kleine Held:innenreisen gegangen. Ihr habt eure Komfortzonen verlassen und das Unausgesprochene in Sprache verwandelt – mutig, echt und inspirierend. Ein besonderer Dank gilt euch, liebe Klient:innen – dafür, dass ihr bereit wart, eure ganz persönlichen Fälle zu öffnen. Euer Vertrauen, eure Offenheit und euer Mut berühren tief. Ihr habt diesen Seiten pure Menschlichkeit geschenkt.

Dieses Buch ist nicht zum bloßen Durchlesen gedacht. Es ist eine Einladung, dich berühren zu lassen, dich in die Geschichten hineinzuversetzen, vielleicht sogar Parallelen zu deinem eigenen Leben zu entdecken. Ich wünsche dir inspirierende, überraschende und vielleicht auch herausfordernde Momente beim Lesen. Möge dieses Buch dich bereichern – ob als Coach, als Klient:in oder einfach als Mensch auf der Suche nach neuen Perspektiven.

Dr. Janine Hagen
Herausgeberin, Coach und Trainerin

Kapitel 1

Der Weg zu mir selbst:
Identität, Sinn und Selbstvertrauen entwickeln

Wer bin ich – wirklich? Was macht mich aus, wenn ich alle Rollen ablege, die ich im Alltag spiele? Und wie gelingt es, mich selbst mit all meinen Facetten anzunehmen – unabhängig von Leistung, Erwartungen oder äußeren Bewertungen?

In unserem ersten Kapitel begleiten wir Klient:innen auf einer zutiefst persönlichen Reise – hin zu mehr Selbstannahme, innerer Klarheit und einem authentischen Leben. Es sind Geschichten vom Loslassen alter Selbstbilder und vom mutigen (Wieder-)Entdecken eigener Potenziale. Von Frauen und Männern, die sich entscheiden, nicht mehr länger fremdbestimmt zu funktionieren, sondern sich selbst wichtig zu nehmen.

Diese Transformationen sind nicht immer laut oder dramatisch. Manchmal kommt der eigentliche Wendepunkt in einem Moment der Stille, einem Satz, der endlich ins Herz trifft, einem Bild, das sich plötzlich klar zeigt. Die Methoden, die dabei zum Einsatz kommen, sind so vielfältig wie die Menschen selbst: Ressourcenaktivierung, Arbeit mit inneren Anteilen, systemisches Coaching, hypnosystemische Zugänge, philosophische Gespräche, Journaling oder kreative Visualisierungen.

Was alle Geschichten verbindet, ist ein zentrales Thema: die Rückkehr zu sich selbst. Es ist die Einladung, der eigenen inneren Stimme zu vertrauen – nicht den lauten Kritikern im Kopf, sondern dem leisen Wissen im Herzen.

Dr. Janine Hagen

Hi, ich bin Janine und meine Mission als Coach ist es, eine Wirtschaft und Gesellschaft zu fördern, in der emotionale Intelligenz das Fundament für Resilienz, persönliches Wachstum und wertschätzende Beziehungen bildet. In meinen Coachings und Trainings zeige ich meinen Klient:innen, wie sie ihre Emotionen für sich arbeiten lassen können, anstatt gegen sich.

Meinen Case habe ich ausgewählt, weil er erzählt, wie sich innere Stimmen, die einst kritisch und blockierend waren, in kraftvolle Verbündete verwandeln – und wie Selbstliebe wächst, wenn wir den Mut haben, ihnen wirklich zuzuhören.

Case-Übersicht

- Ausgangssituation: Charlotte hatte Selbstzweifel in Bezug auf ihr Aussehen, ihre berufliche Leistung und ihre Rolle als Ehefrau und Mutter.

- Zielsetzung: Sie wollte von Liebe geleitet sein, anstatt von Angst.

- Methoden: Imaginative Teilearbeit (Transformation zweier verletzender Anteile, Stärkung des inneren Kindes und Integration eines ressourcenreichen Anteils), bifokale Achtsamkeit, Ressourcenaktivierung

- Ergebnis: Gefühl von Vollständigkeit, innerer Balance und Selbstliebe

Meet her Squad: Wenn aus Selbstzweifeln Selbstliebe wird

Der Gedanke „Ich bin nicht gut genug!" zog sich durch Charlottes Leben wie ein roter Faden. Die 35-jährige promovierte Betriebswirtin und Mutter einer kleinen Tochter wurde von Selbstzweifeln geplagt – sei es in Bezug auf das eigene Aussehen, die berufliche Leistung oder die Rolle als Mutter und Ehefrau. Sie kam zu mir ins Coaching, weil ihr Ehemann kurz vor der Hochzeit fremdgeflirtet und dies die Selbstzweifel erneut geschürt hatte. Sie wollte zuversichtlicher sein, mehr in sich selbst ruhen. Sie wollte ein selbstbestimmtes Leben, wollte von Liebe geleitet sein statt von Angst. Vor allem wollte Charlotte wissen, woher diese Selbstzweifel kamen und wie sie diesen begegnen konnte.

In meiner Arbeit ist es mir wichtig, dass meine Klient:innen die emotionspsychologischen Hintergründe kennen und verstehen, warum ich bestimmte Dinge tue, wie ich sie tue. Ich erklärte Charlotte daher, dass wir verschiedene Persönlichkeitsanteile haben, die unser Verhalten, Denken und Fühlen organisieren. Je nachdem, mit welchem Anteil wir verbunden sind, steht er sinnbildlich auf unserer inneren Bühne und ist verantwortlich für das Drehbuch, das gespielt wird.

In Charlottes Fall bedeutete dies, dass ihr Glaubenssatz „Ich bin nicht gut genug!" ein Gedanke eines ihrer Anteile war. Es gibt ressourcenvolle Anteile (z.B. den Selbstwert), verletzte Anteile (z.B. das innere Kind) und verletzende Anteile (z.B. den inneren Kritiker). Auch wenn wir manche Anteile lieber mögen als andere, verfolgen alle mit ihrem Verhalten und ihren Gedanken eine positive Absicht. Es war daher nicht unser Ziel, diesen Anteil in Form von selbstsabotierenden Gedanken ‚wegzumachen', sondern die positive Absicht herauszufinden und mit dem Anteil gemeinsam neue Strategien zu erarbeiten, wie die positive Absicht erreicht werden kann, ohne dass Charlotte darunter litt.

Cruella wird zur schwarzen Königin

Um Kontakt mit dem „Ich bin nicht gut genug!"-Anteil aufzunehmen, fragte ich Charlotte, in welchen konkreten Situationen die Gedanken auftauchten und welche Körperempfindungen damit verbunden waren. Wir fanden heraus, dass sie sich immer wieder im Alltag zeigten, zum Beispiel über Impulse wie „Jetzt schmier' dir endlich das Serum ins Gesicht, du wirst auch nicht jünger!" oder „Heute kein Kuchen mehr für dich". Charlotte spürte direkt eine körperliche Resonanz im Magen und in der Kehle. Einen Perspektivwechsel einleitend, wollte ich von ihr erfahren, in welcher Situation dieses Verhalten sogar nützlich sein könnte. Für Charlotte war erkennbar, dass es ihr half, zu hinterfragen, ob Dinge gut für sie waren. Allerdings kam es ihr dabei auf den Ton der inneren Stimme an. Der störte sie sehr.

Als Nächstes wollte ich von ihr wissen, wie dieser Anteil als ausgedachte Fantasiegestalt wohl aussehen würde. Charlotte schloss die Augen. Ihr Augenlid zuckte. Ein Anzeichen dafür, dass gerade einiges in ihr in Bewegung war. Sie sagte: „Auf zwei Uhr, da ist eine Frau im schwarzen Kleid mit spitzen Schulterpolstern. Sie zieht die Augenbraue hoch und hat allgemein eine unangenehme Präsenz. Sie sieht aus wie Cruella de Vil!" Charlotte hielt den Blickpunkt weiter auf zwei Uhr, um in Verbindung zu bleiben. Ich versicherte Charlotte, dass Cruella mit ihrem Verhalten etwas Positives für sie erreichen wollte und dass wir keine Veränderung an Cruella vornehmen würden, solange nicht sichergestellt war, dass diese positive Absicht weiter erfüllt würde. Charlotte fragte Cruella daraufhin, ob sie bereit war, mit ihr zu kommunizieren. Sie war es.

Auf meine Frage hin, wie sich Charlotte im Kontakt mit Cruella fühlte, antwortete sie: „Unsicher, sie ist viel mächtiger als ich." Den Blick weiter auf Cruella haltend, verarbeiteten wir ihre Unsicherheit. Dazu ließ ich sie in Kontakt mit der Unsicherheit von 100 in Dreierschritten rückwärts zählen, um so den präfrontalen Kortex im Gehirn und damit die Emotionsregulation anzuregen.

Nach kurzer Zeit wurde Charlotte ruhiger und plötzlich brach es aus ihr heraus: „Eigentlich ist die Alte ganz geil!" Wir lachten beide.

Da Charlotte nun die Anwesenheit von Cruella gut annehmen konnte, sollte sie überlegen, was Cruella mit ihrem Verhalten für sie zu erreichen versuchte. Charlotte brauchte etwas Zeit, hierauf eine Antwort zu finden. „Ich glaube, sie möchte, dass ich mich nicht mit Schlechtem abgebe, sondern nur mit dem, was ich wirklich verdiene." Ich bat Charlotte, sich bei Cruella zu bedanken, dass sie diese positive Absicht für sie verfolgte. Cruella fühlte sich in Anbetracht dieser plötzlichen Dankbarkeit missverstanden und wir nahmen uns einen Augenblick Zeit, um Cruella und Charlotte emotional zu stabilisieren.

Dann begannen wir sanft mit der Veränderung von Cruella. Charlotte holte bei Cruella zunächst die Erlaubnis dafür ein. Cruella war sofort bereit, denn sie hatte das Gefühl, endlich Gehör zu finden. Da dieser Punkt ein entscheidender Moment im Prozess ist und viele Klient:innen hier dankbar für eine Hilfe-stellung sind, lud ich Charlotte ein, Kontakt mit ihrem kreativen Anteil aufzu-nehmen, der hier Input geben könnte. Dafür konzentrierte sich Charlotte auf Momente, in denen sie sich kreativ fühlte. Charlotte ließ diese kreative Energie in den Raum fließen, die sich als Regenbogenstraße zeigte.

Ich leitete eine imaginative ‚Kreativkonferenz' ein, bei der Charlotte ihre Anteile beim Brainstorming beobachtete. Die Anteile sollten ihr ein Zeichen geben, wenn sie mindestens drei neue Handlungswege gefunden hatten, mit denen Cruella einverstanden war. Für diesen Schritt durfte Charlotte Vertrauen haben, wenn es unbewusst ablief. Ganz in sich versunken, nahm sich Charlotte mehrere Minuten – immer wieder von einem Lächeln begleitet. Als sie die Au-gen wieder öffnete, sah Cruella nicht mehr aus wie Cruella, sondern wie eine schwarze Königin! Sie trug eine Krone aus schwarzen Edelsteinen, war respekt-einflößend, aber keineswegs böse. „Ich weiß nicht genau, was sie besprochen haben, aber ich werde mich überraschen lassen", staunte Charlotte.

Nach dieser Transformation, die einiges auf Charlottes innerer Bühne durcheinandergebracht haben konnte, prüften wir, ob innere Einwände existierten. Die gab es nicht direkt, aber Charlotte hatte beobachtet, dass sich während der Kreativkonferenz ihre ‚innere Managerin' gemeldet hatte, um zu moderieren. Außerdem hatte sie das Gefühl, es gäbe noch weitere Anteile, die sie ebenfalls kennenlernen wollte. Damit war der Fahrplan für unser weiteres Coaching klar!

Einige Tage später erhielt ich von Charlotte diese Nachricht: „So geil… in einer Session wird meine Feindin zu meiner Superheldin, die für und nicht gegen mich kämpft. Es fühlt sich an, als hätte ich den Jackpot geknackt! Wenn ich über die schwarze Königin nachdenke und wie bewundernswert sie ist, kommt mir auf einmal: DU bist das, also ICH. Sie ist ein Teil von MIR. Ich glaube, wenn ich meinen Squad sortiert habe, habe ich automatisch mehr Selbstliebe!"

Der ganze Squad

In der nächsten Session verschafften wir uns also eine Übersicht über Charlottes ganzen inneren ‚Squad', wie sie ihre inneren Anteile nannte. In Kontakt mit „Ich bin nicht gut genug!" ging die imaginative Aufstellung schnell: Als Erstes erschien die schwarze Königin. Außerdem zeigte sich eine erwachsene Frau mit Brille, die Managerin. Auf dem Boden döste eine 20-jährige Frau, die Charlotte ‚die Faule' nannte. In der Ecke saß außerdem ein kleines Mädchen mit Zöpfen. Es war kindlich fröhlich, aber auch etwas unsicher. Zuletzt war da noch ein weißes Licht – wie ein Engel. Eine schützende Kraft, die Charlotte nicht näher bestimmen konnte.

Wir machten eine Blitzanalyse von Charlottes innerem System, das sich noch so gar nicht anfühlte wie ein starker Squad. Das kleine Mädchen und die Managerin waren gestresst, die schwarze Königin, der Engel und die Faule waren in ihrer Kraft. Die Managerin konnte gut die schwarze Königin besänftigen, das kleine Mädchen konnte gut mit dem Engel und der Engel konnte gut mit allen. Die schwarze Königin konnte nicht gut mit dem Mädchen und auch nicht mit der Faulen. Charlotte verspürte eine Last, all diese Charaktere unter einen Hut zu bekommen. Sie wollte als Nächstes mit der Faulen arbeiten, da sie spürte, hier die größte Veränderung bewirken zu können.

Lucky: Gar nicht faul, sondern wild und frei

Da ‚die Faule' in ihrer Kraft und somit ein ressourcenreicher Anteil war, war es mein Ziel, sie als Kraftquelle für Charlotte zu mobilisieren. Ich fragte sie, welche Ressourcen sie von der Faulen gerne emotional verfügbarer hätte. „Da ist viel Lachen, Freude, Leichtigkeit, sich selbst vertrauen, das Leben spüren." Charlotte senkte den Blick. „Das erlaube ich mir nicht oft", flüsterte sie. Ich bat Charlotte zu erkunden, in welchen Situationen sie diese Seite von sich selbst bereits erlebt hatte. Es dauerte etwas, dann kamen Bilder einer Wasserrutsche auf der Asienreise und von Studentenfeiern. Ich lud Charlotte ein, zu prüfen, wo in ihrem Körper sie eine positive Resonanz spürte, wenn sie daran dachte. Im Kopf und im Herzen! Außerdem kribbelte es im Bauch. Aus diesem Gefühl heraus ließ Charlotte den ressourcenvollen Anteil in den Raum fließen.

Es zeigte sich eine bunt gekleidete junge Frau mit wilden blonden Locken. Das bauchfreie Pailletten-Top ließ ihre gebräunte Haut durchblitzen. Ihr Name war Lucky und ihre Botschaft an Charlotte lautete: „Lass locker!" Charlotte brach plötzlich in Tränen aus. „Ich vermisse sie; es tut mir leid; komm zurück! Es ist für mich schwer fassbar, dass ich locker lassen darf." Wir prozessierten diese emotionale Welle, indem wir verschiedene Techniken der bifokalen Achtsamkeit anwandten – nach aktuellem Forschungsstand der ‚heilige Gral' der Emotionsregulation. Dieser Prozess war sehr intensiv für Charlotte, aber notwendig, um die blockierten Emotionen zu lösen.

Als Charlotte emotional wieder stabil war, konnte sie sich bei Lucky dafür bedanken, dass sie sie in Kontakt mit dieser Leichtigkeit und Lebensfreude brachte. Lucky aber reagierte darauf sehr schnippisch. Sie war sauer, dass sie von Charlotte so lange in die Ecke gestellt worden war. Charlotte tanzte eine Runde mit Lucky durch den Raum, um die Stimmung etwas aufzulockern. Lucky liebte es, denn das waren genau ihre Vibes! Um Luckys Energie vollumfänglich zu spüren, assoziierte sich Charlotte mit Lucky und schlüpfte gedanklich in ihren Körper. Sie sah die Welt nun mit Luckys Augen, hörte sie mit Luckys Ohren und spürte sie mit ihren Händen. Am Ende dieses Prozesses kam eine Erkenntnis: „Ich glaube, Lucky möchte einfach nur, dass ich einmal kurz zu ihr rüberschaue, bevor ich etwas mache." In diesem Moment hatten wir einen Zustand der vollständigen Versöhnung mit diesem Anteil erreicht, den Charlotte nun auch nicht mehr als faul, sondern als pure Lebenslust empfand.

Zur Stärkung der Wir-Kognition, also der Überzeugung, dass Lucky ein Teil von Charlotte war, fragte ich Charlotte, wer sie sei, wenn Lucky ganz zu ihr gehörte. „Dann bin ich eine coole Socke, entspannt und ausgeglichen, mit ganz viel Lebensfreude. Wenn wir, ... wenn ich 80 bin und im Schaukelstuhl sitze, dann kann ich sagen, ich habe gelebt. Es war einfach ein geiles Leben."

In dem Moment, als Charlotte das aussprach, stieg Unsicherheit in ihr auf. Was genau war denn ein geiles Leben? Die Managerin meldete sich mit ihrem Definitionszwang! Auch das kleine Mädchen meldete sich. Sie hatte Angst, dass sie allein dastand, wenn Charlotte nur noch mit Lucky um die Häuser zog. Außerdem, was sollten denn die Leute denken? Es entfaltete sich eine Art Unterhaltung auf Charlottes innerer Bühne, die Charlotte durch ihre klar dissoziierte Wahrnehmung ihrer Anteile ganz entspannt beobachtete. Sie versicherte, zugehört zu haben und sich später darum zu kümmern. An diesem Tag ging es nur um Lucky.

Ich wollte die neuen Ressourcen, die rund um Lucky entstanden waren, auch in Zukunft für Charlotte verfügbar machen. Dazu fragte ich sie, was am nächsten Morgen anders sein würde, wenn sie mit Lucky in Kontakt war. Welche Situation könnte eine leichte und welche eine große Herausforderung für sie sein, in welcher ihr der Kontakt mit Lucky helfen könnte? Nachdem wir das durchgespielt hatten, holte Charlotte Lucky wieder in ihren Körper zurück. Trotzdem vergaßen wir nicht, dass es noch Einwände seitens der Managerin und der Kleinen gab. Die wollten wir als Nächstes bearbeiten.

Einige Tage nach der Session schrieb mir Charlotte, dass es ihr jetzt viel leichter fiel, in Kontakt mit Lucky Frau zu sein, sich fallen zu lassen und zu genießen. „Lucky gibt mir die Erlaubnis zu träumen!" Im Urlaub zwischen unseren Sessions war sie emotional ganz befreit und dachte nicht mehr darüber nach, wie sie im Bikini aussah.

Die Managerin: Let's get shit done!

Nach Charlottes Urlaub ging unser Coaching mit der Managerin weiter. Sie hatte sie zu beruflichen Erfolgen geführt, war aber auch sehr dominant und nahm ihr viel Lebensfreude. Sie spürte ganz deutlich, dass die Managerin etwas dagegen hatte, dass Lucky jetzt mehr Aufmerksamkeit bekam. Gleichzeit wusste Charlotte, dass die Managerin durch ihr planvolles Vorgehen Ordnung schaffte. „Mit ihr bekomme ich einfach meinen Shit unter Kontrolle!", sagte sie. Die Managerin zeigte sich mit strengem Dutt, einer dicken dunklen Brille, einem schwarzen Bleistiftrock und mit Block in der Hand. Sie war auf alle Eventualitäten vorbereitet. Charlotte spürte direkt einen Druck auf der Brust und innere Unruhe. Angst stieg in ihr auf. Wir nahmen uns ausreichend Zeit, diese emotionale Ladung mithilfe bifokaler Achtsamkeit zu prozessieren.

Als Charlotte wieder stabil war, fragte sie die Managerin nach ihren positiven Absichten. „Ich möchte, dass dir nichts Schlimmes passiert! Ich möchte, dass du deine Ziele erreichst. Wenn wir unkontrolliert vorgehen, übersehen wir was", war ihre Antwort. Das waren viele Impulse, die Charlotte erst mal verarbeiten durfte. Die Tränen flossen. Doch auch die Managerin war nicht in ihrer Mitte; da waren ganz viel Trauer und Verzweiflung. „Ich habe Angst, wenn wir unkontrolliert vorgehen! Ich muss doch irgendwie helfen!", brach es aus der Managerin heraus. Diese emotionale Ladung landete auch bei Charlotte, und wir flogen gemeinsam durch dieses doppelte Emotionsgewitter hindurch.

Dann passierte etwas Magisches: Lucky kam auf die Bühne – wild, frei und schöpferisch. Sie lud die Managerin ein, ein wenig von ihrer Leichtigkeit zu kosten. Charlotte beobachtete die beiden für einige Minuten. Als sie die Augen öffnete, sagte sie: „Ich bin jetzt ganz im Hier und Jetzt. Die beiden bekommen das schon hin. Ich habe keine Angst. Es ist auch mal okay, keinen Plan zu haben. Ich habe Vertrauen, dass alles gut wird."

Die Session wirkte in Charlotte nach. Einige Tage später erhielt ich diese Nachricht: „Meine Gefühle und Gedanken mir gegenüber haben sich verändert. Ich spüre viel stärker meinen Mut, meine Stärke und jetzt auch meine Sanftheit mir gegenüber. Ich sitze oft mit meinem Squad an einem gedeckten Tisch und wir lachen zusammen. Mit der schwarzen Königin war ich schon vertraut und mit den anderen auch mehr oder weniger, aber ich habe richtig gespürt, dass ich sie viel besser kennenlernen werde und dass ich so neugierig bin, mehr über sie alle zu erfahren, damit wir eine noch vertrautere Einheit werden."

Endlich vollständig

In unserer letzten Session war die kleine Charlotte, das ‚innere Kind', an der Reihe. Viele Klient:innen haben großen Respekt davor, aber Charlotte ging voller Vorfreude in diese Session, denn unsere Allianz war bombenfest, und die bisherige Transformation sprach für sich.

Mit dem kleinen Mädchen tauchte sofort der Gedanke „Ich bin uncool und peinlich!" auf. Auf die Frage, was sie stattdessen denken wollte, folgte sogleich die Antwort: „Mir ist egal, was andere über mich denken!" Auf einer Skala von 1 (höchst unglaubwürdig) bis 7 (völlig glaubwürdig) verortete Charlotte diesen Satz bei 2. Mit diesem Dissonanz-Gefühl ließ sich Charlotte zurück in ihre Kindheit ziehen. Wir wollten herausfinden, wann der einschränkende Glaubenssatz entstanden war. Es kamen Bilder aus der Grundschule – die unsportliche Streberin, die nie gewählt worden war.

Da auch dieser Anteil eine positive Absicht für Charlotte hatte, durfte sie sich bei der Kleinen dafür bedanken, dass sie da war und sich zeigte. Da brach es aus Charlotte heraus. Unter Tränen flüsterte sie: „Sie will doch nur geliebt werden!" Charlotte versicherte der Kleinen, dass sie sicher war, gesehen und geliebt wurde – und nahm sie in den Arm. Zur Vertiefung der emotionalen Akzeptanz berichtete Charlotte mir, wie sie sich in Kontakt mit der Kleinen fühlte. Nervös, unsicher, hilflos. Es kamen Bilder der Geburt der Schwester, seit der sie sich auf eine neue Weise behaupten musste, um von der Familie gemocht zu werden. Charlotte erkannte, was die Kleine für sie erreichen wollte: Erwartungsmanagement, Enttäuschung ersparen, Ablehnung reduzieren. Das machte sie sehr traurig. Wir prozessierten für mehrere Minuten diese Trauer.

Danach führte ich mit Charlotte und ihrem jüngeren Ich eine gemeinsame Ressourcenstärkung durch. Ich brachte sie in Kontakt mit fünf emotionalen Super-Ressourcen, die Studien zufolge einen positiven Einfluss auf das Ich-Gefühl haben. Gemeinsam erlebten sie Momente des Stolzes, der Sicherheit, der Dankbarkeit, der Ehrfurcht und der Mitfreude. Ich ließ den jüngeren Anteil nachreifen und mit den neu geschaffenen Ressourcen bis zu jenem Tag erwachsen werden. Nach diesem bewegenden Prozess re-skalierten wir den positiven Glaubenssatz „Mir ist egal, was andere über mich denken." und landeten bei 6/7. Charlotte spürte ein tiefes Gefühl der Zugehörigkeit.

Plötzlich kamen die schwarze Königin, die Managerin, Lucky und der Engel ins Bild. Die Kleine fing an, in goldenem Glitzer zu leuchten und wurde zu Charlotte als Neugeborene. Die erwachsenen Anteile nahmen das Baby in ihre Mitte und hoben es hoch. Zugleich erschien auch das helle Licht. Charlotte spürte, dass dies ihre Verbindung zur Spiritualität war. Sie war plötzlich der tiefen Überzeugung, dass alles gut werden würde. Dass sie vollständig war. In diesem Moment konnte Charlotte ihre Tränen nicht mehr zurückhalten. Auch mein Video-Bild verschwamm vor meinen Augen, denn in diesem Moment war ich als professioneller Coach auch nur ein Mensch und sehr gerührt über den bewegenden Prozess, der dort gerade stattgefunden hatte.

Ein Jahr später

Rückblickend sagt Charlotte heute: „Ich hatte immer einen Struggle mit Balance. Alles war schwarz oder weiß. In Verbindung mit meinem Squad ist das anders. Ich werde nicht mehr von Lucky verführt, um mich dann wieder selbst zu kasteien, wenn die Managerin ans Steuer kommt. Ich höre mehr auf meine Intuition."

Auch mit ihrem Ehemann ist Charlotte über unser Coaching noch weiter zusammengewachsen. Sie stellte ihm ihren ganzen Squad vor. „Er hat jetzt fünf Frauen – die vier und mich!", kann sie heute scherzen. „Ich muss mir nichts mehr beweisen. Ich weiß, dass ich genug bin. Klug genug. Schön genug. Ich bin weniger im Kopf. Ich habe einfach ein Sabbatical eingereicht, ohne wie früher alles tot zu analysieren, um es dann aus Angst doch nicht zu machen. Ich weiß, ich habe alles, was ich brauche. Ich bin vollständig. Ich liebe mich."

Tanja Nepute

Hi, ich bin Tanja und begleite spät erkannte hochbegabte und hochsensible Frauen dabei, ihr besonderes So-Sein radikal ernst zu nehmen und selbstbewusst auszuleben. In meinen Mentorings zeige ich, wie man das Anderssein als Stärke anerkennt, das Fremdgefühl loslässt und statt ständigem Anpassen endlich ein Leben führt, das wirklich zu einem passt.

Mein Coaching-Case ist eine Mut machende Geschichte für jeden, der abseits der Norm und mitten im Leben seinen ganz eigenen Platz sucht.

Case-Übersicht

- Ausgangssituation: Franziska fühlte sich ihr Leben lang fehl am Platz. Sie litt unter Selbstzweifeln und Unsicherheit, privat wie beruflich.

- Zielsetzung: Sie wollte inneren Halt finden, ihr Selbstbild verändern und authentisch leben, ohne sich ständig erklären zu müssen.

- Methoden: Perspektivwechsel, Journaling, systemische und humorvolle Interventionen und philosophischer Dialog

- Ergebnis: Lebensgestaltung aus authentischer Klarheit heraus, mehr Lebensqualität durch ein positives Selbstbild

Heldenreise einer Hochbegabten:
Wie man sein Leben verändert, ohne es zu verändern

Franziska fühlte sich ihr Leben lang schon immer irgendwie ‚fehl am Platz' und ‚falsch'. Selbst mit ihren fast 53 Jahren noch. Sie war Mutter von vier erwachsenen Kindern, glücklich verheiratet und beruflich erfolgreich. Ihre Praxis als Heilpraktikerin für Psychotherapie befand sich nach einem Neustart im Aufbau, und so war Franziska im Grunde ganz zufrieden. Sollte sie zumindest sein, dachte sie verunsichert. Sie haderte mit sich, denn zu ihrem Erschrecken wollte sich Zufriedenheit so gar nicht einstellen. Mit jedem Jahr, das sie älter wurde, wurde diese eine wohl vertraute Stimme in ihr immer lauter und ließ sich immer seltener stumm stellen. „Ich bin nicht gut genug." Franziska fühlte sich von ihrem Umfeld nicht verstanden und verlor zunehmend den Bezug zu Freunden und Bekannten, selbst zu Teilen der Familie. Rückblickend hatte dies mit dem Beginn ihrer beruflichen Neuorientierung begonnen. Je mehr sie sich von ihrer angestammten Rolle als Hausfrau und Mutter entfernte und sich mit ihren Gedanken und Meinungen z.B. zu politischen und sozialen Themen, abseits von Small-Talk, klar positionierte, umso irritierter und ablehnender reagierte ihr Umfeld. Sie wurde nicht ernst genommen und das verunsicherte sie zutiefst. Gleichzeitig nahm sie sich als kompetent in ihrer Profession als Therapeutin wahr. Dies wurde ihr regelmäßig von ihren Klient:innen gespiegelt.

Franziska erzählte mir in unserem Vorgespräch, dass diese Diskrepanz in der Selbst- und Fremdwahrnehmung immer größer wurde. Privat war sie unter anderem vergesslich, überempfindlich, oft erschöpft, zerstreut und völlig unorganisiert. Im Beruf allerdings war es genau das Gegenteil. Vor drei Jahren hatte sie beschlossen, aktiv nach Erklärungen dafür zu suchen. Das Thema Hochsensibilität und eine ADHS-Diagnose hatten ihr schließlich stimmige Erklärungen geliefert, doch keine nachhaltige Erleichterung oder dauerhafte Lösung ihrer

Alltagsprobleme. Dann kam dieser scheinbar beiläufige Moment, eine einfache Frage einer Kollegin: „Wusstest du, dass sich viele Merkmale von Hochsensibilität und ADHS mit denen der Hochbegabung überschneiden?" Dieser Satz wirkte wie das Umlegen eines Schalters, der in einem bis dato unbekannten Raum von Franziskas Persönlichkeit das Licht anschaltete. Plötzlich war da ein weiteres Puzzleteil, das sich ganz natürlich in das unfertige Bild einfügte. Sie erkannte sich in so vielen Beschreibungen, Eigenschaften und Biografien von Hochbegabten wieder. Doch im selben Augenblick brüllte ihr Verstand: „Was bildest du dir ein? Du und hochbegabt? So ein Quatsch!". Dieses Puzzleteil ‚Hochbegabung' fühlte sich dennoch wie eine innere Befriedung und Befreiung an. Und das wollte so gar nicht zu ihrer ADHS-Diagnose passen. Alle um sie herum schienen mit dieser Erklärung zufrieden zu sein und waren wohlwollender im Umgang mit ihr. Franziska aber fühlte sich innerlich zerrissen. Niemand wollte oder konnte dies verstehen. Ein IQ-Test kam zu diesem Zeitpunkt nicht infrage. Zu groß wog die Angst vor der Konsequenz des Ergebnisses, unabhängig vom Ergebnis. Franziska las weiterhin Ratgeber und Fachbücher, besuchte Kurse, durchlief das ein oder andere Kurzzeit-Coaching. All das brachte sie jeweils ein kleines Stück weiter. Ihre Selbstzweifel, ihre Fragen, „Wer bin ich und was kann ich? Wie finde ich meinen Weg?", wurden jedoch nicht beantwortet. Im Gegenteil. So entschied sie sich mutig, ihre zwölfmonatige Heldenreise mit mir als Coach anzutreten.

Mich als spät erkannte Hochbegabte hat Franziskas Heldenreise sehr beeindruckt. Ich bin zutiefst davon überzeugt, dass ihre Geschichte keine Ausnahme für uns spät erkannten Frauen ist.

Der Einstieg – Der Beginn des Coachings

Franziska saß mir in einem unserer ersten Termine virtuell gegenüber. Ihre Haltung war aufrecht, ihre Stimme leicht unsicher. „Mein Leben ist schon lange ein Chaos, das ich endlich ordnen will." Theoretisch hatte sie sich selbst schon oft durchleuchtet. „Ich habe viel verstanden und trotzdem fühlt es sich nicht besser an." Ihr Blick wurde für einen Moment lang traurig. „Was ist mit meinem Selbstbild, meinem Selbstwert, meinem Selbstbewusstsein los? Warum komme ich nicht weiter?" Ich hörte ihr aufmerksam zu, weil ich wusste, dass bevor Veränderung geschehen kann, das Chaos erst einmal sortiert werden darf. Ich ließ Raum für ihre Gedanken. Es waren Gedanken, die Franziska das erste Mal laut aussprach. Genau hier begann meine Arbeit: nicht im Sammeln von Erklärungen und Lösungen, sondern im Erleben und Fühlen der eigenen Wahrheit.

„Ich will endlich raus aus diesem anstrengenden Gefühls-Auf-und-Ab. Ich will mich einfach ‚richtig' fühlen. Ich will ankommen. In meinem Leben." Franziskas Stimme gewann an Kraft und Klarheit, ebenso wie ihr Blick. „Ich habe einen hochbegabten Sohn und weiß, dass Hochbegabung sich über die mütterliche Linie vererbt. Vielleicht – rein theoretisch – könnte das, eventuell, tatsächlich irgendwie auch auf mich zutreffen." Sie lachte verlegen und nur ganz kurz. Ich sah die Anspannung auf ihrem Gesicht. Ich erzählte ihr davon, dass ich heute noch, sieben Jahre nach meinem IQ-Test bei einem erfahrenen Begabungsdiagnostiker, immer wieder am Ergebnis zweifelte. Denn im Grunde kann ich nichts besonders gut. Ich fühle mich nicht hochbegabt. Wir beide konnten uns ein herzhaftes Lachen nicht verkneifen und dann stellte ich ihr die Gretchen-Frage: „Was, wenn es gar keine Rolle spielt?" „Das wäre schön. Da haben wir aber ein ganzes Stück Arbeit vor uns", scherzte Franziska. Sie hatte noch immer Zweifel, aber es war auch eine erste Erleichterung in ihrem Ausdruck sichtbar.

Die Herausforderung – Blockaden und Unsicherheiten

Die ersten Wochen des Coachings waren für Franziska eine Achterbahnfahrt. Meine Fragen irritierten sie immer wieder. Anstatt mit ihr Strategien zu entwickeln, wie sie ihre Kommunikation anpassen konnte, damit sie verstanden und gesehen wurde, wer sie wirklich war, drehten sich unsere Gespräche um sie selbst. Um ihre Motive, ihre unbewussten Bedürfnisse, ihre inneren Programme und ihre ungenutzten Fähigkeiten zur Selbststeuerung. Franziska war eine Meisterin darin, ihr Denken und Verhalten, ihre Erfahrungen und Gefühle in einer wasserdichten Argumentationskette zu erklären. Das ist für viele hochsensible und hochbegabte Menschen typisch. Alles vollkommen logisch. Der Verstand lässt keinen Zweifel zu. In der eigenen Wahrnehmung ist Veränderung so fast unmöglich.

„Ich bin immer die, die versteht, Rücksicht nimmt, sich erklärt, Kompromisse eingeht. Ich bin die, die empathisch ist und nachgibt." Ich merkte, wie Franziska innerlich trotzig die Arme verschränkte und ihr Gesicht verriet ihre Gedanken: „Nö. Das sehe ich nicht mehr ein.". Ohne ein weiteres Wort zu sagen, verschränkte ich mit großer Geste die Arme und lehnte mich zurück. Mein Blick war liebevoll amüsiert. Sie brauchte einen Moment und musste dann lachen. ‚Erwischt'. Wir lachten gemeinsam. So sehr sich der Verstand auch sträubt, Humor wirkt. Immer. Wer mit dem Herzen lacht, schlägt dem strengen Verstand ein Schnippchen und bekommt Zugang zu neuen inneren Welten.

Ich lud Franziska immer wieder zu einem wichtigen Perspektivenwechsel ein. Wir gingen gemeinsam in die Adler-Perspektive, um die jeweilige Situation aus einer gewissen Distanz heraus wertfrei zu beobachten. Anfangs wollte ihr dieser Perspektivwechsel kaum gelingen. Es war gar nicht so leicht, sich selbst aus der aktuellen emotionalen Situation herauszuholen und auf die Meta-Ebene zu gehen. Am schwierigsten dabei ist, sich selbst nicht zu bewerten. Es geht darum, einfach nur zu beobachten. Wie gestaltet sich die Situation? Was passiert? Was sehe ich? Unser Gehirn ist evolutionär darauf ausgelegt, schnelle Entscheidungen zu treffen. Dass zwischen Reiz (ich höre ein Rascheln im Gebüsch) und der Reaktion (ich nehme die Beine in die Hand) nicht allzu viel

Zeit vergeht, hat dem Homo sapiens wohl das Überleben gesichert. Heute müssen wir uns nur noch selten vor Raubtieren in der Wildnis retten. Dieser natürliche Reflex funktioniert aber immer noch tadellos im Alltag. Hilfreich ist er hier nicht. Im Gegenteil. Er führt dazu, dass wir uns hilflos und ohnmächtig fühlen. Wir machen immer die gleichen Erfahrungen. ‚Ich bin halt so. Da kann ich nichts machen'. Es ist, als wenn wir auf Autopiloten fahren und vergessen haben, dass es einen Hebel für die manuelle Steuerung gibt. Genau das habe ich mit Franziska immer wieder geübt. Es ist anstrengend. Kostet Zeit. Braucht Geduld. Je häufiger wir diesen Wechsel praktisch vollziehen, umso leichter gelingt es, sich selbst wertfrei zu beobachten.

Franziska erkannte ihre eigenen Mechanismen. Was sah sie als Erstes von da oben aus der Distanz? Sie erkannte, dass sie sich dagegen wehrte, dass nur sie sich verändern sollte und die anderen nicht. Sie konnte die Situation beschreiben und ihre Emotionen, ihre Reaktionen. „Ich soll wieder mal in Vorleistung gehen, damit sich was verändert?!" Sie stellte fest, dass sie gegenüber ihrem Umfeld eine hohe Erwartung hatte. „Na ja, darauf habe ich ja wohl ein Anrecht! Ich bin wütend! Moment mal… Nicht trotzig. Nicht genervt. Nicht frustriert. Sondern wütend! Ich bin wütend? Wow! Tatsächlich. Ich bin wütend." Wut war ein Gefühl, das sie so nicht kannte. Denn Mädchen dürfen nicht wütend sein. Wut ist ein Zeichen von Unkontrolliertheit, von Schwäche, von Unreife. Ich wartete.

„Was passiert gerade?", fragte ich sie. „Ich habe Angst." Franziska brauchte einen Moment. Dann fand sie die passenden Worte. „Was wird passieren, wenn ich mich wirklich in den Mittelpunkt meines Lebens stelle? Wenn ich meine Bedürfnisse ernst nehme? Wenn ich meine Wünsche wichtiger nehme als die Erwartungen anderer an mich? Was passiert, wenn ich radikal Verantwortung für mich selbst übernehme? Was, wenn ich dabei alles verliere, was mir lieb ist?" Ihr wurde bewusst, dass es genau diese Angst war, die sie dort hielt, wo sie war. Im selben Augenblick schaute sie mich an und sagte: „Jetzt, wo ich sie benennen kann, ist sie plötzlich viel kleiner." Franziska bekam das Gefühl, diese Achterbahn des Lebens vielleicht doch irgendwann und irgendwie selbst lenken zu können. Eine Erkenntnis, die ihr neues Selbstvertrauen gab.

Was merklich Kraft kostete, war aus diesen Erkenntnissen heraus ins Tun zu kommen. Verschiedene Tools, die ich ihr anbot, halfen ihr dabei. Dazu gehörte das tägliche Führen eines Dankbarkeits- und Erfolgstagebuchs, um den Fokus zu halten. Durch regelmäßiges Journaling mit konkreten Fragen konnte Franziska ihre eigenen unsortierten Gedanken nachvollziehen und lernte, sich selbst besser zu verstehen. Sie entdeckte den roten Faden in ihren Erfahrungen und Gedanken. Momente, in denen Franziska in alte Muster verfiel, gab es noch, aber sie bemerkte sie. „Heute habe ich wieder versucht, zu erklären, warum ich Dinge anders sehe und es macht mich fertig, weil ich wieder nur zu hören bekomme: ‚So kannst du das aber nicht sehen, da liegst du falsch.'."

„Was, wenn du es einfach stehen lässt?", fragte ich sie. Sie versuchte es und irgendwann bemerkte sie, dass sich die Welt weiterdrehte, selbst wenn sie nicht kämpfte. Sie fühlte sich täglich stärker und immer seltener ohnmächtig.

Dann kam jedoch die nächste Herausforderung: Ihr hochsensibles Nervensystem. Franziskas Körper brauchte mehr Zeit, um das alles kognitiv und emotional zu verarbeiten. Ihr Bedürfnis nach Rückzug wuchs, was nicht überall auf Verständnis stieß. Sie schaffte es immer häufiger, sich deswegen nicht schuldig zu fühlen. Zum ersten Mal erlebte sie, wie sich konsequente Selbstfürsorge wirklich anfühlte. Franziska hatte ihre Familie und Freunde weiterhin um sich. Ihre Ängste bestätigten sich nicht. Mit jedem Coaching-Termin festigte sich ihr neues Selbstverständnis. Während alte Denk- und Verhaltensmuster begannen, ihre Kraft zu verlieren, waren die neuen noch nicht so stark, wie Franziskas es sich wünschte. Sie wurde ungeduldig mit sich und ich wurde zur Geschichtenerzählerin. „Das ist wie mit einem Trampelpfad im Wald. Wird er immer und immer wieder benutzt, so entsteht mit der Zeit ein richtiger Weg mit festem Untergrund. Er wird leichter zu begehen und wird deshalb sehr gerne und regelmäßig benutzt. Selbst wenn es ein Umweg ist. Einem neuen Weg durch den Wald zu folgen, ist dagegen recht mühselig. Es liegen Steine und Baumstümpfe herum und man muss sich vor tief hängenden Ästen in Acht nehmen. Alles in allem recht unbequem. Doch der Weg an sich ist kürzer und bringt dich schneller an dein Ziel. Wenn du dranbleibst und ihn immer wieder und wieder nutzt, wird er mit der Zeit leichter und bequemer. Der alte Weg dagegen verschwindet und ist im Wald bald kaum mehr auszumachen." Neue Denk- und Verhaltensmuster zu etablieren, braucht Zeit. Beim Verändern von Gewohnheiten werden im Gehirn ganze Netzwerke umgebaut. Synapsen und Nervenverbindungen verdrahten sich neu. Es ist genau wie mit dem Trampelpfad. Franziskas theoretisches Wissen wurde zu ihrer praktischen Erfahrung.

Das Tempo, in dem Franziska innere Zusammenhänge verstand und neu verknüpfte, stieg enorm an, da sie nicht nur rationale Erklärungen bekam, sondern wir ihr Unterbewusstsein auch über Bilder und Geschichten direkt ansprachen. Zu Beginn war sie noch vorsichtig gewesen, denn sie hatte gelernt, sich vor Überforderung zu schützen. Franziska nahm sich mitunter als wenig belastbar wahr. Das bedeutete bisher, dass sie weniger gemacht hatte und das wenige langsam. Die Folge? Noch mehr Frust und das Gefühl, nichts auf die Kette zu bekommen. Dass diese Angst vor Überforderung aus einer chronischen Unterforderung entstehen kann, war ihr völlig neu.

Gemeinsam erhöhten wir Schritt für Schritt das Tempo sowie die Komplexität. Franziska wurde klarer, strukturierter, ruhiger und entspannter. Sie hatte das Gefühl, auf vielen Ebenen gleichzeitig zu lernen und zu wachsen. Am Ende eines Termins fragte ich sie, ob ihr aufgefallen war, dass das Thema Hochbegabung, Hochsensibilität und ADHS bisher so gut wie keine Rolle in unserer

Zusammenarbeit gespielt hatte. Tatsächlich war es ihr nicht aufgefallen. „Das fühlt sich an, als wenn ich das erste Mal so richtig auf Betriebstemperatur laufe", sagte Franziska und lächelte zufrieden.

Der Wendepunkt – Die Veränderung

Im weiteren Verlauf des Coachings machte Franziska die unbequeme Erfahrung, dass jede neue Selbsterkenntnis scheinbar in einen weiteren inneren Konflikt mündete, anstatt einen alten zu lösen. Sie fühlte sich müde und angestrengt. Ihre Entscheidung, die neu gewonnenen Perspektiven im Alltag einzunehmen, ließen alte innere und äußere Widerstände neu auftauchen. Widerstände, die sie geglaubt hatte, überwunden zu haben. Franziska wurde bewusst, wie tief alte Glaubenssätze und das negative Selbstbild in ihr verankert waren. „Ich habe also nichts gelernt? Das kann doch nicht sein!", sagte sie frustriert. Ihr persönliches Umfeld schien sich abermals gegen sie zu stellen. Ihre Kompetenzen und Entscheidungen wurden infrage gestellt. Sie dachte darüber nach, ihre therapeutische Praxis aufzugeben und sich wieder eine Anstellung zu suchen. Sie war so müde vom Kampf, endlich gesehen zu werden.

Ich ermutigte Franziska, all diese unbequemen Gedanken und Gefühle laut auszusprechen und nicht wegzudrücken. Sie wunderte sich, dass ihr allein das Aussprechen viel inneren Druck nahm. Es war ihre Wahrheit, ihre Realität. Sie nahm sich zum ersten Mal ungefiltert wahr. Ganz bewusst. Franziska war an einem wichtigen Wendepunkt angekommen. „Ich fühle mich innerlich zerrissen. Ich bin auf dem richtigen Weg und ich habe wieder Angst. Ich will endlich loslaufen. Und doch traue ich mich nicht. Privat und im Business. Warum will mich niemand verstehen? Warum hört mir niemand zu? Warum werde ich nicht ernst genommen?" Ich stellte ihr eine Gegenfrage: „Was wäre, wenn es reichen würde, dass du dich verstehst, dass du dir zuhörst, dass du dich ernst nimmst, dass du weißt, wer du bist?" Franziska stutzte. „Wie meinst du das?", wollte sie wissen. Ich erzählte ihr von Platons Höhlengleichnis. Genau das spiegelte Franziskas aktuelle Situation wider. Sie hatte von Geburt an gelernt, die Welt aus einer bestimmten Perspektive zu sehen, geprägt von Überzeugungen und Denkmustern ihrer Familie, ihres direkten Umfeldes. ‚Die Welt ist genau so und nicht anders!' Durch ihre persönliche Entwicklung in den letzten Jahren hatte Franziska eine neue Perspektive eingenommen und die alten biografischen Ketten gelöst. Die Veränderung geschah sehr langsam, sodass sie die Tragweite dieser Veränderung gar nicht wirklich erfasst hatte. Nun erlaubte sie sich, Selbstverständlichkeiten zu hinterfragen und sich neugierig auf die Welt einzulassen. Franziska bemerkte, dass sie aus der ‚Höhle' ihrer angenommenen Wahrheit herausgetreten war und dass sie niemanden dazu zwingen konnte, es ihr gleichzutun. Sie hatte sich in wenigen Jahren intensiv weiterentwickelt. Die meisten Menschen um sie herum hatten das weder in dieser Qualität noch in diesem Tempo getan. Sie stand an einem ganz anderen Punkt. Das hatte unter anderem mit ihrem besonderen Sein zu tun. Sie dachte schneller, sie fühlte intensiver, sie verarbeitete tiefer. Sie tickte im wahrsten Sinne des Wortes anders. Franziska hörte auf, den Fehler bei sich zu suchen. Sie hörte auf, überhaupt Fehler zu suchen. Sie erkannte, dass ihre alten Erwartungen nicht mehr zu ihrem neuen Selbstbild passten. Ich bat sie, für diese neuen Erkenntnisse eine Überschrift zu finden. Sofort kam von ihr: „Radikale Eigenverantwortung".

Der Heimweg – Festigung der Veränderung

Franziska begann, die neuen Erkenntnisse aktiv in ihren Alltag zu integrieren. Ihr neues Selbstbild und Selbstbewusstsein machten es ihr leicht, sich alten Konflikten neu zu stellen. Sie hinterfragte ihre gewohnten Reaktionen und testete neue Handlungsweisen aus. Sie gewann mehr und mehr Freude daran, sich jeden Tag ein Stück weit neu auszuprobieren. „Ich finde Halt in mir selbst. Kaum zu glauben." Franziska erlebte sich als kraftvoll und selbstbestimmt.

Privat und auch in ihrer Selbstständigkeit. Franziskas Umfeld reagierte erstaunlich positiv – keine ihrer Ängste hatte sich bestätigt. Stattdessen bekam sie Bestätigung von ihrer Familie und von den Menschen, die ihr wirklich wichtig waren.

Ankunft – Endlich zu Hause

Von außen hat sich ihr Leben kaum verändert – doch innerlich ist alles anders. Franziska braucht nicht mehr zu kämpfen. Sie lebt aus einer tiefen inneren Klarheit heraus. Die Erkenntnisse aus den zwölf Monaten Coaching wirken nachhaltig, weil sie sich nicht auf schnelle Lösungen verlassen, sondern ihre Sichtweise auf sich und die Welt fundamental verändert hat. Sie kann zwischen dem Menschen, der sie gelernt hat zu sein und dem Menschen, der sie sein will, unterscheiden. Sie weiß, dass dies eine Haltung ist und kein erreichtes Ziel.

Franziska nimmt ihre innere Welt heute sehr viel bewusster und differenzierter wahr. Sie ist neugierig auf sich selbst. Mit all den Problemen und Herausforderungen, die ihr im Leben noch begegnen werden. Damit fühlt sie sich nicht mehr so ohnmächtig, weil sie versteht, wie sie tickt und dass sie anders tickt als andere. Aktuell braucht sie kein Etikett wie ADHS oder Hochsensibilität oder Hochbegabung. „Ich bin Franziska. Reicht mir." Möglich, dass es irgendwann wichtig wird, da genauer hinzuschauen. Doch im Augenblick spielt es keine Rolle. Zum Abschluss sagt sie mir mit Freude in der Stimme: „Tanja, ich habe mein Leben verändert. Ohne mein Leben zu verändern." Sie lächelt mich an. „Ich fühle mich wohl in meinem eigenen Leben. Ich bin angekommen bei mir."

Marina Würger

Moin, ich bin Marina, und mein Antrieb ist es, mentale Gesundheit und natürliche Performance als neuen Standard in der Wirtschaft und Gesellschaft zu etablieren. Meine Klient:innen sind ambitioniert und wollen viel bewegen. Ich zeige ihnen, wie sie ihre innere Stabilität stärken und in ihrer Kraft bleiben – ohne sich selbst dabei aufzuopfern. Denn: Du kannst für deine Ziele brennen, ohne auszubrennen.

Meinen Coaching-Case habe ich ausgewählt, weil er deutlich macht, wie wirksam du werden kannst, sobald du aufhörst, dich selbst zurückzuhalten und dir erlaubst, authentisch zu sein.

Case-Übersicht

- Ausgangssituation: Timo war gestresst, sah beruflich keine Perspektive, spürte wachsende Unzufriedenheit und Unsicherheiten.

- Zielsetzung: Er wünschte sich Anerkennung im Beruf sowie seinen eigenen Wert und seine Selbstsicherheit zu spüren.

- Methoden: Emotionsregulation, Human Design, ‚liegende Acht‘, Energiearbeit, inneres Kind

- Ergebnis: Anerkennung im Beruf, neue berufliche Perspektiven, Gefühl von innerer Ausgeglichenheit, Selbstvertrauen und Souveränität

Vom rastlosen Ziele jagen zu Gelassenheit, Sinn und Souveränität

„Ich habe das Gefühl, einfach nur noch Zielen hinterherzujagen. Wenn ich eines erreicht habe, geht es weiter zum Nächsten. Soll es das gewesen sein? Ich habe irgendwie den Sinn darin verloren." Ich konnte die Resignation und den Frust in diesem Satz von Timo spüren. Der 31-jährige Arzt hatte sein Leben nach einem Plan aufgebaut und unterwegs vergessen zu prüfen, ob dieser für ihn noch richtig war. In seinem Job agierte er wie ein brillanter Dirigent. Er übernahm die Führung in Situationen, in denen es um Leben oder Tod ging, leitete Maßnahmen ein und wusste im Umgang mit seinen Patienten ganz genau, was zu tun war. Doch so gekonnt er als Dirigent wirkte, er spürte die Musik seines eigenen Lebens nicht mehr. Innerlich war er wenig mit seinem Erfolg verbunden, er fühlte sich antriebslos und sah beruflich keine erfüllende Perspektive mehr für sich. Sein ohnehin hoher Stresslevel wurde durch neuen Familienzuwachs, eine Hündin aus dem Tierschutz, zusätzlich gesteigert. Die Kleine war sehr ängstlich und zeigte dies durch sehr dominantes Verhalten. Seinen eigenen Hund nicht ‚im Griff' zu haben, verstärkte Timos Unsicherheit.

Nach unserem ersten Gespräch war Timo klar, dass er den Takt seines Lebens wieder vollständig vorgeben wollte: „Das Wichtigste, was ich schon jetzt mitgenommen habe, ist, dass ich tatsächlich enorm wenig auf mich, meine Bedürfnisse und meine Gefühle achte und versuche, alles mit Leistung und Angriff nach vorn zu lösen."

Grenzen setzen als Zeichen von Selbstrespekt und Vertrauen

„Ich möchte einfach mal mit Sicherheit sagen: Hier bin ich jetzt und das ist schön." Timo hetzte bisher eher durch sein Leben, anstatt es zu genießen. Seine bisherigen Erfolgsstrategien lauteten: „Angriff nach vorne" oder, wenn es nicht anders ging, „Aushalten". Er wollte nicht mehr, dass sich vieles wie ein „Durchhalten bis zum nächsten Stopp" anfühlte. Er kannte das schon aus der Schulzeit, seiner Ausbildung und dem Studium. Aktuell ertappte er sich erneut dabei, wieder nur auszuhalten und auf die lang ersehnte Arbeitszeitreduzierung hinzufiebern.

Grenzen zu setzen war, zumindest in einigen Bereichen, ein heikles Thema für Timo. Fachlich war dies kein Hindernis, denn dort gab es Richtlinien, Arbeitsanweisungen und Prozesse, auf die er sich berufen konnte. Privat und persönlich hingegen gab es gefühlt nichts, worauf er sich stützen konnte. Dahinter lag ein tiefes Bedürfnis, es anderen recht zu machen. Grenzen setzen bedeutete für Timo auf emotionaler Ebene bisher Ablehnung und einen potenziellen Bruch in der Beziehung zum Gegenüber. Die Scheidung seiner Eltern und seine eigene Interpretation davon – „Papa ist gegangen, weil ich es nicht geschafft habe, mich richtig zu verhalten." – wirkten sich auf sein ganzes Leben aus.

An einem Beispiel aus seinem Alltag konnten wir uns dem Thema schrittweise nähern. Seine Partnerin und er hatten für ihre elektronischen Geräte kleine Ladestationen. Ihr war es sehr wichtig, dass Timo ihre Ladestation nicht benutzte. Es kam jedoch vor, dass sie seine nutzte. Innerlich empörte ihn das. „Hast du ihr schon mal gesagt, dass du das nicht gut findest? Weiß sie überhaupt, dass dich das stört?" Timo war irritiert von meiner Frage. Innerlich hatte er angenommen, dass ihre Grenze auch automatisch für ihn galt. Ich konnte sehen, wie sich sein Blick weitete und er plötzlich verstand, dass sie gar nicht wissen konnte, dass ihm dieser Raum ebenso wichtig war. Er erkannte, dass seine Grenzen in einigen vermeintlich kleinen Situationen bereits überschritten wurden, er das bisher jedoch geduldet und ausgehalten hatte. Grenzen zu kommunizieren, verstand Timo ab dem Moment als einen Akt des Selbstrespekts, der Selbstachtung und darüber hinaus als Vertrauensbeweis an seine Partnerin.

Persönlicher Konflikt von Spiritualität und Wissenschaft

Ich sah in überglückliche Augen, als Timo mir berichtete, wie in diversen Situationen (beruflich wie privat) das Setzen von Grenzen geklappt hatte. Für seinen Mut und die neu gewonnene Freiheit feierte ich ihn. Doch mit dem bewussten Setzen und Kommunizieren von Grenzen wurden auch zunehmend Konflikte sichtbar. Für andere ‚funktionieren‘ wir dann nicht mehr wie gewohnt. Am stärksten zeigten sich derartige Konflikte für Timo aktuell in der Familie. Er war umgeben von zwei starken Frauen groß geworden, die eine starke Anbindung zu spirituellen, energetischen Aspekten sowie Homöopathie haben. Für ihn als Arzt und ‚echten Wissenschaftler‘, wie er es formulierte, hatten sich über die Jahre harte Fronten aufgebaut.

„Bist du bereit, hier tiefer einzusteigen?“, fragte ich Timo. Er nickte und schloss auf meine Anleitung hin seine Augen. „Wie fühlt sich dein Körper an, wenn du an diesen Konflikt in deiner Familie denkst? Spürst du irgendwo Druck, ein Ziehen oder Temperaturunterschiede?“ Ich konnte sehen, wie seine Augen sich bewegten und er geistig durch seinen Körper wanderte.

„Es fühlt sich an, als wären da Klauen um mein Herz. Nein warte, eher eine harte Kugel.“ Ich ermunterte ihn, sich diese Kugel genauer anzusehen. „Sie ist von außen glatt. Ja, nahezu perfekt. Sie passt sich an alles an“, präzisierte er.

Ich finde es immer wieder spannend, wie die Worte, die wir in so einem Prozess wählen, auf unsere Situation hinweisen können. Timo hatte sich glatt ins Leben eingefügt, ohne anecken zu wollen und spürte dies gerade bildlich. „Kannst du in sie hineinschauen?“, fragte ich. „Ja, drinnen ist ein heller, warmer Kern. Er leuchtet weiß-orange-gelb. Die Hülle ist von innen gar nicht so glatt, sondern eher bröckelig.“ Ich ließ ihn weiter von innen an der imaginären Hülle pulen. Erst war er sehr bedacht darauf, nichts kaputtzumachen. Doch dann löste Neugier die Unsicherheit ab. „Warte, ich kriege das jetzt hin“, sagte er mit der Abenteuerlust eines Entdeckers.

Plötzlich stockte Timo. „Was ist passiert?", fragte ich ihn, denn seine Körpersprache signalisierte einen abrupten Stopp. „Ich will mich da nicht so reinsteigern und wütend werden." Er hatte Angst, die Kugel mit Gewalt zu öffnen, das konnte ich spüren. „Du willst die Hülle durchbrechen, oder?" Kurz darauf überwand er sein Hemmnis, nahm sich eine imaginäre Spitzhacke und buddelte sich von innen nach draußen. Plötzlich wandelte sich das Bild. Er stand nun außerhalb vor einem Erdhügel. Vorher war dieser für ihn perfekt gewesen, dessen war er sich irgendwie bewusst, jetzt zeigte er sich aufgebrochen.

„Wow, da ist so viel mehr drin. Das kann ich spüren." Timo war überwältigt von dem Gefühl, das er hatte, als er in den aufgebrochenen Hügel schaute und ein helles Licht in dessen Tiefe entdeckte, mit dem er direkt in Verbindung ging. „Möchtest du weitermachen?", wollte ich von ihm wissen. „Nein, für heute ist es genug. Ich werde jetzt noch einen Schutz über das Licht legen. Ich möchte nicht, dass es schmutzig wird. Außerdem will ich mir die Freude am Weitermachen noch etwas bewahren."

So einfach kann Grenzen setzen sein. Die Liebe, die Timo sich selbst mit dieser Geste in seinem Prozess zuteilwerden ließ, berührte mich sehr.

„Wie fühlst du dich jetzt, wenn du an den anfänglichen Konflikt mit deiner Familie in Sachen Spiritualität denkst?", fragte ich ihn am Ende der Session. „Mir geht es unfassbar gut. Irgendwie bin ich total energiegeladen. Und weißt du was? Das Erlebte heute hat mir gezeigt, wie wichtig mir Spiritualität wohl doch ist, auch wenn ich mich die letzten Jahre sehr dagegen gesträubt habe. Außerdem bin ich total stolz darauf, dass ich mir die Freude am Ausgraben behalten will, statt mich wie sonst reinzusteigern und durchzubeißen. Ich bin grad richtig glücklich und gespannt, was da wohl noch so alles auf mich wartet."

Der eigenen Wut begegnen

„Das mit der Wut war irgendwie lustig zu provozieren", berichtete mir Timo mit einem schelmischen Grinsen. Als ich während unserer letzten Session bemerkt hatte, dass er eine Hemmschwelle besaß, sich auf seine Wut einzulassen, hatte ich ihm geraten, im Alltag mehr mit ihr in Kontakt zu kommen. Er hatte sich hierfür ein Videospiel ausgesucht, das ihn schnell frustrierte. „Tja, und da war sie dann, meine Wut." An diese Begegnung mit seiner Wut knüpften wir an. Nachdem ich Timo gebeten hatte, sich einen imaginären Wohlfühlraum einzurichten, beschrieb er ihn mir folgendermaßen: „Ja, so ist es schön. Hier ist ein Regal mit Büchern, einige Topfpflanzen, eine Sofaecke und ein gemütlicher Sessel." Ich konnte sehen, dass er sich wohlfühlte. „Dann lade deine Wut doch jetzt einmal ein und wir schauen, wer oder was da durch die Tür kommt", schlug ich vor.

Laut Timo öffnete ein grimmig dreinblickender, hochroter Kerl die Tür. Er war genervt und blieb lange im Türrahmen stehen. „Was macht er?", fragte ich. „Er weiß nicht, wo er sich hinsetzen soll. Ist für ihn nicht das erste Mal, dass er keinen Platz hat." Timo ließ mich wissen, dass er es genoss zu sehen, wie sich seine Wut in Form des grimmigen Kerls unsicher bewegte. Er schaute zu, wie dieser sich auf das Sofa setzte, während Timo auf dem Sessel abwartete. „Jetzt lasse ich dich bewusst köcheln", teilte Timo mir seine Gedanken zu seiner Wut mit. Das zeigte mir, wie sehr er selbst noch im Widerstand mit diesem Gefühl war und um Kontrolle rang. Doch anstatt direkt zu intervenieren, vertraute ich meiner Intuition, dass es in dieser Situation wichtiger für Timo war, seinen ganz eigenen Zugang zu seiner Wut zu finden.

Es verging eine Weile, in der sich die beiden Herren gegenübersaßen und beäugten. Irgendwann änderte sich die Position des wütenden Kerls und seine Farbe wechselte von Rot zu Gelb zu neutral. Timo nahm mich kontinuierlich in sein Erleben mit. „Er merkt, dass ihm hier gar nichts passiert", kommentierte er.

Erst in diesem Moment begrüßten sich die beiden mit einem ‚Hallo'. „Ich habe dich eingeladen", begann Timo zu seiner Wut zu sprechen, „doch ich weiß gar nicht so recht, was ich mit dir machen soll." Seine Wut reagierte empört, warum er denn dann hatte herkommen sollen. „Sag ihm doch mal, was du dir von ihm wünschst", unterstütze ich den Dialog der beiden. Timo äußerte den Wunsch, seine Wut produktiv nutzen zu wollen. „Jetzt schaut er schuldig und irgendwie beschämt auf den Boden." Nachdem ich angeregt hatte, mit seiner Wut weiter in den Austausch zu gehen und zu erfragen, was diese denn brauchte, entstand ein sehr produktives Gespräch zwischen den beiden.

Timo war bereit, einen Schritt weiterzugehen und ich leitete ihn an, seine Wut zu spüren. Dazu schlüpfte er in den Körper seiner Wut und verband sich mit ihr. Timo konnte spüren, wie sich seine Unter- und Oberarme anspannten, seine Fäuste ballten, der Nacken und der Rücken hart wurden. Seine Wut stellte sich jetzt als eine Stahlrüstung dar. Sie bot zwar Schutz, war allerdings auch schwer, einengend und machte den Kontakt zu anderen Menschen distanzierter. Je mehr er sich auf seine Wut einlassen konnte, desto weicher wurde diese Rüstung. Sie wandelte sich am Ende zu einem weißen Mantel, in dem Timo sich entspannen konnte.

„Wie fühlt sich Wut jetzt für dich an?", fragte ich ihn. „Sie fühlt sich tatsächlich produktiv und klar an", sagte er mit einem Lächeln. Ich erwiderte mit einem Lächeln: „Schenk deiner Wut jetzt einen Platz in dir und bedanke dich, dass sie sich dir so mitgeteilt hat. Ihr könnt ab jetzt immer in Kontakt gehen, wenn ihr es braucht." Timos Einstellung zu seiner Wut hatte sich extrem gewandelt: von einem fiesen Kerl, den er ablehnte, zu einer schützenden Rüstung, hin zu einem produktiven Gefühl.

Wir gingen einen Schritt weiter, indem ich Timo darum bat, sich nun einen ‚Happy Place' vorzustellen, einen Ort, an dem er jetzt gern sein würde. Ich ließ

Timo mit all seinen Sinnen an seinem Ort ankommen, während er ihn beschrieb. „Es ist sonnig, ich spaziere an einem See, es weht ein leichter Wind. Vereinzelt stehen hier Büsche. Es ist einfach still und ich kann die Ruhe genießen." Timo spürte an seinem Ort Liebe, angenehme Wärme, Weichheit, Ruhe und Genuss. Üblicherweise formt sich hier eine neue Entscheidung, die meinen Klienten und Klientinnen im Alltag als Wegweiser dient. Sie entspringt einer dort entstandenen, tiefen Sehnsucht, die am ‚Happy Place' erfüllt wird. Also fragte ich Timo: „Welcher Satz verbindet dich mit diesem Ort?" Timo atmete tief ein und sagte aus tiefstem Herzen: „Windrauschen am See." Das wollte er sich fortan selbst sagen, wenn er die Verbindung zu innerer Ruhe benötigte. Sein erfülltes Lächeln sprang auf mich über. Das Windrauschen konnte ich fast selbst spüren, so intensiv war die Energie dieser Session.

Von gefühlter Abhängigkeit zu emotionaler Souveränität

„Sag mal, kann es sein, dass deine Stimme tiefer geworden ist?", wollte ich von Timo zu Beginn unserer nächsten Session wissen. Er grinste. „Das hab' ich auch schon gemerkt. Du bist auch nicht die Erste, die mir das so sagt." Er wirkte, als wäre er tiefer bei sich angekommen. Timo bestätigte mir meinen Eindruck, dass mir ein Mann gegenübersaß, der von innen heraus Selbstsicherheit und Stolz ausstrahlte.

Als ich Timo fragte, was sich seit unserer letzten Session verändert hatte, erzählte er mir, dass er Folgendes bemerkt hatte: „Ich schöpfe nahezu sofort Kraft daraus, wenn ich andere Menschen glücklich machen kann. Nur leider funktioniert das auch andersherum: Sobald es anderen schlechter geht, wirkt sich das auch auf mich aus." Dieser Abhängigkeit wollte ich mit ihm auf den Grund gehen, denn ich hatte den Eindruck, dass heute ein passender Zeitpunkt war, um an Tieferliegendem zu arbeiten.

Nach einer einleitenden Entspannungsübung bat ich Timo, sich an den Gedanken der emotionalen Abhängigkeit zu erinnern. „Wie fühlt sich das für dich an? Was zeigt sich da?" Timo seufzte. „Ich bekomme das nicht so richtig zu fassen. Wie ein Hase, der vor mir wegläuft." Da Timo und ich bereits eine sehr humorvolle Basis gefunden hatten, fragte ich ihn: „Wie wäre es, wenn du ihm mal hinterherjagst?" Etwas in Timos Augen blitzte auf, als hätte ihn eine Spielfreude gepackt. „Das mache ich", entgegnete er. Doch nahezu sofort zuckte etwas in ihm zusammen. „Was passiert da gerade?", hakte ich ein. „Etwas hält mich zurück, drückt mich runter." Wir waren an eine alte Erinnerung mit seinem Vater gelangt. Es waren dessen Hände, die Timo auf seinen Schultern spüren konnte.

Damals wollte er irgendwo hin, doch sein Vater hielt ihn abrupt zurück. „Das war der Moment, in dem ich gelernt habe, lieber ruhig zu sein und alles über mich ergehen zu lassen anstatt zu tun, was mir Freude bringt."

Im Laufe unserer Session zeigten sich drei weitere Situationen, die er als Kind, Jugendlicher und junger Erwachsener erfahren hatte. Jeder einzelne dieser ‚Jungs' hatte unterschiedliche Erlebnisse durchgemacht und damit verbundene unterdrückte Gefühle, die Timo für sie fühlte. Sein 7-jähriges Ich wollte nicht mehr in Abhängigkeit vom Vater leben, sondern lieber sorglos spielen. Der 14-Jährige wollte endlich Fehler machen und sich ausprobieren dürfen. Der 22-Jährige spürte eine immense Last aus Selbstzweifeln und wollte sie nicht mehr durch das restliche Leben mitschleppen. „Was hältst du davon, wenn ihr das alles auf Zettel schreibt, die ihr dann gemeinsam zerreißt und wie Konfetti aus dem Fenster werft?", leitete ich Timo und ‚seine Jungs' an. Gemeinsam hatten sie sehr viel Freude daran, all das loszulassen, was sie von nun an nicht mehr mit sich tragen wollten.

„Hast du Lust, dir wieder einen ‚Happy Place' auszusuchen?" Timo sprang durch verschiedene Szenarien und landete am Ende wieder an ‚seinem See'. Dort entstand der innere Wunsch, Zeit mit sich selbst zu verbringen, ohne negative Konsequenzen zu befürchten. Nachdem ich Timo ein paar Minuten an seinem ‚Happy Place' verweilen ließ, holte ich ihn in seiner neu gewonnenen Energie gedanklich zurück an den Beginn unserer Session. „Wie schaust du jetzt auf die gefühlte Abhängigkeit deiner Stimmung von der der anderen?" Timo spürte in sich hinein und grinste. „Also, das klingt jetzt komisch, aber in mir macht sich da so eine Gleichgültigkeit breit. Es gibt so viele Optionen für mein Glück. Alles ist da. Ich mache mir da keinen Stress mehr." Ich schmunzelte über die neue, so selbstverständlich klingende Formulierung und freute mich mit Timo über seine wachsende emotionale Souveränität.

Die eigene Energie effektiv managen

In unseren drei gemeinsamen Monaten lernte Timo verschiedene Strategien, um besser mit sich selbst, seinen Bedürfnissen und Wünschen in Kontakt zu kommen und sein Leben daraufhin auszurichten. Mir war es wichtig, dass er praktische Strategien erlernt, die er auch ohne mich weiter nutzen kann.

Während der gemeinsamen Zeit lernte Timo auch, sich seiner inneren Autorität und seinem Human Design bewusst zu werden. Das Human Design beschäftigt sich mit der Persönlichkeitsstruktur und der individuellen, energetischen Grundausstattung eines jeden Menschen, macht Aussagen über Stärken und kann entscheidende Hinweise zum Steigern der eigenen Lebensqualität liefern. „Es ist so verrückt, ich erkenne mich darin echt wieder. Jetzt ergibt vieles, was mir so passiert, mehr Sinn", berichtete Timo, nachdem ich ihn darauf aufmerksam gemacht hatte, dass es für ihn wahrscheinlich natürlich war, dass ihm Menschen schnell vertrauten. Er erkannte auch, wie er von nun an mit antriebslosen Phasen besser umgehen und wie er sich zu neuer Energie verhelfen konnte.

Um solche Veränderungsprozesse messbar zu machen, ließ ich Timo zu Beginn und zum Ende unserer Zusammenarbeit diverse Lebensbereiche einschätzen. Die Art, wie Timo lernte, sich selbst mehr und mehr zu vertrauen, die eigenen Grenzen zu spüren und zu kommunizieren sowie seinem Körper zuzuhören, begeisterte mich. Am Ende unserer Zusammenarbeit bestätigte sich dieser Eindruck durch eine 60-prozentige Steigerung im Lebensbereich ‚Ich mit mir'. Über alle Lebensbereiche hinweg verbesserte er sich auf Basis seiner eigenen Einschätzung durchschnittlich um 14 %. Timo fühlte nun endlich seinen eigenen Wert im Umgang mit Menschen und strahlte Selbstvertrauen aus.

Ein halbes Jahr später

Timo bekommt anhaltend positives Feedback für sein Auftreten. Von Komplimenten aus seiner Abteilung („Du hast die Ausstrahlung eines Oberarztes.") bis zu einer neuen Position als Dozent („Wir können uns niemand Geeigneteren vorstellen."). „Regelmäßig sagen mir Menschen, wie erstaunt sie darüber sind, wie ‚gesetzt' und innerlich ruhig ich bin", berichtet Timo stolz.

Wie sich seine Karriere insgesamt entwickelt hat, wollte ich wissen. „Neben der Stelle als Sprecher der Assistenzärzte haben sich auch andere Wege aufgetan. Ich habe zwei Fortbildungen absolviert und fühle endlich wieder, warum ich das mache. Ich möchte für Menschen da sein und sie wirklich begleiten, nicht nur abfertigen. Das ist der Grund, warum ich die Palliativmedizin vertiefe. Da kommt spannenderweise auch meine eigene Form der Spiritualität zurück zu mir. Wie sich die Menschen mir anvertrauen und dadurch Sicherheit gewinnen, erfüllt mich und gibt mir den Sinn, den ich verloren geglaubt hatte, zurück."

Dr. Franziska Haberl

Hi, ich bin Franziska. Mit Life Law Balance® verfolge ich die Mission, die Rechtsbranche gesund und zukunftsfähig zu machen. In meinen 1:1 Coachings mit Jurist:innen erarbeiten wir Wege, um in einem anspruchsvollen beruflichen Umfeld aufzublühen, anstatt auszubrennen. Daneben begleite ich Kanzleien und Organisationen in Change-Prozessen.

Ich habe meinen Coaching-Case gewählt, weil er eindrucksvoll zeigt, dass wir uns selbst in einem sehr starren beruflichen Umfeld nicht verbiegen müssen – wenn wir den Mut haben, uns unbewussten Überzeugungen zu stellen, diese loszulassen und unseren eigenen Weg zu gehen.

Case-Übersicht

- Ausgangssituation: Gabriela hatte Zweifel daran, ob der Beruf als Juristin dem entsprach, was sie glücklich machte, weil sie aus ihrer Sicht nicht das gängige Rollenbild erfüllte.

- Zielsetzung: Sie wollte Klarheit und Orientierung für ihren beruflichen Weg.

- Methoden: Zielimagination, Ressourcenaktivierung, Emotionsregulation, imaginative Teilearbeit (inneres Kind), Persönlichkeitspanorama

- Ergebnis: Gefühl von Zufriedenheit und Zuversicht, neue Perspektiven für eine erfüllte berufliche Zukunft

Wenn Paragrafen auf Spiritualität treffen:
Die Geschichte einer Juristin

Gabriela war Juristin. Eine ziemlich gute sogar. Beide Staatsexamina hatte sie mit überdurchschnittlichen Noten abgeschlossen. Die Stelle als wissenschaftliche Mitarbeiterin an der Uni hatte sie in der Tasche. Als Nächstes stand ein Promotionsvorhaben auf dem Plan, danach vielleicht Anwältin werden. Klassisch juristischer Werdegang also.

Doch dann kamen Zweifel auf. Immer häufiger stellte sie sich die Fragen: „Passt das alles zu mir?", „Will ich das wirklich?", „Was will ich eigentlich?"

„Stopp! Es ist doch alles gut. Was soll das ganze Hinterfragen? Eigentlich passt doch alles." Diese Gedanken kamen immer wieder als Antwort auf die nagenden Zweifel. Die große Frage, ob nicht nur die geplante Promotion, sondern Jura insgesamt vielleicht doch nicht das Richtige für sie war, begleitete sie seitdem und nagte konstant an ihr.

Als wir uns das erste Mal im Februar 2024 trafen, spürte ich eine Zerrissenheit bei Gabriela: einerseits der Wunsch nach Stabilität und Struktur, andererseits die Sehnsucht nach Freiheit, Leichtigkeit und einer stärkeren Verbindung zu sich selbst, zu anderen Menschen, etwas Höherem. Gabriela hatte sich zu diesem Zeitpunkt bereits dafür entschieden, erst einmal nicht zu promovieren, sondern sich stattdessen eine Auszeit zu gönnen. Mit einer starken Motivation, diese Auszeit möglichst konstruktiv zu nutzen, saß sie vor mir. „Was nun? Wie geht das? Auszeit nutzen?"

Unsere gemeinsame Reise begann also erst einmal damit, herauszufinden, was am Ende dieser Auszeit für Gabriela stehen sollte. Ziemlich schnell stellte sich heraus, dass es Klarheit sein sollte. Klarheit über ihre Werte, ihren zukünftigen beruflichen Weg und auch darüber, wie sie persönlich Glück und

Zufriedenheit finden könnte. Am liebsten wäre es ihr gewesen, direkt einen Plan für nach der Auszeit zu haben.

Die Insel der Möglichkeiten – Mein Leben träumen

Stell dir folgende Frage: Wenn es keine Limits gibt und du alles in deinem Leben erreichen kannst, was du dir wünschst, was wären dann deine Ziele für die nächsten ein bis zwei Jahre und für die nächsten fünf bis zehn Jahre? Welche Ressourcen bringst du schon mit?

In unserer ersten gemeinsamen Sitzung arbeiteten wir genau mit diesen Fragen. Schwer fiel Gabriela das nicht. Sie malte innerhalb kürzester Zeit ein lebendiges Bild ihrer Wünsche: einen Lebensmittelpunkt im Grünen, eine erfüllende Arbeit, die ihr Zeit für eine Familie ließ und die Menschen berührte, die Freiheit, ihr Leben flexibel und selbstbestimmt zu gestalten, Freundschaften und Verbindungen pflegen, ein eigenes Pferd, vielleicht sogar ein eigenes Retreat Center. Auffällig war, dass nicht sehr viel Jura in dem Bild auftauchte.

Im zweiten Schritt schauten wir uns gemeinsam Gabrielas Ressourcen an. All das, was sie an Fähigkeiten, Stärken, Strategien und Unterstützung mitbrachte. Eben alle inneren und äußeren Faktoren, die ihr konkret halfen, ihre Ziele zu erreichen, Herausforderungen zu bewältigen, sich weiterzuentwickeln, gesund und zufrieden zu bleiben bzw. zu werden. Am Ende hatte Gabriela sehr viele Ressourcen aufgezeigt, unter anderem ihre Freunde, Familie, aber auch so etwas wie Disziplin, Tango tanzen, Zuverlässigkeit und… Jura.

Nun tauchte Jura doch wieder auf. In einem Nebensatz erwähnte sie, dass sie das ziemlich gut konnte und das Examen und die Zeit darum gar nicht so wild gewesen waren. Sie hatte zwar viel dafür geopfert, aber eigentlich hatte sie nie Probleme damit gehabt.

Gabriela hatte eine wunderschöne bildliche Vision für ihr Leben vor sich liegen, doch etwas fühlte sich nicht stimmig an. Trotz all der Möglichkeiten spürte sie eine undefinierbare innere Schwere. Ganz besonders, wenn es um das Thema Jura ging. Was war es, was sie daran hinderte, sich wirklich frei für einen Weg zu entscheiden?

Klar war, um das herauszufinden, mussten wir uns diese ‚Schwere' anschauen. Denn oft sind es eben nicht die äußeren Umstände, die uns zurückhalten, sondern unsere inneren Überzeugungen, Ängste und Muster.

Emotionen sichtbar machen

Stell dir diese Frage: Wie und wo spürst du diese Schwere? Hat sie eine Form? Eine Farbe vielleicht?

In den folgenden Sitzungen arbeiteten wir mit diesem diffusen Gefühl der Schwere. Gabriela beschrieb nicht nur, wo im Körper sie diese Schwere spürte, sondern auch ein eindrückliches Bild, das in ihr entstand, als sie sich erlaubte, diese Schwere wirklich zu fühlen, anstatt sie wegzudrücken. Sie betrachtete die Schwere genauer und ganz ohne Bewertung. Gabriela beschrieb in außergewöhnlich lebendiger Art und Weise die eisernen Gitterstäbe, die sie umgaben. Wie ein Gefängnis, aus dem sie nicht herauskam, obwohl sie die ganze Zeit versuchte, die Gitterstäbe aufzubrechen. Auf die Frage hin, wofür die Gitterstäbe standen, sprudelte es aus ihr heraus: „Der Leistungsdruck, die ganze Disziplin, all das, was ich für die beiden Staatsexamina geopfert habe. Ich will das nicht mehr. Ich will da raus." Diese starken Bilder lösten eine emotionale Reaktion aus, mit der ich nicht gerechnet hatte. Sie brach in Tränen aus, wurde wütend.

Da war er. Der ewige Leistungsdruck. Gabriela konnte nun anerkennen, dass das Studium und insbesondere die beiden Staatsexamina irgendwie doch ganz schön hart gewesen waren und dass sie selbst häufig zu kurz gekommen war. In ihrem Leben hatte es keinen Raum für Teile ihrer Persönlichkeit gegeben, die dort nicht hineingepasst hätten.

Gemeinsam reflektierten wir diese eindrücklichen inneren Bilder und die Erkenntnis, die daraus resultierte. Ich fragte sie, was sie glaubte, was diese Bilder ihr mitteilen wollten und warum diese Bilder auftauchten. Zum Vorschein kam eine für sie ganz zentrale Überzeugung. „Nur wenn ich etwas leiste, bin ich wertvoll." Das fühlte sich an wie ein Gefängnis. Diese innere Überzeugung, diese gefühlte absolute Wahrheit, begleitete sie schon sehr, sehr lange.

Gabriela verstand zwar direkt, dass ihr Wert nicht tatsächlich allein durch Leistung definiert war, doch diese über Jahre gewachsene Überzeugung ließ sich nicht einfach abschütteln. Sie begann jedoch damit, sich immer mehr Fragen zu stellen: „Woher kommt dieses Gefühl, immer leisten zu müssen? Warum fühle ich mich ohne Leistung so unsicher und nicht wertvoll?"

Das innere Kind

Jetzt frag dich mal: Was braucht das kleine Mädchen in dieser Situation? Kannst du es ihr geben?

Um die Fragen nach der Herkunft des Glaubenssatzes „Nur wenn ich etwas leiste, bin ich wertvoll." zu beantworten, richteten wir in den nächsten Sitzungen den Blick weiter zurück. Dorthin, wo die meisten unserer tiefsten Überzeugungen entstehen: in der Kindheit.

Ein entscheidender Moment in unserer gemeinsamen Arbeit war Gabrielas Begegnung mit ihrem inneren Kind; ein innerer Anteil in uns, der meistens unbewusst Einfluss auf unser Denken, Fühlen und Handeln nimmt. Dass dieser sehr junge Anteil von uns involviert ist, erkennen wir gut an großen, manchmal fast übertrieben starken emotionalen Reaktionen.

Als Gabriela die Augen schloss und sich darauf einließ, diesen Anteil zu erforschen, sah sie ein kleines Mädchen. Es war unsicher, zurückhaltend und fühlte sich nicht gesehen und absolut nicht verstanden. Es hatte einen Wutausbruch, weil niemand, insbesondere die Mutter nicht, zu verstehen schien, was sie gerade bewegte. Sie tat doch schon alles, was sie sollte, und doch verstand sie niemand. Alles, was das Mädchen wollte, war, gesehen und in den Arm genommen zu werden, nicht alleine zu sein.

Unter meiner Anleitung trat Gabriela bewusst mit diesem inneren Anteil in Verbindung. Statt darauf zu warten, dass die Mutter kam, schenkte Gabriela ihr vor ihrem inneren Auge selbst das, was sie so lange vermisst, hatte: eine Umarmung, Zuneigung, Liebe, Mitgefühl, Anerkennung.

Als sie die Augen wieder öffnete, lag eine neugewonnene Zufriedenheit in ihrem Blick. „Vielleicht muss ich gar nicht so viel tun. Vielleicht kann ich auch einfach mal sein. Vielleicht reicht das ja."

Diese Erkenntnis veränderte etwas in Gabriela. Sie konnte sich vorstellen, nicht immer etwas tun oder leisten zu müssen, sondern einfach zu sein. Sie erinnerte sich an eine Reise nach Südamerika, die sie vor Jahren gemacht hatte. Dort hatte sie in einer Gemeinschaft erlebt, dass es ok war, nichts zu tun und sich treiben zu lassen. Sie kannte das Gefühl also. Irgendwie war es aber wieder verloren gegangen.

Was bedeutete das jetzt für die Auszeit und die berufliche Zukunft? Musste die Auszeit vielleicht gar nicht genutzt werden?

Nein! Die Auszeit durfte erst einmal verlängert werden. Ohne konkreten Plan. Einfach sein… und dann mal schauen.

Von Authentizität und Professionalität

Wie stellst du dir eine professionelle Juristin vor?

Wir trafen uns ein paar Wochen später wieder, denn trotz all der neu gewonnenen (inneren) Freiheit blieb eine Frage offen: Wie sollte es weitergehen? Jura, ja oder nein? Etwas ganz anderes? Aber was? Wenn Jura, dann wie? Fragen über Fragen. Immer noch keine Antworten in Sicht.

Wir näherten uns dem Thema immer weiter an, bis wir schlussendlich den Kern der ganzen Fragen ausmachen konnten. Es war das Spannungsfeld, das sich zwischen Authentizität und Professionalität auftat. Konnte eine Juristin, eine Rechtsanwältin oder eine Richterin überhaupt professionell sein, wenn sie wirklich authentisch war? Wenn wir uns einen Rechtsanwalt vorstellen oder einen Richter, dann haben wir ein ziemlich genaues Bild davon im Kopf. Meistens ist das nicht die junge Frau, die Jeans und Chucks trägt.

Für Gabriela war klar: „Ich will in meiner Arbeit ich selbst sein und trotzdem ernst genommen werden, professionell sein." Als Juristin auf Abwegen, so bezeichnete sie sich mittlerweile, fragte sie sich, wie sie nach ihren ganzen Erfahrungen, insbesondere während der Auszeit vor der Jura-Welt noch bestehen konnte. Wollte sie wieder einen Hosenanzug anziehen? Wo konnte sie wirklich authentisch sein? Und wie?

Ihre Stärken sah sie darin, in Verbindung mit Menschen zu treten, empathisch zu sein, Raum zu halten und präsent zu sein. Gabriela hatte nicht nur an verschiedenen Achtsamkeits- und Meditations-Retreats teilgenommen, sondern gestaltete diese auch mit. Sie übernahm Aufgaben und trat mit Menschen in Kontakt. Genau hierbei fühlte sie sich wohl. Das hatte sie durch ihre Auszeit und die Retreats schon herausgefunden.

Sie konnte sich vorstellen, dass sich der ein oder andere Mandant über eine empathische Rechtsanwältin freuen würde. Aber was trug so eine Rechtsanwältin eigentlich? Hosenanzug? Aus ihrer Sicht hatte sie nie zu den Klischee-Juristen gehört und trotzdem war sie an der Uni zum Teil dazu herangezogen worden. Obwohl sie bereits einige andere, vielleicht sogar richtig coole Rechtsanwältinnen getroffen hatte, sah sie ihre Kollegen immer noch wie das Klischee: „Männlich, hat etwas längere Haare, sodass man sie stylen kann, trägt eine runde Brille, hat Lederschuhe und einen Anzug an. Und weiß natürlich alles." Und jetzt?

Wer bin ich eigentlich?

Welchen Einfluss hat dein Umfeld auf dein Verhalten? Welche Fähigkeiten entwickelst du aufgrund deines Verhaltens? Welche Werte und Überzeugungen resultieren daraus und was macht das mit deiner Identität? Wer bist du und warum?

Wir schauten uns im Persönlichkeitspanorama an, was Gabriela ausmachte. Mit dieser Intervention können verschiedene Aspekte der Persönlichkeit sichtbar gemacht werden. Dazu gehörten ihr Umfeld, das sie prägte, ihr Verhalten, ihre Fähigkeiten, ihre Werte und ihre Rollen. Die Arbeit mit dem Persönlichkeitspanorama hilft dabei, ein tieferes Verständnis für die eigene Identität, Werte und Handlungsmuster zu gewinnen. Es ist ein Prozess, der nicht nur Orientierung schafft, sondern auch ermöglicht, innere Blockaden zu erkennen und neue Perspektiven zu entwickeln.

Gemeinsam arbeiteten wir verschiedene Aspekte ihrer Persönlichkeit wie z.B. ihre Werte, besondere Fähigkeiten und Verhaltensweisen heraus. Gabriela ordnete diese ganzen Aspekte auf dem Whiteboard zu einem für sie stimmigen Bild an. Sie zeichnete ein buntes Bild, das sich in zwei Hälften teilte. Eine Hälfte stand für die Jura-Welt. Die andere Hälfte für eine Welt voller Verbindung, Achtsamkeit, Tiefe und Echtheit.

Als das Bild so da lag, wurde schnell klar, dass zwischen den beiden Welten, in denen sie sich bewegte, ein Graben lag. Für Gabriela schien der Graben aber nicht unüberwindbar zu sein. Ganz intuitiv wählte sie das Bild eines Regenbogens als Brücke zwischen den beiden Welten. „Der Regenbogen steht für meine ganz persönliche Verbindung der beiden Welten. Durch meine Präsenz bringe ich meine Echtheit, mein authentisches Ich in die Jura-Welt. Und vielleicht darf auch ein bisschen Jura in meine Spiri-Bubble!"

Wie geht's weiter?

Wir trafen uns nach Ende des Coaching-Prozesses nur noch einmal. In den darauffolgenden Wochen hatte sich Gabriela stark weiterentwickelt. „Wenn ich wieder Lust auf Jura habe, dann kann ich das machen. Ich weiß, dass ich dann wissen werde, wie ich das mache." Aus ihr sprach eine wundervolle Zuversicht.

Die Auszeit durfte noch ein bisschen andauern. Sie wollte erst einmal Zeit in der Natur verbringen, sich um Menschen und Tiere – insbesondere Schafe – kümmern. Gleichzeitig nahm sie den juristischen Beruf nicht mehr als Widerspruch zu ihrer Echtheit, ihrem authentischen Ich, wahr, sondern als Möglichkeit, ihre Persönlichkeit in einem professionellen Umfeld einzubringen. Doch eilig hatte sie es damit nicht.

Ich durfte Gabriela etwa sieben Monate begleiten. Wir stehen immer noch regelmäßig im Austausch. Gabriela ist ein Beispiel dafür, wie Coaching nicht nur Orientierung geben, sondern auch tiefgreifende innere Prozesse anstoßen und begleiten kann. Der Weg, den sie gegangen ist, war kein geradliniger, sondern voller Fragen, Zweifel und manchmal unangenehmer Erkenntnisse. Doch gerade das hat ihr erlaubt, sich selbst kennenzulernen und dann neu zu erfinden.

In den Monaten nach unserem letzten Treffen begann Gabriela, ihre neu gewonnene Klarheit in kleinen Schritten umzusetzen. Sie schrieb sich nicht sofort wieder in das Hamsterrad der juristischen Karriere ein, sondern folgte ihrer Intuition. Sie verbrachte Zeit in der Natur, widmete sich Projekten, die ihr etwas bedeuteten, und ließ die Erfahrung ihrer Auszeit in Ruhe nachwirken.

Immer wieder kehrte sie zu ihrer ‚Regenbogenbrücke' zurück. Sie begann, in Netzwerken nach Möglichkeiten zu suchen, Jura mit ihrer persönlichen Note zu verbinden. Vielleicht eine Kanzlei, die ihre Werte teilte? Vielleicht ein Beratungsansatz, der mehr Menschlichkeit ins Recht brachte? Sie wusste es noch nicht genau. Und das war okay.

Was sie wusste, war, dass sie nicht mehr das Bedürfnis hatte, sich in eine vorgefertigte Form zu pressen. Sie musste sich nicht mehr entscheiden zwischen ,klassischer Juristin' und ,spirituellem Freigeist'. Sie war beides. Und sie würde ihren eigenen Weg finden.

Sie begann, eigene Workshops für junge Jurist:innen anzubieten – zu den Themen Selbstreflexion, persönliche Werte und berufliche Identität. „Ich bringe Menschen bei, wie sie sich in einer Welt, die oft das Gegenteil verlangt, selbst treu bleiben", schrieb sie mir.

Gabrielas Reise ist noch lange nicht zu Ende. Doch sie hat gelernt, dass es nicht darum geht, ein Ziel zu erreichen, sondern darum, den eigenen Weg bewusst zu gehen.

Und das tut sie. Jeden Tag ein wenig mehr.

Nia E. Vide

Nia ist mein Name und zugleich mein Leitsatz: „Nachhaltige Transformation durch Integration und Anerkennung". Ich begleite Menschen dabei, ihre Blockaden zu erkennen, die daraus entstehenden Potenziale zu bergen und nachhaltig in ihr Leben zu integrieren. Für Balance, Selbstwirksamkeit, Selbstbestimmung und persönliches Wachstum – dem wahren Weg zu innerem und äußerem Frieden.

Mein Coaching-Case zeigt, wie unverarbeitete Kindheitserlebnisse eine schwerwiegende Telefon-Aversion im Beruf verursachten und diese durch Mut zum Hinsehen überwunden wurde.

Case-Übersicht

- Ausgangssituation: Caroline schob wichtige Anrufe auf und erwog, deswegen ihre Stelle als Teamleiterin zu kündigen.

- Zielsetzung: Sie wollte den Ursprung ihrer Abneigung erkennen und erste Schritte finden, um künftig ruhig und souverän zu telefonieren.

- Methoden: online-Systembrett, innere Teilearbeit, Schmetterlingsübung (EMDR-Technik), Ressourcenarbeit

- Ergebnis: Integration verletzter Anteile, Leichtigkeit, entspanntere Durchführung von Telefonaten

Der Schmetterling erhebt sich:
Carolines Weg aus der Dunkelheit

Caroline, eine Frau Ende 30, war selbstbewusst, entschieden, klar. So hatte ich sie zumindest in Erinnerung. Bei unserem ersten Treffen, lange vor unserem gemeinsamen Coaching, war sie mir beinahe furchteinflößend erschienen. Doch heute, am Tag unseres Coachings, war irgendetwas anders. Trotz ihrer Bemühungen, es zu verbergen, wirkte Caroline auf mich zunehmend verändert. Ihre Haltung und die subtilen Details in ihrer Körpersprache verrieten eine tiefe innere Unruhe. Sie schien freudlos, energielos, fast schon in sich zusammengefallen. Ihre Augen huschten nervös umher, der Blick schien sich an nichts festzuhalten. Sie schaute immer wieder nervös auf ihr Handy, bis sie meinen fragenden Blick bemerkte. „Ich will nur sicherstellen, dass niemand unbemerkt mithört." Sie sprach in einem Tonfall, als wollte sie das Ganze herunterspielen.

Unter dem Radar

Ich schlug ihr vor, das Handy in den Flugmodus zu schalten. Sie legte es anschließend in ihre Tasche, setzte sich und kam in ihrer gewohnt sachbezogenen Art gleich zum Punkt: „Du kennst mich, Ordnung ist mein zweiter Name." Zugegebenermaßen kannte ich sie nur im Businesskontext, doch in dieser Hinsicht konnte ich ihr zu 100 Prozent zustimmen. „Ich bin zielstrebig, zuverlässig, erfolgreich", fuhr sie mit fester Stimme fort. „Ich schiebe nie etwas auf. Im Gegenteil", bekräftigte sie und fügte an, dass sie immer alles sofort erledigen würde. Manchmal sei es ihr fast zu viel, aber sie könne nicht anders. Sie brauche Ordnung und habe keine Ruhe, bevor nicht alles erledigt sei.
„Ich muss den Überblick behalten." Unter ihrer harten Oberfläche brodelte etwas, das spürte ich, doch ihre Worte flossen gleichmäßig, als ob sie ein gut einstudiertes Skript vortrug.

Caroline war Teamleiterin der HR-Abteilung eines angesehenen Unternehmens, das für seinen strukturierten Erfolg bekannt war – Eigenschaften, die perfekt zu ihrem klaren, zielstrebigen Ansatz passten. Doch obwohl sie für ihren Job schwärmte und darin aufging, belastete sie offensichtlich etwas. Ich konnte es noch nicht greifen. War es Erschöpfung? Verzweiflung? Resignation? Sie versuchte weiter, es zu verbergen, doch es gelang ihr zunehmend schlechter. Ihre Unruhe war im Raum greifbar.

Ich ließ ihr Raum, alles auszusprechen, was sie beschäftigte. Auf diese Weise konnte ich mir einen besseren Überblick über ihre Situation und vor allem ihre Gefühlslage verschaffen. Zudem war sie kein Mensch, der persönliche Gedanken leichtfertig teilte. Viel eher verbarg sie ihre innersten Sorgen hinter einer professionellen Fassade.

In solchen Momenten halte ich es für besonders wichtig, den Worten einen sicheren Raum zu geben. Zum einen erfahren selbstkontrollierte Menschen selten Gehör und Verständnis für das, was sie belastet – dabei wäre dies gerade für sie von großer Bedeutung. Zum anderen können sich bereits beim Aussprechen der eigenen Gedanken Lösungen zeigen, die die Klient:innen in ihrem stillen Nachdenken nicht gefunden hätten. Die Entdeckung eigener Lösungen kann das Gefühl der Selbstwirksamkeit erheblich stärken. Dieses Gefühl wirkt besonders stabilisierend, wenn jemand aus dem Gleichgewicht geraten ist.

Vor der Ruhe kommt die Explosion

„Ich hasse telefonieren!" Erschrocken zuckte ich zusammen. Carolines plötzlicher Ausruf durchbrach die Grenze, die sie bis eben aufrechterhalten hatte. Sie hatte während ihres Ausrufs mit ihren Händen einen unsichtbaren Ball in der Luft zusammengepresst, nur um ihm im nächsten Augenblick einen kräftigen Schlag zu versetzen. „Was stimmt nicht mit mir?", brüllte sie mich an. Doch ich war nicht das Ziel ihres Gefühlsausbruchs, da war ich mir sicher.

Caroline befand sich aktuell in einem emotionalen Ausnahmezustand. Haltlos schimpfte sie weiter.

Spontan, aber dennoch ruhig, stand ich auf und drehte mich um die eigene Achse. Als ich wieder mit Blick auf sie anhielt, fragte ich sie ruhig: „Caroline, welche Farbe hat der Aufdruck auf meinem Rückenteil?" Sie hatte bereits ihre Schimpftirade unterbrochen und sah mich verwirrt an. Genau der Effekt, den ich erzielen wollte. Es ging mir nicht um eine konkrete Antwort, sondern darum, ihre Negativspirale mit einem Separator zu unterbrechen und den Coaching-Prozess effektiv in einer angenehmeren Atmosphäre fortführen zu können.

Ich setzte mich wieder auf meinen Platz, ruhig und aufrecht, atmete entspannt. Ohne ein Wort zu wechseln, tat Caroline es mir nach und kam ebenfalls zur Ruhe. Das war ein Zeichen dafür, dass unser Rapport funktionierte: Caroline folgte meiner nonverbalen Einladung, sich zu beruhigen. Das ließ mich vermuten, dass eine Vertrauensbasis bestand und sie offen für neue Wege war.

Kollaps

Mitfühlend blickte ich Caroline in die Augen. „Es muss wirklich schwer sein, dass das Telefonieren derartig unschöne Gefühle in dir hervorruft", sagte ich sanft, während ich leicht nickte, um ihr zu vermitteln, dass es in Ordnung war, etwas nicht zu mögen. Ich betonte, dass ihre Empfindungen wichtig seien und Beachtung verdienten.

Um besser zu verstehen, wie es ihr mit dem Telefonieren ging, bat ich sie, mehr darüber zu erzählen und fragte, ob sie eine Idee hatte, warum es ihr so schwerfiel. Caroline erklärte, dass besonders wichtige Telefonate und Termin-vereinbarungen ihr große Schwierigkeiten bereiteten. Als Führungskraft konnte sie es sich nicht leisten zu versagen, fühlte sich jedoch ausgeliefert und gelähmt bei dem Gedanken ans Telefonieren. Das Telefonieren hatte mittlerweile die Kontrolle übernommen und beherrschte ihre Gedanken, was ihr kaum Raum für andere Dinge ließ. „Aber ich kann doch deswegen nicht einfach kündigen, oder?" Sie saß mit geneigtem Kopf da und knetete nervös die Hände in ihrem Schoß.

„Es ist mir so unglaublich peinlich. Mein Team hält mich sicher für nutzlos." Sie schnaubte verächtlich und schüttelte den Kopf. „Telefonieren?! Ernsthaft?" Ihr hämisches Lachen klang wie eine Mischung aus Unglauben und Selbstverachtung. „Warum bekomme ich das einfach nicht hin?" Sie wandte sich in meine Richtung. „Das ist doch lächerlich! Ich bin lächerlich... eine totale Versagerin." Ihre Augen starrten ins Nichts. Stille. Tränen rollten über ihre Wangen, unaufhaltsam, als wollten sie die Wand aufweichen, die Caroline mit aller Kraft aufrechterhalten hatte. Carolines Schmerz war fast greifbar im Raum, und gleichzeitig sah ich darin auch eine Chance für einen Neuanfang – wenn Caroline den Mut aufbrachte, diesen Schritt zu wagen.

Ich fasste Carolines Worte in meinen eigenen zusammen, damit sie sich verstanden fühlte und sich leichter öffnen konnte. Sie nickte zustimmend. Dann fragte ich sie, ob sie sich an eine Zeit erinnerte, in der sie beim Telefonieren entspannter gewesen war.

Caroline erzählte, dass sie zwar nie gerne telefoniert hatte, es jedoch sowohl im privaten als auch beruflichen Bereich gut kompensieren konnte. Eine Kollegin, die von ihrem Problem wusste, hatte die Aufgaben mit ihr geteilt. Doch nach einer Umstrukturierung änderte sich dieser Umstand und die neue Kollegin zeigte kein Interesse an einer solchen Aufgabenteilung. So wuchs bei Caroline das Gefühl, unfähig zu sein und ihre Aufgaben nicht mehr bewältigen zu können. Flehentlich wandte sie sich an mich. „Bitte sage mir, was ich tun kann, damit ich mich beim Telefonieren nicht so dämlich anstelle wie ein kleines Mädchen. Was soll ich tun, damit ich endlich telefoniere wie ein normaler Mensch?"

In der Ruhe liegt die Kraft

Carolines Strategien waren bisher bis zu einem gewissen Punkt hilfreich, hatten jedoch keine dauerhafte Verbesserung gebracht. Daher hielt ich eine schnelle Lösung für wenig vielversprechend. Darüber hinaus basiert mein Coaching-Ansatz auf einer ganzheitlichen Veränderung, da sich dieser Weg in der Umsetzung als der einzige mit nachhaltigen Ergebnissen bewährt hat. Ich betrachte sowohl die inneren als auch die äußeren Systeme und ihre Wechselwirkungen, um die Klient:innen dabei zu begleiten, die ‚Themen hinter den Themen' zu erkennen und eigene Lösungen zu entwickeln, sodass sie ihre Selbstwirksamkeit und Handlungsfähigkeit zurückgewinnen.

Caroline suchte weiter nach Erinnerungen, fand aber keinen direkten Auslöser für ihre Abneigung. Sie sprach von einer distanzierten Beziehung zum Vater und einer abwesenden Mutter, was sie früh zur Selbstständigkeit gezwungen hatte – ein Umstand, den sie eher als Basis für ihren beruflichen Erfolg sah, anstatt als möglichen Ursprung ihrer Telefon-Aversion. Dennoch hörte ich einen bitteren Unterton und ermutigte sie, es in Erwägung zu ziehen.

Ich erklärte ihr, dass unverarbeitete Kindheitserlebnisse, auch wenn sie nicht bewusst zugänglich sind, sich in abstrakten Problemen äußern können, die auf den ersten Blick keinen Zusammenhang mit den ursprünglichen Erfahrungen zeigen. Caroline hatte es geahnt, doch bisher hatte ihr der Mut gefehlt, genauer hinzusehen. Nun aber musste sie handeln, wenn sie ihre Karriere schützen wollte.

Um sie zu unterstützen, sich dem Thema zu stellen und eine nachhaltige Lösung zu erreichen, schlug ich eine kraftvolle Methode vor: die Visualisierung der beiden ‚Kontrahenten': ‚Telefonieren müssen' und ‚Telefon-Aversion'. Ich erklärte, dass man mit einer Visualisierung komplexe Themen aus verschiedenen Perspektiven betrachten, Teilbereiche gründlich erforschen und tiefe Erkenntnisse gewinnen kann. Dazu eignete sich das online-Systembrett hervorragend. Besonders nützlich sind Funktionen wie die ‚Innenansicht' eines stellvertretenden Symbols und eine rasche Anpassbarkeit an den Prozess, was die Effektivität zusätzlich steigert. Carolines Interesse war geweckt, und sie war bereit, den neuen Weg zu gehen.

Mutige Schritte ins Unbekannte

Carolines Ziel war klar: Telefonieren sollte für sie zu einer alltäglichen Aufgabe werden, die sie mit Ruhe und Souveränität bewältigen konnte. Im nächsten Coaching ging es darum, den Grund ihrer Telefon-Aversion zu verstehen und einen ersten Schritt zu finden, um sich in Telefonsituationen zu beruhigen. Diese Erkenntnisse würden ihr Vertrauen stärken.

„Wie groß ist deine Abneigung gegenüber dem Telefonieren auf einer Skala von 0 bis 10?", fragte ich behutsam. Sofort antwortete sie mit: „Eine Zehn." „Und welcher Wert würde auf dieser Skala eine erste Verbesserung für dich darstellen?", hakte ich nach. Caroline atmete tief durch. „Ich erwarte nicht, dass es meine Lieblingsbeschäftigung wird, aber wenn ich zumindest das Pflichtprogramm abhalten könnte, wäre das eine große Erleichterung für mich." Sie schätzte, dass dies eine Acht auf der Skala wäre. Ihre ruhige Ausatmung zeigte mir, dass sie sich allein bei diesem Gedanken langsam entspannte.

Wir besprachen die Grundlagen und das Handling des online-Systembretts und schärften dann die Bezeichnungen für die beiden vermeintlichen Gegenspieler nach, sodass es sich für Caroline und ihr geplantes Ziel stimmig anfühlte. Aus der Telefon-Aversion wurde ‚Weigerung' und aus dem Gefühl des Telefonieren-Müssens wurde ‚Verpflichtung'.

Dann bat ich sie, intuitiv Symbole für die beiden zu wählen und auf dem Brett zu platzieren. Sie wählte eine schwarze Fläche für die ‚Weigerung' und eine größere schwarze Figur für die ‚Verpflichtung'.

Gemeinsam reflektierten wir zunächst die Bedeutung und Platzierung der Symbole und Farben auf dem Brett. Bereits bei der Deutung erkannte Caroline erste Dynamiken in ihrem Inneren und nahm eine bislang unbekannte blockierende Energie wahr, die ihre Aversion verstärkte.

Anschließend bat ich sie, die Perspektive der ‚Verpflichtung' einzunehmen. Caroline sah sich in dieser Rolle mit der großen, schwarzen Fläche der ‚Weigerung' konfrontiert – symbolisch für eine erdrückende Dunkelheit, in der sie nichts sehen konnte und sich vollkommen verloren fühlte. Ihre Worte waren von Einsamkeit und Traurigkeit geprägt, als sie sagte: „Ich sehe nur schwarz, es ist so dunkel hier, ich sehe gar nichts."

Ich lud Caroline ein, sich dieser Dunkelheit zu stellen und die Gefühle zuzulassen. Sie spürte nach und ihre Traurigkeit schien etwas zu schwinden, und es entstand ein Gefühl, dass noch etwas im Raum war. Sie spürte auch diesem Impuls weiter nach und traf auf ‚Etwas', das sie zunächst nicht näher benennen konnte. Doch es war etwas Angenehmes.

Ermutigt von mir, diesem ‚Etwas' ebenfalls einen ‚Körper' zu geben, wählte sie einen weißen Zylinder, den sie schlicht ‚Weiß' nannte, da es etwas Reines an sich hatte. Caroline nahm anschließend die Perspektive von ‚Weiß' ein und sah aus dieser Position die ‚Weigerung' plötzlich mit liebevollen Augen: „Du bist wie ein kleiner Maulwurf.". Caroline hielt inne, sprach dann aber aus der ‚Weiß'-Perspektive weiter: „Blind gegenüber der harten Realität, während du andere Fähigkeiten wie Fleiß, Präzision und Disziplin geschärft hast, um in dieser anspruchsvollen Umgebung zu überleben – dein ‚Maulwurf-sein' hat dich beschützt."

Diese Botschaft berührte Caroline zutiefst. Es war das erste Mal, dass sie die ‚Weigerung' nicht mehr als Blockade, sondern als eine überlebensnotwendige Stärke erkannte. Tränen liefen ihr über die Wangen und sie entschied, die ‚Weigerung' gebührend in ‚Mein kleiner Maulwurf' umzubenennen.

Im nächsten Schritt bat ich Caroline, die Rolle des ‚kleinen Maulwurfs' einzunehmen. Aus dieser Perspektive beschrieb sie nun ein Gefühl der tiefen inneren Verbundenheit. Sie legte instinktiv ihre Hand auf ihren Brustkorb, um dieses liebevolle Bündnis noch intensiver zu fühlen.

Sie spürte nun ganz deutlich, dass bereits die ganze Zeit eine unbewusste Kraft in ihr wohnte, denn die vermeintliche ‚Weigerung' hatte sich als eine Stärke herausgestellt, die ihr das Überleben gesichert hatte. Instinktiv umarmte sie sich selbst, voller Ruhe und Frieden. Ich leitete ein Schmetterlings-Tapping an, eine Technik aus dem EMDR, um ihre positiven Empfindungen zu intensivieren und zu verankern. Ihr Atem war tief und gleichmäßig, als fände sie zurück in ihre Mitte. Ihre Augen schimmerten und ein sanftes Lächeln zierte ihr Gesicht. „Ich fühle mich beseelt", flüsterte sie. „Ruhig und stark, ganz bei mir." Ihr Gesicht zeigte eine tiefe Entspannung. Als ich leise Musik auflegte, die sie in der Stille begleiten würde, schloss Caroline die Augen. Ich ließ ihr die Zeit, die sie brauchte, um das Erlebte in sich fruchten zu lassen und weiter zu integrieren.

Neue Horizonte

Einige Wochen später trafen Caroline und ich uns wieder, um über ihre Fortschritte zu sprechen. Als sie den Raum betrat, spürte ich sofort eine Veränderung. Ihre Entschlossenheit war einer ruhigen, fast sanften Präsenz gewichen. Ihre Haltung blieb souverän, wirkte jedoch ausgeglichener. Ihre Augen strahlten einen liebevollen Ausdruck aus, als ob ihre innere Stärke nun von Ruhe statt von Kontrolle geprägt war. Sie schien im Einklang mit sich selbst zu sein.

„Ich kann kaum in Worte fassen, was sich in den letzten Wochen alles verändert hat", begann sie und schenkte mir ein sanftes Lächeln. Da tiefe Prozesse oft nachwirken, hatte ich sie ermutigt, behutsam mit sich umzugehen, und das hatte sie auf ihre eigene Weise getan. Nach unserem Treffen hatte sie sich eine

Auszeit genommen und war alleine verreist. „Es war so erfüllend und gleichzeitig befreiend."

Sie berichtete stolz, dass sie mit ihren inneren Aufräumarbeiten begonnen hatte, ihre Gedanken sortiert und über ihre Ursprungsfamilie reflektiert hatte. Außerdem war die Schmetterlingsübung nun ein fester Bestandteil ihres Lebens. „Mein kleiner Maulwurf und die Schmetterlingsübung sind wie eine Familie, die mich stärkt. Etwas, das mir meine eigene Familie nicht geben konnte."

Sie griff lächelnd in ihre Tasche und zog einen kleinen Maulwurf und einen Schmetterling hervor. Es waren nur Spielzeugfiguren, aber für Caroline waren es Kraftsymbole. „Bei jeder Übung fühle ich mich, als würden mich die Flügel meines Schmetterlings zu meinem Maulwurf, meiner Stärke tragen." Ich mochte ihre kraftvolle Metapher. Caroline hatte ihre Ressource in sich verankert und wusste, wie sie sie abrufen konnte.

„Es ist erstaunlich", sagte sie, während sie den Maulwurf liebevoll in die Höhe hielt. „Vor dem Coaching ging es nur ums Telefonieren. Doch jetzt ist mir klar, dass es um meine Kindheit ging." Sie sei sich der vielen Erwartungen und der negativen Konsequenzen bewusst geworden, die drohten, wenn sie diesen nicht entsprach.

Erkenntnisse

Die tiefere Struktur hinter ihrem Thema zeigte sich nun ganz klar: Caroline hatte Perfektion entwickelt, um den unrealistischen Anforderungen ihres Vaters gerecht zu werden. Die Perfektion führte später zwar zu beruflichem Erfolg, der innere Druck, der aus der mangelhaften Fürsorge und der Unterdrückung ihrer eigenen Bedürfnisse resultierte, blieb jedoch erhalten und wuchs weiter. Druck muss aber entweichen und fand seinen ‚Aus-Druck' in Carolines ohnehin schon bestehender Abneigung gegen das Telefonieren. Die Aversion, die sich daraus entwickelt hatte, war also nur ein äußeres Symptom. Die wahre Ursache lag in den ungesunden Ansprüchen ihres Vaters.

Über diese Erkenntnisse hinaus zeigten Carolines Fortschritte, dass wir im Coaching ein Kernthema identifiziert hatten. Denn es folgten weitere positive Veränderungen. „Nach unserem letzten Treffen habe ich alles erledigt, was liegen geblieben war", sagte sie. Sie habe ihre Fähigkeit, Aufgaben zu priorisieren, verbessert und war gleichzeitig achtsam im Umgang mit ihren Gefühlen. Die Schmetterlingsübung half ihr, sich in schwierigen Momenten mit ihrer Stärke zu verbinden. So konnte sie Herausforderungen mit mehr Leichtigkeit und Klarheit begegnen. Diese neuen Wege und Erkenntnisse fügten sich beinahe spielerisch in ihr Leben ein und machten ihren Alltag leichter. „Und das Telefonieren?", wollte ich wissen.

„Telefonieren mag ich noch immer nicht, aber ich toleriere es als eine unangenehme, aber notwendige Aufgabe – wie Zähneputzen", lachte sie heiter. „Das ist so erleichternd und befreiend. Ich bin endlich zu Hause."

Julia Goesch-Lauenstein

Meine Mission ist es, ambitionierte Menschen dabei zu unterstützen, erfolgreich zu sein und gleichzeitig das Leben in vollen Zügen zu genießen. In meinen Coachings begleite ich meine Klient:innen dabei, sich selbst bewusster wahrzunehmen, mehr innere Ruhe zu gewinnen, und sich von blockierenden Prägungen zu befreien – für ein Leben voller Authentizität und Leichtigkeit.

Mein Coaching-Case zeigt, wie tief verwurzelte Familienmuster unser Handeln beeinflussen und wie befreiend es ist, sich davon zu lösen.

Case-Übersicht

- Ausgangssituation: Sophie war erfolgreich im Beruf, doch unbewusste Muster hielten sie davon ab, sich selbst in den Mittelpunkt ihrer Entscheidungen zu stellen.

- Zielsetzung: Sie wollte spüren, was sie wirklich will, selbstbewusst danach handeln, und sich von der Verantwortung für andere lösen.

- Methoden: Myostatiktest, Timeline-Arbeit, Perspektivwechsel, Embodiment, systemische Reflexion

- Ergebnis: Mehr innere Freiheit, Leichtigkeit im Umgang mit der Mutter und ein klarerer Fokus auf die eigenen Bedürfnisse

Endlich ICH: Vom Leben für andere zum eigenen Selbst

Sophie war erfolgreich, zielstrebig und in ihrer Karriere bestens aufgestellt. Nach außen hin wirkte alles perfekt, doch ein bestimmtes Thema ließ sie nicht weiterkommen. Immer wieder ertappte sie sich dabei, Dinge aufzuschieben oder nicht entsprechend ihrer Herzenswünsche zu handeln. Geschweige denn, diese überhaupt zu spüren. Sie wusste, dass dieses Thema tiefere Auswirkungen auf verschiedene Lebensbereiche hatte und genau deshalb entschied sie sich für ein Coaching bei mir.

Sophie erzählte mir, dass sie sich oft von Erwartungen anderer beeinflusst fühlte – besonders in ihrer Familie. Ihre Mutter spielte eine zentrale Rolle in diesem Muster, das sie unbewusst daran hinderte, frei und selbstbestimmt zu agieren. Während unseres Gesprächs wurde deutlich, dass die Wurzeln dieser inneren Blockade weit in ihre Kindheit zurückreichten. Ihr älterer Bruder war noch vor ihrer Geburt verstorben. Ein Verlust, über den in der Familie nie gesprochen wurde. Sophie wuchs mit einer tiefen Sehnsucht nach einem großen Bruder auf. Erst später wurde ihr bewusst, dass der verstorbene Bruder ein unausgesprochenes Thema in der Familie war.

Erste Erkenntnisse – Warum komme ich nicht voran?

Ich bat Sophie, mir von den Momenten zu erzählen, in denen sie sich besonders blockiert fühlte. Sie dachte nach. Dann kam es wie aus der Pistole geschossen: „Immer, wenn ich etwas wirklich für mich tun möchte. Es ist, als würde ich automatisch zögern und als ob eine unsichtbare Bremse mich zurückhält."

Ich lud sie ein, diese Muster nicht nur zu benennen, sondern sie zu fühlen. „Schließe die Augen. Geh zurück in eine Situation, in der du deine eigenen Wünsche nicht gespürt hast. Wo bist du? Was spürst du?"

Sie atmete tief durch. „Ich bin mit meiner Mutter auf dem Friedhof. Aber wir suchen das Grab meines Bruders. Wir besuchen es nicht. Wir wissen nicht, wo es ist. Ich erinnere mich an den kalten Wind, an den Geruch der Erde… und an das Gefühl, dass ich etwas richtig machen muss, damit sie nicht traurig ist.“

Ich fragte nach. Warum suchten sie das Grab? Sophie erklärte mir, dass ihr Bruder in den späten 1960ern verstorben war, als er gerade zwei Wochen alt gewesen war. Ihre Mutter, Teil der Kriegsgeneration, hatte nie die Möglichkeit bekommen, angemessen zu trauern. Kinder wurden zu dieser Zeit oft nicht offiziell begraben, weshalb es für ihre Mutter keinen richtigen Ort des Abschieds gab. Dies trieb sie immer wieder ziellos über den Friedhof – und Sophie lief als Kind mit ihr.

Dieses Bild war stark. Ich spürte, dass wir an einem entscheidenden Punkt angelangt waren.

Ein wichtiger Hinweis zur Familiensystematik

Sophie war nicht das einzige Geschwisterkind. Die Reihung in der Familie war: ihre ältere Schwester, ihr verstorbener Bruder, dann sie. Das bedeutet, dass sie an dritter Stelle steht und nicht an zweiter. Das ist eine Erkenntnis, die in vielen Familiensystemen eine entscheidende Rolle spielt. Oft versuchen Menschen, unbewusst einen Platz einzunehmen, der nicht ihrer ist. Dies kann Auswirkungen auf das eigene Selbstverständnis und Verhalten haben. Eine systemische Aufstellung kann in solchen Fällen helfen, Klarheit zu gewinnen. Für Sophie selbst war dies jedoch schon zu einem früheren Zeitpunkt geklärt worden und spielte in diesem Coaching-Prozess keine zentrale Rolle.

Die tieferliegenden Muster aufdecken

Ich nutzte den Myostatiktest, eine Methode, um unbewusste emotionale Blockaden zu identifizieren. Dabei zeigt die Muskelreaktion, ob ein bestimmtes Thema oder ein Gedanke vom Körper als belastend oder neutral empfunden wird und demnach eine Relevanz für den Coachee hat. Als ich Begriffe wie ,Schuld', ,Mutter' und ,Verantwortung' nannte, reagierte ihr Körper sofort. Besonders auffällig war eine starke Reaktion auf das Alter von vier Jahren. Genau das Alter, in dem Sophie sich an den Friedhofsmoment erinnerte.

Ich entschied mich dazu, eine Zeitreise mit ihr zu machen. Ich bat sie, sich als ihr vierjähriges Ich zu sehen und die Situation noch einmal zu durchleben. „Was fühlt die kleine Sophie?", fragte ich sanft.

„Sie will alles richtig machen. Sie spürt, dass die Mutter traurig ist, aber sie weiß nicht, warum. Sie hat Angst, etwas Falsches zu sagen."

Dann ließ ich sie die Perspektive wechseln. „Jetzt wirst du zu deiner Mutter in diesem Moment. Was fühlt sie?"

Sophie war völlig in der Perspektive ihrer Mutter. Sie spürte deren Verzweiflung und tiefen Weltschmerz – das Gefühl, ihr Leben nicht so leben zu können, wie sie es wollte, und dann nicht einmal mit ihrem Kind. Es war überwältigend für sie, diese Gefühle so hautnah zu erleben. Sie konnte sich selbst aus der Perspektive ihrer Mutter sehen. Ein kleines Mädchen, das unbewusst versuchte, die Last zu tragen, ohne wirklich verstanden zu haben, was geschah.

Sophies Gesicht veränderte sich. Nach einer Weile sagte sie leise: „Sie fühlt sich verloren. Sie wollte trauern, aber es gab keinen Ort dafür. Sie liebt mich, aber sie ist gefangen in diesem unaufgelösten Schmerz."

Diese Erkenntnis war ein Schlüsselmoment. Sophie verstand plötzlich, dass die Erwartung, die sie immer gespürt hatte, nicht ihre eigene war. Stattdessen war es die unerfüllte Sehnsucht und der nicht gelebte Schmerz ihrer Mutter. Noch entscheidender war jedoch die Erkenntnis, dass sie nie als Ersatz für ihren verstorbenen Bruder gesehen worden war. Sie hatte ihr Leben lang geglaubt, für das Wohl ihrer Mutter verantwortlich zu sein, weil sie lebte und ihr Bruder nicht. Doch als sie sich in ihr jüngeres Ich hineinversetzte, spürte sie, dass dies nie der Wahrheit entsprochen hatte. Sie war nicht als Ersatz geboren worden, und diese Erkenntnis brachte eine enorme Erleichterung mit sich.

Der Wendepunkt – Eine neue Freiheit

Tränen liefen ihr über die Wangen. „Das ist nicht meine Verantwortung" flüsterte sie.

Ich ließ sie in diesen Moment eintauchen. Zum ersten Mal konnte sie ihrer Mutter aus einer anderen Perspektive begegnen – ohne Schuld, ohne den Druck, sie glücklich machen zu müssen. Ich lud Sophie ein, sich eine Szene vorzustellen, in der sie von ihrer Mutter das bekommt, was sie als Kind gebraucht hätte: Bestätigung, Liebe und die Erlaubnis, sie selbst zu sein.

„Wie fühlt es sich an?", fragte ich.

Sophie atmete tief durch. „Es war schrecklich, in ihrer Haut zu stecken. Ich habe ihren Schmerz gespürt, ihre Hoffnungslosigkeit. Sie hat mich gar nicht wahrgenommen in diesem Moment, sondern war nur in ihrem eigenen Leid gefangen."

Doch als sie wieder aus dieser Perspektive herausging, spürte Sophie eine immense Erleichterung. „Es ist nicht meine Aufgabe, für meine Mutter verantwortlich zu sein oder ihr zu helfen. Ich bin kein Ersatz für meinen Bruder. Diese Erkenntnis ist so befreiend. Ich fühle mich jetzt leichter. Ich bin nicht mehr gefangen in dieser Rolle."

Wir verankerten dieses Gefühl durch sanfte Körperübungen, damit sie es mit in den Alltag nehmen konnte. Ich sah, wie sich ihre Haltung veränderte. Sie wirkte entspannter, befreiter.

Nachwirkungen und Erkenntnisse

Nach dem Coaching veränderte sich Sophies Perspektive grundlegend. Sie begann, ihre Entscheidungen nicht mehr primär aus Pflichtbewusstsein oder Verantwortungsgefühl für andere zu treffen, sondern sich selbst in den Mittelpunkt zu stellen. Eine der spürbarsten Auswirkungen zeigte sich in der Frage, wo und wie sie leben wollte. Während sie sich zuvor stark nach den Bedürfnissen anderer ausgerichtet hatte, konnte sie nun klarer spüren, was für sie selbst richtig war.

Auch in der Beziehung zu ihrer Mutter bemerkte sie deutliche Veränderungen. Ihre innere Haltung hatte sich gewandelt. Anstelle eines latenten Schuldgefühls empfand sie mehr Großzügigkeit und Leichtigkeit. In einem entscheidenden Gespräch sagte sie ihrer Mutter zum ersten Mal bewusst: „Ich bin nicht verantwortlich dafür, wie es dir geht." Ihre Mutter erwiderte darauf unerwartet gelassen: „Natürlich nicht." Diese Bestätigung führte zu einer tiefen Erleichterung bei Sophie. Sie erledigte weiterhin organisatorische Dinge für ihre Mutter, aber nicht mehr aus einem Gefühl der Verpflichtung heraus, sondern weil sie es wollte – ein großer Unterschied in ihrer inneren Haltung.

Ein weiteres Zeichen ihrer Veränderung zeigte sich etwa eine Woche nach dem Coaching bei einem gemeinsamen Abendessen mit ihrem Vater und dessen neuer Partnerin. Diese äußerte in einem Gespräch, dass es doch die Aufgabe eines Kindes sei, sich um das Glück der Mutter zu kümmern. Als Sophie dieser Aussage widersprach, entbrannte eine Diskussion, die sie stark aufwühlte. Erst nach diesem Abend wurde ihr bewusst, wie tief sie das Thema noch bewegte. Es führte dazu, dass sie gezielt das oben beschriebene Gespräch mit ihrer Mutter suchte. Ein Gespräch, das ihr endgültig bestätigte, dass sie nicht die Verantwortung für das Leben ihrer Mutter trug.

Ergebnis des Coachings – Ein neuer Weg

Sophie verließ die Sitzung mit einer neuen Klarheit. Die Schuld, die sie all die Jahre begleitet hatte, war nicht mehr so schwer. Zum ersten Mal erlaubte sie sich, ihre eigenen Bedürfnisse wahrzunehmen.

„Ich weiß nicht, wie es sich anfühlt, nur für mich selbst zu entscheiden", sagte sie nachdenklich. Dann lächelte sie. „Aber ich werde es herausfinden."

Dieser Moment berührte mich. Denn genau darum geht es im Coaching: nicht um schnelle Lösungen, sondern darum, dass Menschen oft unbewusste Themen aufdecken und lernen, ihre eigene Wahrheit zu entdecken, zu spüren und zu verkörpern.

Reflexion aus der Sicht von Sophie

„Rückblickend betrachtet war das Coaching für mich eine tiefgreifende und befreiende Erfahrung. Die wichtigste Lektion, die ich mitgenommen habe, ist, dass ich nicht verantwortlich bin – nicht für das Wohl meiner Mutter, nicht für das Ungesagte in meiner Familie. Gleichzeitig habe ich gelernt, milde zu mir selbst zu sein und nicht immer eine Lösung für andere finden zu müssen.

Für jemanden, der sich in einer ähnlichen Situation befindet, würde ich sagen: Kläre deine Familienreihung (z.B. als Teil einer Familienaufstellung). Lass dich darauf ein, wirklich zu fühlen, was es zu fühlen gibt, auch wenn es schmerzhaft ist. Es mag sich anfühlen, als würde man die Büchse der Pandora öffnen, aber genau darin liegt die Befreiung. Ohne mich wirklich in meine Mutter hineinzuversetzen, wäre ich nie an den Punkt gekommen, zu erkennen, dass vieles gar nicht mit mir zu tun hatte. Ich dachte lange, dass natürlich alles mit mir zusammenhängen musste. Das war ein zu großes Ego. Aber in Wahrheit tragen wir oft den Schmerz anderer mit uns herum, ohne dass er wirklich unser eigener ist.

Wenn ich das Coaching in einem Satz beschreiben müsste, dann wäre es: Das Coaching war für mich befreiend, Klarheit schaffend, nachhaltig – und diese Klarheit ist geblieben. Es war eine sehr intensive, aber unglaublich wertvolle Erfahrung."

Fazit – Was du für dich mitnehmen kannst

Vielleicht erkennst du dich in Sophies Geschichte wieder. Vielleicht trägst auch du eine unsichtbare Last aus deiner Familie, ohne es zu merken. Die gute Nachricht ist, dass du sie ablegen darfst. Du darfst entscheiden, was wirklich zu dir gehört und was nicht.

Was wäre, wenn du dir erlaubst, ganz du selbst zu sein? Ohne den Schmerz und die Verantwortung für andere zu tragen?

Esther Nott

Hey, mein Name ist Esther. Als psychosoziale Beraterin und Hypnosecoach ist es meine Mission, dich in der Verbindung zu dir selbst zu stärken – damit du deine Kraft und Ressourcen erkennst, sie aktivierst und nach außen trägst. Wenn du die Macht deines Unterbewusstseins verstehst, hältst du den Schlüssel in der Hand, dein Leben mit mehr Selbstbewusstsein, Leichtigkeit und Erfolg zu gestalten.

In meinem Coaching-Case erfährst du, wie facettenreich das System Mensch ist und warum es sich lohnt, das Leben ganzheitlich zu betrachten.

Case-Übersicht

- Ausgangssituation: Bernadette war eine erfolgreiche Geschäftsfrau, beliebt und sportlich. Trotzdem verspürte sie eine innere Leere, die sie nicht benennen konnte.

- Zielsetzung: Stärkung des Vertrauens in sich selbst sowie Selbstliebe-Arbeit

- Methoden: Entlastungsgespräche, systemische Fragestellungen, Journaling, Erdungsübung, Hypnose (Seelenreinigung, Ahnenaussöhnung), Bedürfnisse erkennen und fördern

- Ergebnis: Tiefere Verbundenheit sich selbst gegenüber, Stärkung des Selbstvertrauens und der Selbstliebe

Das Erbe der Seele: Wie eine Ahnenheilung Bernadette zu innerer Stärke führt

Nach außen hin wirkte Bernadette tough und selbstbewusst. Die Mittdreißigerin führte erfolgreich ein eigenes Unternehmen, schien bei ihren Kund:innen beliebt zu sein und hatte einen großen Freundeskreis, mit dem sie feierte oder ihren sportlichen Vorlieben frönte. Nach außen hin wirkte alles gut. Doch im Inneren fühlte es sich nicht gut an.

In ihrem Inneren fühlte sie eine Leere, die auch durch all die Aktivitäten nicht gefüllt werden konnte. In unserem ersten Gespräch erzählte sie mir von ihrer Kindheit und wie sie in ihren jungen Jahren bereits diese ‚Leere' wahrgenommen hatte. Damals hatte Bernadette versucht, sie mit Essen zu ‚stopfen', woraus sich in weiterer Folge ein Teufelskreis aus Essen, Erbrechen und Selbstvorwürfen entwickelt hatte. Sie schaffte es, sich diesem Kreislauf weitestgehend zu entziehen. Die Leere allerdings blieb.

Ganzheitlicher Ansatz

Bevor ich mit der Fallbeschreibung fortfahre, möchte ich kurz meine Arbeitsweise erklären, sodass man versteht, warum was wann eingesetzt wird. In meinen Coachings arbeite ich möglichst ganzheitlich. Das heißt, dass ich versuche, viele Puzzleteile, die sich ergeben, zusammenzufügen, um so ein ganzheitliches Bild entstehen zu lassen, das uns im Prozess leitet und hilft. Dadurch kann es sein, dass sich der Fokus im Laufe der Zusammenarbeit verschiebt. Wir arbeiten mit dem, was sich zeigt. Körper, Geist und Seele erzählen eine Geschichte und mein Wunsch ist es, meine Klient:innen dahingehend zu motivieren, in Verbindung mit all ihren Ebenen zu treten und hinzuhören. Was will das System Mensch erzählen? Woran darf man arbeiten? Welche Bedürfnisse darf man ernst nehmen?

Dafür nutze ich verschiedene Methoden aus der psychosozialen Beratung, dem Coaching und der Unterbewusstseinsarbeit. Je nachdem, was gerade passend erscheint.

Glaubenssatz-Sammlung

Zurück zu Bernadette und ihrer inneren Leere. Im Laufe der ersten Sitzung kristallisierten sich die Themen Selbstvertrauen sowie Selbstliebe heraus. Diese spielten im Zusammenhang mit ihrem bisherigen Leben immer wieder eine große Rolle bzw. die Frage, ob sie überhaupt in der Lage wäre, sich selbst zu lieben und ihren eigenen Wert zu erkennen. In weiterer Folge: Ob sie in der Lage wäre, generell Liebe anzunehmen, auch von anderen.

Im ersten Schritt war es wichtig zu verstehen, welche Botschaft sich immer und immer wieder zeigte. Darum gab ich der jungen Frau ein eigens dafür vorbereitetes Journal mit nach Hause. Sie sollte in den nächsten Tagen und Wochen bis zu unserem nächsten Treffen sammeln, welche konkreten Gedanken, Gefühle oder andere Anzeichen im Hinblick auf ihre fehlende (Selbst-) Liebe auftauchten. So wollten wir herausfinden, was genau hinter dieser ‚Leere‘ steckte. Womit hatten wir es konkret zu tun? Woran konnten wir schließlich arbeiten?

Die erste Hypnose

Nach der Vorarbeit auf der Bewusstseinsebene mithilfe von systemischen Fragestellungen und Coaching-Tools machten wir eine abschließende Übung, um das Unterbewusstsein aktiv einzubinden. Bernadette und ich entschieden uns für eine Hypnose mit Seelenreinigung. Die sogenannte Seelenreinigung ist ein schöner Einstieg in die Welt der Hypnose und demonstriert die machtvolle Arbeit des Unterbewusstseins. Darüber hinaus bekommt man hierbei einen ersten intensiven Eindruck, wie Hypnose – bzw. vor allem wie das Unterbewusstsein – wirkt.

Vorab besprachen wir den genauen Ablauf, ich beantwortete ihre offenen Fragen und wir thematisierten individuelle Suggestionen. Suggestionen bezeichnen die Vorschläge und Empfehlungen zur Aktualisierung der inneren Programmierungen. Das Unterbewusstsein hat durch Erfahrungen, Prägungen und genetisch bedingte Programmierungen gewisse Glaubenssätze oder (Verhaltens-) Muster abgespeichert. Diesen Speicher nutzt das Unterbewusstsein, um das Leben zu steuern. Oft ist es aber so, dass sich die Ziele und Wünsche im Laufe des Lebens aufgrund verschiedener Faktoren verändern. Das Unterbewusstsein hat allerdings noch immer die alten Programme abgespeichert, die den Vorhaben dann vielleicht im Weg stehen. Genau da setzen Suggestionen an. Sie erklären dem Unterbewusstsein – etwas überspitzt dargestellt: „Hey, liebes Unterbewusstsein, ich weiß, bis jetzt hat das Verhalten und der Weg absolut Sinn ergeben, aber es hat sich einiges geändert. Ich bin nicht mehr die Person, die ich war, als sich dieses Verhalten abgespeichert hat. Jetzt will ich es anders handhaben. Jetzt ergibt dieses und jenes Verhalten oder Gedankengut viel mehr Sinn für mich!"

Ein Beispiel, um das Ganze zu verdeutlichen: Stell dir vor, du kommst auf diese Welt und liebst es, Musik zu hören. Am Anfang deines Lebens liebst du natürlich Kinderlieder über alles. Dein Radioprogramm ist immer auf die Sender eingestellt, die genau das spielen, was du brauchst: Kinderlieder. Irgendwann wirst du älter und dein Musikgeschmack ändert sich. Also änderst du selbstverständlich den Sender. Klingt nachvollziehbar, oder? Ähnlich verhält es sich mit dem Unterbewusstsein. Es ist ein bestimmtes Programm eingestellt und nicht immer ‚wächst' dieses Programm automatisch mit. Manchmal darf man selbst den Schalter betätigen und aktiv mitgestalten. Hypnose bietet die Chance dazu, das Programm nach den eigenen Wünschen umzuschalten. Das Beste daran ist, dass man sich nicht anstrengen, an etwas Besonderes denken oder etwas Spezielles tun muss. Der Job in der Hypnose ist es, sich auf sich selbst und die Entspannung zu konzentrieren. Den Rest übernimmt das Unterbewusstsein. Dafür braucht es Suggestionen, die in einer gewissen Art und Weise helfen, das passende Programm zu finden. Suggestionen könnten beispielsweise wie folgt lauten: „Ab sofort hier und jetzt vertraust du dir selbst und den Kräften in dir mehr und mehr, weil du ein glückliches Leben führen willst, voller Stärke und gleichzeitig Leichtigkeit."

Bernadette entschied sich für den Relax-Stuhl in meiner Praxis, um ihre erste hypnotische Reise zu beginnen. Sie schloss ihre Augen, richtete ihre Aufmerksamkeit nach innen und ich führte sie mithilfe eines angepassten Bodyscans (Methode aus dem MBSR, Mindfulness Based Stress Reduction) in die Entspannung. Mithilfe der Atmung ließen wir die Entspannung von Körperteil zu Körperteil fließen und sie sank in ihre erste Trance- und Hypnoseerfahrung.

Bei der sogenannten Seelenreinigung konnte Bernadette die ersten unerwünschten Glaubenssätze und negativen Muster loslassen. Bei der Seelenreinigung spürt man alte Regulationsmechanismen und verankerte Bilder auf. Jede Seelenreinigung verläuft anders. Manche Klient:innen erzählen während der Hypnose, was passiert, bei anderen zeigen sich starke Emotionen wie Weinen und Schluchzen. Andere wiederum erleben körperliche Reize wie Husten. Viele Glaubenssätze, die sich zu lösen beginnen, können oft nicht bewusst und klar benannt werden. Auch Bernadette wusste nicht genau, was passierte. Sie war sich jedoch sicher, dass ein Gefühl der Leichtigkeit und der Befreiung spürbar war. Ihr Unterbewusstsein unterstützte sie bei diesem Prozess. Danach starteten wir mit ein paar Suggestionen in den Transformationsprozess, wodurch das Vertrauen in sich selbst gestärkt werden sollte. Die Suggestionen hatten wir vorab vereinbart, um so die für Bernadette passenden Botschaften an ihr Unterbewusstsein weiterzuleiten.

Später erzählte Bernadette mir, dass bei der Seelenreinigung Bilder aus der Kindheit und mit ihrem Vater in ihr aufgekommen waren. Ihr Vater, der bereits verstorben war, als sie ein Teenager war, war ein wichtiger Teil ihres Lebens gewesen und hatte eine große Lücke hinterlassen. Vielleicht die Leere, die sie noch verspürte? Sie war immer um seine Liebe bemüht gewesen. Er hatte sie als seine ‚kleine Prinzessin' bezeichnet und sie wollte diesen Anforderungen und seiner Liebe gerecht werden. Dem Schönheitsideal einer Prinzessin entsprechen, keine eigenen Fehler akzeptieren, stark und erfolgreich sein.

Oftmals begleiten uns fremde Energien in unserem Leben, die wir durch unsere DNA, aber auch durch Erlebnisse mit Menschen, die uns beeinflussen, mittragen – ob bewusst oder unbewusst. Nach dem, was Bernadette mir erzählt hatte, wollte ich ihr ein zusätzliches praktisches Werkzeug an die Hand geben. Ich zeigte ihr meine Erdungsübung, die sie darin unterstützte, ihre Energien wieder zu sich zu holen und ihr Vertrauen in sich selbst zu fördern. Ich begleitete sie durch die Übung und sie erhielt außerdem eine Audiodatei, welche die einzelnen Schritte der Übung noch einmal erklärte und anleitete.

Die Sätze der Erdungsübung lauten:

Ich bin bei mir!

Ich bleibe bei mir!

Ich vertraue mir selbst – mehr und mehr!

Alles, was ich von dir habe, gebe ich dir zurück!

Alles, was du von mir hast, nehme ich mir zurück!

Ich vergebe dir!

Ich vergebe mir!

Ahnenaussöhnung

Drei Wochen später hatten wir unseren zweiten Termin. Dazwischen hatte es drei Kontakte via WhatsApp gegeben, bei denen mir Bernadette berichtete, welche Nachwirkungen die Hypnose zeigte und wie es ihr mit der gestellten Aufgabe des Journalings und der Erdungsübung ging. Eine ihrer Nachrichten lautete: „Die Erdungsübung gibt mir total viel. Mache es sogar mehrmals am Tag und gerade in Situationen, die mich ein wenig ins Schwanken bringen. Etwas gefestigter fühle ich mich aber im Aussprechen, was ich jetzt möchte (brauche) und setze es auch ohne schlechtes Gewissen durch."

Bernadette kam mit einem breiten Grinsen in meine Praxis und umarmte mich herzlich. Sie hatte sich bereits auf unseren Termin gefreut und war noch immer ganz verwundert über die Wirkweise der Hypnose. Sie zeigte mir die teilweise ausgefüllten Zettel des Journals, wobei sie selbstkritisch bemängelte, nur in den ersten Tagen konsequent dabei geblieben zu sein. Die Erdungsübung beschrieb sie als ‚kleinen Rettungsanker', den sie immer bei sich haben konnte. Ich ermunterte sie, geduldig und ‚lieb' mit sich selbst zu sein, worauf sie lachend erwiderte: „Na, dann sind wir ja wieder beim eigentlichen Thema!".

Der Gedanke an ihren Vater in Verbindung mit ihrer ‚Leere' hatte sie in den letzten Wochen immer wieder eingeholt, und sie überlegte, ob diese Anforderungen an die Liebe der Grund für ihr Gefühlschaos waren. Er hatte sie geliebt, davon war sie überzeugt. Dennoch hatte sie immer das Gefühl, diese Liebe nicht zu verdienen, da sie noch mehr sein müsste. Mehr Prinzessin, liebenswerter. Bei der Reflexion ihrer Beziehungen der letzten Jahre fiel Bernadette auf, dass keine Partnerschaft dieser Liebe je gerecht geworden war. Immer war etwas zu wenig, nicht perfekt. Bernadette war immer auf der Suche nach dieser Perfektion. Die perfekte Prinzessin, die perfekte Tochter, die perfekte Geschäftsfrau, die perfekte Sportlerin. Perfektion, um geliebt zu werden. Um es überhaupt wert zu sein, geliebt zu werden.

Im weiteren Coaching-Verlauf überlegten wir, welche Vorgehensweise aufgrund der Entwicklung sinnvoll erschien. Ich bot ihr die Option der Ahnenaussöhnung in Hypnose an, um eine eventuelle nachträgliche Aussprache mit ihrem Vater zu ermöglichen. Vor der eigentlichen Hypnosesitzung bat ich sie, sich vor mich hinzustellen, die Augen zu schließen und sich auszumalen, sich in einem Kreis ihrer Ahnen und Vorfahren wiederzufinden. Darunter befand sich auch ihr Vater. Sie sollte mir ihre Wahrnehmungen mitteilen und sich vorstellen, wie es sich anfühlte, wenn sie sich nach hinten – in diesen Kreis – lehnen würde. Erschrocken öffnete sie die Augen und meinte, dass sich dies für sie nicht richtig anfühlte. „Ich fühle mich nicht sicher. Es fühlt sich komisch an, und ich weiß nicht, ob ich gehalten werde."

Vor der Hypnose besprachen wir wieder den ungefähren Ablauf und passende Suggestionen für den Aufbau von Bernadettes Selbstvertrauen und der Stärkung ihrer Persönlichkeit. Ich leitete sie an und führte sie in ihre Entspannung, ihre Trance. Schließlich landete sie in einem Kreis ihrer Liebsten: Menschen, die ihr nahestehen und nahestanden. Sie erkannte Personen aus ihrer Familie, aus ihrem jetzigen Freundeskreis, aber auch Ahnen und Vorfahren, die bereits verstorben waren, in diesem Kreis. Bernadette war mit all den Menschen über eine strahlende Herzensbrücke verbunden und das Ziel war es, wieder voll und ganz in die eigene Energie zu gelangen. Fremde Energien, die nicht zu ihr gehörten, die sie jedoch seit Langem mit sich schleppte, konnten nun an die Empfänger:innen zurückgegeben werden. Energien, die ihr genommen worden waren, konnte sie sich zurückholen. Durch die Heilung ihrer Ahnenanteile konnte sie wieder in ihre Kraft und Energie kommen, um so auch ihre Leere mit dem zu füllen, was ihr genommen worden war.

Ihre Augenlider zuckten und die Mimik veränderte sich, als ich Bernadette bat, sich vor die Person zu stellen, die den größten Einfluss auf ihr heutiges Leben hatte. Im Gegenteil zu dem, was wir erwartet hatten, stand nun nicht ihr

Vater vor ihr, sondern ihre Großmutter väterlicherseits. Bernadette hatte nun die Gelegenheit, sich mit der Frau, die sie scheinbar noch immer stark beeinflusste, auszusöhnen. Bernadette konnte nicht bewusst wahrnehmen, was genau passierte bzw. was besprochen wurde, bekam allerdings nach wenigen Minuten den Impuls, sich ausgesprochen zu haben. Ihre Mimik veränderte sich augenblicklich und die Züge ihres Gesichts zeigten sich merklich gelockert.

Diesen Vorgang wiederholte sie mit ihrem Vater, der als zweite Person erschien. Danach kommunizierte sie mit vielen weiteren Personen aus dem Kreis, wobei sie einige erkannte und einige nur als Umriss wahrnahm. Als sie mit der Ahnenaussöhnung fertig war, fügten wir die gemeinsam besprochenen Suggestionen hinzu und ich holte Bernadette aus der Hypnose.

Erneut stellte sie sich vor mir auf, schloss die Augen und imaginierte ihren Kreis aus Familienmitgliedern, Freunden und Ahnen. Ich bat sie erneut, sich vorzustellen, sich nach hinten zu lehnen und fragte, wie sie sich nun dabei fühlte und ob sie einen Unterschied merkte. „Es ist nach wie vor irgendwie komisch, aber definitiv besser als zuvor. Ich fühle mich sicherer. Ich spüre mehr Halt."

Da Unterbewusstseinsarbeit nachwirkt und bestimmte Botschaften sich manchmal erst nach Stunden oder gar Tagen oder Wochen zeigen, verabschiedeten wir uns mit ihren positiven Eindrücken und Worten. Wir vereinbarten, dass Bernadette mir Bescheid gab, was sich nach der Hypnose bei ihr zeigte.

Persönlichkeitsentwicklung deluxe

„Ich weiß nicht, wie genau das funktioniert hat, aber ich fühle mich leichter", erzählte Bernadette wenige Tage später. „Ich habe das Gefühl, ich kann mich selbst mehr spüren. Es fühlt sich nicht mehr ganz so leer an!"

Die nächsten Monate waren geprägt von innerer-Kind-Arbeit und Arbeit am (Selbst-)Vertrauen. Bernadette nannte es einmal ‚Persönlichkeitsentwicklung deluxe'. Stück für Stück konnte sie sich selbst besser kennen und verstehen lernen. Durch die Arbeit mit der Hypnose nahm sie sich selbst besser wahr und an. Durch die Aussöhnung mit ihren Ahnen zeigten sich Botschaften und Bedürfnisse, die sie so nicht erkannt hätte. Altlasten durften sich lösen und neue Programmierungen entstehen. Das Bedürfnis nach Sicherheit und (Selbst-) Liebe gelangte in den wesentlichen Fokus ihrer individuellen Persönlichkeitsarbeit. Bernadette verstand, wie machtvoll sie selbst war und dass sie entscheiden konnte, ob sie sich von ihrem Unterbewusstsein blindlings steuern ließ oder ob sie selbst das Steuerruder in die Hand nahm. So war es ihr möglich, ‚Überreste' aus längst vergangenen Tagen zu identifizieren, zu lösen und zu integrieren.

Du bist mehr als dein reines Bewusstsein. Was wäre alles möglich, wenn du deine Verbindung zu dir stärken würdest? Welche Botschaft erhältst du – immer und immer wieder?

Susanne Seydel

Hi, ich bin Susanne! Menschen im Leben und im Beruf zu stärken, das ist meine Passion: mehr Freude und Erfolg im Job, Umgang mit Stress und Herausforderungen, Etablierung gesunder Arbeitsstrukturen, zurück ins Leben nach einer Krise oder schweren Erkrankung. Ich biete Coachings, Trainings und Workshops für Einzelpersonen und Unternehmen.

Meinen Coaching-Case habe ich ausgewählt, weil er eindrucksvoll zeigt, wie aus einer existenziellen Krise neuer Lebensmut und neue innere Stärke entstehen können.

Case-Übersicht

- Ausgangssituation: Katrin fand nach einer überstandenen Brustkrebserkrankung einfach nicht zurück ins Leben. Sie bewarb sich planlos, kämpfte mit fehlendem Selbstvertrauen und Perspektivlosigkeit.

- Zielsetzung: Sie wollte eine neue berufliche Perspektive finden, ihr Selbstbewusstsein stärken und wieder zuversichtlich in die Zukunft blicken.

- Methoden: Stärken- und Talentanalyse, Visionsarbeit (Golden Circle, Visionboard), Manifestation, Glaubenssatzarbeit, Ressourcenaktivierung

- Ergebnis: klare berufliche Perspektive, neues Selbstbewusstsein und Selbstvertrauen, hoffnungsvoller Blick in die Zukunft

Das Leben in die Hand nehmen:
Von der Sinnsuche nach dem Brustkrebs

„Ich weiß nicht, was ich will. Ich kann nichts wirklich gut." Dieses Gefühl begleitete die 39-jährige Katrin schon ihr Leben lang. „Ist halt schwierig bei mir." Diese Worte waren Ausdruck eines Musters, das tief in ihr verankert war. Entscheidungen fällte sie eher aus der Notwendigkeit heraus als aus innerer Überzeugung. Die Entscheidung für ihre Ausbildung zur Bankkauffrau, die darauffolgenden ständig wechselnden Jobs in unterschiedlichen Bereichen – ohne Plan und Ziel navigierte Katrin sich durchs Leben. Ihre wirkliche Leidenschaft: das Reisen, die Welt erkunden, Menschen und Kulturen kennenlernen. Das war ihr Fokus und glich die berufliche Planlosigkeit lange aus. Nur, je älter sie wurde und je mehr beruflicher Erfolg oder Familiengründung in ihrem Umfeld im Fokus standen, desto unzulänglicher und unzufriedener fühlte sich Katrin.

Doch von einem Moment auf den anderen stand ihre Welt Kopf. Entspannt auf dem Sofa liegend, ertastete sie eines Abends einen Knoten in ihrer Brust. Direkt am nächsten Morgen ging sie zur Frauenärztin, die eine Biopsie im Brustzentrum anwies. Der nächste freie Termin war zwei Wochen später. Eine unerträgliche Zitterpartie begann.

Einen Tag nach der Biopsie kam der Anruf der Ärztin: „Sie haben Brustkrebs. Ich weiß, das ist Scheiße." Katrin wurde der Boden unter den Füßen weggezogen. Die Krankheit warf sie völlig aus der Bahn. Die Therapien – Operation, Bestrahlung, zwei verschiedene Chemotherapien – verlangten ihr alles ab. 18 Monate zwischen Hoffnung und Angst. Danach war nichts mehr, wie es vorher gewesen war. Das ‚normale' Leben gab es nicht mehr. Sie stellte sich die große Frage: Wie soll es jetzt bloß weitergehen?

Katrin wusste nur eines: So wie vorher wollte sie nicht weitermachen. Doch was dann? Ihre Versuche, irgendwo wieder Fuß zu fassen, scheiterten. Eine Zeitarbeitsstelle – nicht das Richtige. Bewerbungen – ohne klares Ziel. Schließlich Bürgergeld. Druck von außen, Druck von innen. Sie wollte arbeiten und wieder Geld verdienen, aber nicht mehr in irgendwas, sondern in etwas, das Sinn für sie ergab. In ihr schlummerte der Traum, einen Job zu finden, der ihr entsprach und sie erfüllte.

So kam Katrin zu mir ins Coaching. Sie wollte Klarheit und erkennen, was sie wirklich wollte. Sie wollte verstehen, woher ihre Sprunghaftigkeit, Planlosigkeit und die Selbstzweifel kamen und wie sie ihr Selbstvertrauen wieder aufbauen und zuversichtlich nach vorn blicken konnte. Das war unser Startpunkt.

Die ersten Schritte – Selbsterkenntnis und Widerstände

Zu Beginn ging es nicht darum, sofort eine Lösung zu finden, sondern um das Verstehen. Warum fühlte sich Katrin in ihrem Leben so orientierungslos? Warum waren ihre Wünsche und Träume so weit weg?

Katrin hatte sich nach ihrer Krebserkrankung schon viel mit Persönlichkeitsentwicklung auseinandergesetzt. Meditation, Yoga, Achtsamkeit, Selbstliebe – sie probierte vieles aus und es tat ihr auch sehr gut, aber trotz alledem kam sie nicht weiter.

Schon in den ersten Sitzungen zeigte sich, dass Katrin von starken inneren Antreibern geprägt war, vor allem von „Mach es allen recht!". Sie hatte Angst vor Ablehnung, stellte die Bedürfnisse anderer oft über ihre eigenen und hatte Schwierigkeiten, für sich selbst einzustehen. Das hatte in ihren bisherigen Jobs zufolge gehabt, dass sie ihre Gedanken und Meinungen nie äußerte, sich immer zurückhielt und unter dem Radar lief.

Wir forschten weiter. Katrin erzählte von ihrem Vater, der ihr immer das Gefühl gegeben hatte, nicht genug zu können und zu wissen. Der Satz „Was kannst du denn schon?!" saß tief und bestimmte all ihre Entscheidungen. Durch die Überzeugung, nichts gut genug zu können, nahm sie von vornherein keine Herausforderungen an. Die Folge war, dass sie beim Gewohnten blieb, in ihrer Komfortzone und sich für den sicheren, aber unbefriedigenden Weg entschied.

Diese Erkenntnis machte viel mit Katrin. Sie entwickelte den neuen Erlaubersatz „Ich weiß genug und ich bin genug.", ging tief in dieses Gefühl hinein und visualisierte das Bild eines Schmetterlings. Dieses Gefühl der Befreiung und Leichtigkeit nahm sie mit in ihren Alltag und übte ihren neuen Glaubenssatz jeden Tag.

Und plötzlich begegneten ihr überall Schmetterlinge.

Der Wendepunkt – Die Entdeckung des roten Fadens

Eine weitere entscheidende Veränderung begann, als wir ihre Stärken, Talente und Leidenschaften genauer unter die Lupe nahmen. Was Katrin anfangs extrem schwerfiel, ging nach und nach leichter. Ich bat Katrin, Freunde und Familie zu fragen, was diese an ihr schätzten und welche Stärken sie laut ihnen besaß.

Ihre Überraschung war groß. Die Antworten? Empathisch. Kreativ. Kommunikativ. Lösungsorientiert. Zuverlässig. Vielseitig.

Mehr und mehr tauchten wir in Katrins Welt ein. In das, was sie ausmachte, was sie wusste, was ihre Werte und ihre Leidenschaften waren, wann sie sich so richtig im Flow fühlte. Dabei erkannte sie, dass sich durch ihr gesamtes Leben eine Konstante zog: Ihr tiefes Interesse an Gesundheit, Ernährung und Psychologie. Sie hatte sich jahrelang Wissen angeeignet und intensiv mit diesen Themen beschäftigt, hatte sogar – rein aus Interesse – eine Ausbildung zur psychologischen Beraterin absolviert und eine Ausbildung als Ernährungsberaterin angefangen. Doch war ihr nie bewusst gewesen, dass hier ihr beruflicher und persönlicher Anker lag. Es sprudelte nur so aus ihr raus. Vor allem war da eins: echte Begeisterung! Der rote Faden war immer da gewesen, sie hatte ihn nur nicht erkannt.

Wir starteten ein wildes Brainstorming. Was könnten mögliche Jobs sein? Anfangs sehr zurückhaltend, konnte sie mehr und mehr über den Tellerrand hinausblicken und auch verrückte, aus ihrer Sicht völlig unrealistische Jobmöglichkeiten sammeln. Wir sortierten, verwarfen, hinterfragten und wählten schließlich drei Job-Ideen aus, mit denen Katrin weiterarbeiten wollte.

Der innere Kampf – Selbstzweifel vs. Zukunftsbild

Doch in der nächsten Sitzung waren sie wieder da, die Selbstzweifel und inneren Widerstände. „Ich kann das alles doch gar nicht." „Ich weiß längst nicht genug." Mir war klar, dass wir für Katrin ein starkes und motivierendes Bild der Zukunft erschaffen mussten und ich ließ sie sich ihr 90-jähriges Ich vorstellen.

Die 90-jährige Katrin war weise, zufrieden, lachte viel und hatte inneren Frieden gefunden. Sie war gesund und fit, saß im Schaukelstuhl auf einer Veranda im Grünen, um sie herum flogen Vögel und Schmetterlinge. Sie sprach dem jüngeren Ich Mut zu: „Tue Dinge, die dich erfüllen. Höre auf dein Herz!"

Jedes Mal, wenn Zweifel aufkamen, erinnerte sie sich an dieses Bild. Katrin fragte sich dann, was ihr 90-jähriges Ich sagen würde. Sicherlich nicht „Bleib in deiner Komfortzone!", sondern eher „Lebe! Riskiere! Probiere dich aus!". Diese Reflexion half Katrin, aus ihrer gegenwärtigen Angst herauszutreten und eine langfristigere Perspektive einzunehmen. Plötzlich wurde ihr klar, dass sie ihr Leben nicht weiter in Unsicherheit und Selbstzweifeln verbringen wollte. Sie wollte mutig sein und sich für die eigenen Wünsche einsetzen.

Katrin begann, sich noch intensiver mit Meditation und Manifestation auseinanderzusetzen. Sie nutzte gezielt Meditationen von Dr. Joe Dispenza, um sich ihre gewünschte Zukunft lebendig vorzustellen und tief in das Gefühl von Erfüllung und Selbstvertrauen einzutauchen. Diese Praxis half ihr, sich emotional mit ihrer Vision zu verbinden und neue Glaubenssätze zu verankern.

Zusätzlich erstellte sie ein Visionboard, auf dem sie ihre Wünsche, Träume und Ziele visuell festhielt. Das Visionboard half ihr, ihre Zukunft greifbarer zu machen, sich immer wieder an ihre Motivation zu erinnern und sich bewusst auf ihre nächsten Schritte auszurichten.

Klarheit durch den Golden Circle – Das eigene Warum finden

Ein weiterer wichtiger Meilenstein war unsere Arbeit mit dem Golden Circle von Simon Sinek. Der Golden Circle hilft dabei, die eigene Berufung zu finden sowie eine klare Vision und ein klares Ziel zu entwickeln. Das Modell kann sowohl von Unternehmen und Teams als auch von Einzelpersonen angewendet werden. Der Golden Circle widmet sich drei sehr zentralen Fragen: Warum? (Warum und wofür bist du hier?), Wie? (Wie willst du dein individuelles Warum erreichen?) und Was? (Was machst du, um dein Ziel zu erreichen?). Der äußere Kreis ist das Was, der mittlere das Wie und der Kern besteht aus dem Warum.

Katrin nahm sich Zeit, um über die drei so simplen Fragen, die allerdings sehr in die Tiefe gehen, nachzudenken. Sie begann im Kern, bei dem Warum. Ich unterstütze sie mit vertiefenden Reflexionsfragen. Was ist dir wichtig? Was treibt dich an? Was willst du verändern? Was willst du in deinem Leben bewegen? Außerdem schauten wir uns noch einmal ihre wichtigsten Werte an. Schritt für Schritt nahm ihr Warum Gestalt an. Am Ende formulierte sie: „Ich möchte ein größeres Bewusstsein für Gesundheit und Selbstliebe schaffen." Dann folgte ihr Wie. „Ich inspiriere Menschen, in Eigenverantwortung ein gesundes und bewusstes Leben zu führen." Es blieb ihr Was. „Ich tue dies, indem ich Menschen umfassend informiere, individuell und empathisch begleite und motiviere, ihre Ziele zu erreichen."

Katrin verstand, dass ihre wahre Leidenschaft darin lag, Menschen dabei zu unterstützen, ein gesundes Leben in Eigenverantwortung zu führen.

Plötzlich ergab alles Sinn – ihre Stärken, ihre Interessen, ihre Erfahrungen. Sie wusste nun, dass sie nicht einfach nur irgendeinen Job suchte, sondern eine Aufgabe, die sie erfüllte. Zum ersten Mal hatte sie das Gefühl, dass ihre berufliche Ausrichtung nicht mehr zufällig oder willkürlich war, sondern dass sie auf etwas Größerem basierte. Auf einer tief verwurzelten Überzeugung, die sie schon lange in sich trug.

Die Entscheidung – Vom Zögern zum Handeln

Nun folgte der nächste Schritt: Ins Handeln kommen. Katrin recherchierte Berufe im Gesundheitswesen und sprach mit unterschiedlichen Menschen aus diesem Bereich. Eine klare Entscheidung fiel für sie auf betriebliches Gesundheitsmanagement. Plötzlich war die Perspektive da. Ein echtes Ziel. Ein Beruf, der zu ihr passte. Wir arbeiteten an einem konkreten Plan. Welche nächsten Schritte waren notwendig? Welche Weiterbildungen könnten sie unterstützen? Wie konnte sie ihr Ziel erreichen? Natürlich waren da Ängste. Bewerben? Sich zeigen? Sich beweisen? Der Weg fühlte sich furchtbar steinig an, aber sie ging ihn trotzdem.

Wir überarbeiteten ihre Bewerbungsunterlagen. Dieses Mal mit dem Fokus auf ihre Stärken. Wir feilten an ihrem Warum und integrierten es in ihren Lebenslauf. „Ich möchte eine moderne Gesundheitskultur in Unternehmen schaffen, in der Mitarbeiter in gegenseitiger Unterstützung ihre körperliche und mentale Gesundheit fokussieren." Sie traute sich in die Sichtbarkeit und passte ihr LinkedIn-Profil an. Das war ein riesiger Schritt für Katrin, den wir gemeinsam feierten. Sie fing an, gezielt Netzwerke zu nutzen und Kontakte zu knüpfen. Ihr Ziel wurde immer greifbarer.

Der Druck wächst – Mit Rückschlägen umgehen

Je konkreter das Ziel wurde, desto mehr wuchs der Druck in Katrin, dass dieser Weg aber jetzt auch wirklich klappen musste. Die anfängliche Hochstimmung und Motivation schlugen in Überforderung und Angst um. „Was, wenn es nicht klappt?" Sie fühlte sich auf einmal wie gelähmt. Wir schauten einmal genauer hin. Wovor wollte sie der Widerstand schützen? Die Antwort: Vor dem Unbekannten, dem Ungewissen, vor möglicher Ablehnung. Außerdem ging alles so schnell, alles war neu. Sie war es nicht gewohnt, so groß zu denken, es war ihr einfach alles zu viel.

Ich lud Katrin ein, einmal zu sammeln, was sie in den letzten Monaten alles geschafft und erreicht hatte. „Ich habe meine Stärken und Werte erarbeitet, meine Biografie angesehen, mich viel mit mir beschäftigt und Klarheit gewonnen, was ich will und was nicht mehr. Ich habe eine Grundlage geschaffen!" Ich bat sie, in sich hineinzuhorchen, was sie gerade fühlte. Stolz, Milde. Ich fragte sie, welche Gedanken ihr bei Zweifeln helfen konnten. „Sei nicht so streng mit dir. Du bist super gut dabei!", sagte Katrin. Wir überlegten, wie sie mit aufkommenden Widerständen und ihrem starken inneren Kritiker umgehen konnte. Sie stellte fest, dass sie ihren neuen Erlaubersatz „Ich weiß genug und ich bin genug." in den letzten Wochen etwas vernachlässigt hatte. Sie überlegte, wie sie sich wieder täglich darin erinnern konnte. Und sie nahm sich vor, immer wieder intensiv in ihr Zukunftsbild, ihre Vision, hineinzufühlen.

In der nächsten Sitzung kam Katrin gerade von einem Nachsorgetermin und berichtete, dass sie die letzten Tage völlig neben sich gestanden und große Ängste gehabt hatte. Negative Gedanken und Gefühle hatten sie quasi überrollt. Ich fragte sie, was ihr in ähnlichen Situationen während ihrer Brustkrebserkrankung geholfen hatte. Sie erzählte, dass sie ihren Tumor damals Klaus genannt und all ihre Wut auf Klaus gerichtet hatte. Kein Schimpfwort war schlimm genug, um Klaus zu beschimpfen. Sie konnte all ihre negativen Gefühle kanalisieren. Auch ihre Freunde und Familie stimmten ein und schickten ihr regelmäßig Nachrichten. „Richte Klaus aus, wir machen ihn fertig." „Klaus, du A..., deine Tage sind gezählt." Der gemeinsame Kampfgeist gegen Klaus gab ihr unheimlich viel Kraft. Zudem verlor Katrin nie ihren Humor. Nachdem ihr während der Chemotherapie ihre Haare ausgefallen waren, scherzte sie regelmäßig mit ihrem Bruder: „Wer ist dein Lieblings-Glatzi-Schatzi?" Ihre Schilderungen beeindruckten mich sehr, was für eine Bewältigungsstrategie! Auch Katrin wurde noch einmal klar, wie stolz sie auf sich sein konnte. Sie hatte ein unglaubliches Vertrauen in sich und ihren Körper aufgebaut. Sie wusste wieder, dass sie alles schaffen konnte.

Die Reflexionen über ihre bisherigen Strategien und Ressourcen halfen Katrin, wieder mehr Leichtigkeit und Freude zuzulassen und den selbst erzeugten Druck etwas herausnehmen. Lösungsorientiert, wie sie war, überlegte sie direkt, welche Energie- und gute Laune-Quellen sie in ihren Alltag einbinden konnte. Katrin plante Zeitslots für Fitnessstudio, tägliche Spaziergänge, Zeit mit Freunden und Nichts tun ein und nahm sich fest vor, das schlechte Gewissen im Keim zu ersticken.

Fazit – Die Kraft der Klarheit und Selbstwirksamkeit

Katrin hat sich von einer suchenden, beruflich unsicheren Frau zu einer selbstbewussten Gestalterin ihres eigenen Lebens gewandelt. Sie hat mit einer Weiterbildung zur betrieblichen Gesundheitsmanagerin angefangen. Sie ist Frauen-Netzwerken beigetreten. Sie informiert sich über Möglichkeiten zum Quereinstieg. Sie kontaktiert Personaler. Sie weiß, dass ihr Weg noch nicht zu Ende ist. Es werden noch einige Hürden kommen, aber sie geht ihren Weg jetzt bewusst, selbstbestimmt, voller Klarheit.

Am Ende des Coachings fragte ich sie: „Was hast du aus dieser Reise mitgenommen?" „Ich habe endlich verstanden, was mich wirklich antreibt und wie ich das mit meinem Berufsleben verbinden kann", lautete ihre Antwort.

Katrin beschreibt ihr größtes Learning so: Persönlichkeitsentwicklung ist ein langer Prozess, der Geduld, Disziplin und Durchhaltevermögen erfordert. Aber sie weiß nun, dass sie Phasen des Zweifels nicht als Scheitern sehen muss, sondern als Teil des Wachstumsprozesses. Sie hat erkannt, wie sie durch ihre Brustkrebserkrankung gewachsen ist und wie sie sich selbst nähergekommen ist. Sie nimmt sich heute so an, wie sie ist. Und sie hat gelernt, mit ihren Glaubenssätzen umzugehen, sich auf ihre Stärken zu fokussieren und ihre Zukunft bewusst zu gestalten.

Ihre Heldenreise ist nicht nur eine berufliche, sondern eine tiefgreifende persönliche Transformation. Für mich als Coach war es eine der inspirierendsten Entwicklungen, die ich begleiten durfte.

Kapitel 2

Innere Fesseln:
Emotionale Heilung und neue Freiheit erleben

Was hält uns zurück, obwohl wir längst bereit wären, weiterzugehen? Warum sabotieren wir uns selbst – oft, ohne es zu merken? Und wie gelingt es, tiefsitzende Muster zu lösen, die uns seit Jahren begleiten?

In diesem Teil begegnen wir Geschichten, die emotional tief berühren. Geschichten von inneren Fesseln – Ängsten, alten Verletzungen, unausgesprochenem Schmerz. Von Menschen, die gelernt haben zu funktionieren, stark zu sein, Erwartungen zu erfüllen – und die im Coaching den Mut finden, hinter ihre Fassade zu schauen. Es geht um emotionale Heilung. Um das Verarbeiten von Trauer, Scham, Wut und Enttäuschung. Um das Verlernen automatischer Reaktionen und das Entdecken neuer, gesünderer Wege. Die Coaches in diesen Fällen halten Räume für Gefühle, die oft lange keinen Platz hatten. Sie stellen Fragen, die bewegen. Sie begleiten Prozesse, in denen Tränen fließen, aber auch Leichtigkeit zurückkehrt.

Die Methoden sind vielfältig: hypnosystemische Ansätze, traumasensibles Coaching, Emotionsregulation, Arbeit mit inneren Anteilen, biografische Reflexion, energetische Zugänge – und immer wieder: einfühlsame Präsenz. Es ist weniger ein ‚Fixen‘ von Problemen als ein Wieder-in-Kontakt-kommen mit dem, was gefühlt werden will.

Diese Geschichten zeigen, wie kraftvoll Coaching sein kann, wenn es wirklich nahegeht – wenn Menschen sich trauen, ihre verletzlichsten Seiten zu zeigen und dabei erfahren: Heilung ist möglich.

Katharina Rust

Ich bin Katharina. Ich bin professionelle Trauer-
begleiterin, Emotionscoachin und Trainerin für
Teams in herausfordernden Berufsfeldern im
Kontext des Todes und des Sterbens. Meine
große Leidenschaft ist es, Trauernden zu helfen,
sich in dem unbekannten Raum, der durch Trauer
und Veränderungen entsteht, zu orientieren und
neu zu (er-)finden.

Meinen Coaching-Case habe ich ausgewählt, weil er eindrucksvoll zeigt, wie
wichtig es ist, mutig mit seinen Emotionen in Kontakt zu treten, vor allem auch
der Trauer in all ihren Facetten. Er zeigt, wie unverarbeitete Trauer ansonsten
über Generationen hinweg wirkt.

Case-Übersicht

- Ausgangssituation: Susanne hatte Schmerzen, konnte nicht gut für sich
  selbst sorgen und die Verantwortung für andere abgeben.

- Zielsetzung: dem Leben mehr vertrauen, Nähe und Leichtigkeit erleben

- Methoden: Trauer achtsam wahrnehmen und begleiten, Emotionsregu-
  lierung, imaginative Aufstellungsarbeit (Familienaufstellung), Ressourcenaktivierung

- Ergebnis: Gefühl von innerer Freiheit, Fähigkeit zur Selbstfürsorge, klares
  ‚Ja' und klares ‚Nein'

Wie aus unverarbeiteter Trauer und Wut innere Freiheit und Nähe wird

„Ich bin jetzt kurz vor dem Ruhestand und möchte endlich für mich selbst sorgen. Ich habe schon viele Achtsamkeitsseminare gemacht, meditiere und lese ganz viel. Ich weiß alles, was ich machen könnte und sollte, damit ich zur Ruhe komme und gut für mich sorge, aber ich kann es nicht. Ich bin sogar schlecht darin, für mich selbst zu sorgen. Körperlich merke ich das seit zwölf Jahren immer wieder durch heftige Schmerzen. Das kann mal im Kiefer sein, manchmal zieht es in den Oberschenkel, so sehr, dass ich vor Schmerzen zusammengekrümmt auf dem Sofa sitze und mich nicht mehr bewegen kann, trotz starker Schmerzmittel. Ich wünschte, ich könnte Leichtigkeit erleben und müsste nicht mehr so ängstlich sein. Ich habe das Gefühl, dass jederzeit etwas Schlimmes passieren könnte, wenn ich nicht aufpasse. Ich wünschte, ich könnte den anderen Familienmitgliedern zutrauen, dass sie selbst für sich sorgen können. Dann hätte ich nicht mehr die Verantwortung. Ich hätte inneren Frieden. Das würde sich anfühlen, als könnte ich wieder freier atmen." Ein zartes Lächeln lag auf Susannes Gesicht, als sie diese Vision nach über 60 Minuten endlich formulieren konnte.

Trauern geht nur durch die Trauer hindurch

Vorher hatte Susanne in groben Zügen von ihrer Ursprungsfamilie und ihrer eigenen kleinen Familie erzählt. Viele Arztbesuche lagen hinter ihr, Streitgespräche, Sorgen und Schmerzen. Susanne sagte von sich selbst, dass ihr Körper verlässliche Signale sendete, wann immer sie in einem Lebensbereich genauer hinsehen sollte. Sie erzählte mir von einem Thema, das sie bislang verdrängt hatte.

Als junge Frau hatte sich ihre Schwester das Leben genommen. Susanne und die gemeinsame Mutter waren zu dieser Zeit zusammen im Urlaub gewesen. Susanne hatte sich gewünscht, dass ihre Mutter dabei war, um ihre zwei kleinen Töchter zu beaufsichtigen, damit sie selbst nach langer, anstrengender Zeit etwas Erholung finden konnte. Auch ihre Schwester hatte die Unterstützung der Mutter für diese Zeit angefragt. Dann war sie tot.

Als diese Erinnerung im Raum war, zeigte Susannes Körper heftige Reaktionen. Sie weinte, schluchzte, krümmte sich vor Schmerzen und schien untröstlich. Viele zerstörerische Gedanken, sehr viele Selbstvorwürfe, viel Verzweiflung und noch mehr Wut wurden von ihr benannt. „Ich konnte immer nur weinen, wenn ich starke Schmerzen hatte.", „Wenn ich für mich sorge, wird jemand sterben.", „Wie konnte ich so egoistisch sein und meine Mutter mitnehmen?" – diese und viele weitere Gedanken sprach Susanne nach und nach aus. Zu jedem dieser Sätze stellte ich ihr die Frage, wo in ihrem Körper sie die Aussage fühlte und leitete sie an, diese Empfindung genauer wahrzunehmen. Je besser sie die körperliche Reaktion beschrieb, desto ruhiger wurde ihre Körpersprache wieder. Oft hielt diese Beruhigung nur kurz. Susanne brauchte die Erlaubnis, aussprechen zu dürfen, was da war.

Ich lud sie ein, ihre Gedanken während des Coachings und auch in der Zeit bis zum nächsten Termin nicht zu beurteilen oder zu bewerten. Manchmal konnte sie den Fokus auf ihre Gedanken und Emotionen intensivieren, manchmal war ein bewusstes Abwenden notwendig, um die Gefühle auszuhalten. Für die Momente, in denen die körperlichen Schmerzen zu stark oder die Emotionen zu intensiv wurden, zeigte ich ihr unterstützendes, bewusstes Atmen und das sogenannte Tapping (auch Schmetterlingsumarmung genannt). Trauer löst sich nur dann, wenn man einmal durch die Trauer hindurchgeht. Außen herum führt kein Weg.

Am Ende dieser aufwühlenden ersten Begegnung beschrieb Susanne ihr Körpergefühl so: „Ich kann aufrechter sitzen, ich habe das Gefühl endlich wieder Luft zu bekommen, und im linken Brustbereich wird es warm und kribbelt. Alles sieht heller aus." Das befreite Lächeln in ihrem Gesicht zu sehen, bewegte mich sehr. Am Tag danach schrieb sie mir, dass sie ganz schlecht geschlafen hatte, weil innerlich so viel aufgebrochen war und bat mich, das nächste Treffen vorziehen zu können. Sie hatte das Gefühl, endlich nicht mehr alles deckeln zu müssen, aber sie traute sich nicht allein da ‚reinzuschauen'.

Wenn Verantwortung schwer wiegt

In den wenigen Tagen, bis wir uns das nächste Mal sahen, war viel passiert. Susanne hatte sich bemüht, für sich zu sorgen, hatte viel meditiert und versucht, Kontakt zu ihrem inneren Kind aufzunehmen. Aufgrund ihrer jahrelangen Vorarbeit kamen wir schnell an den Punkt, an dem sie erzählte, dass sie als ältere Schwester schon als kleines Mädchen immer hatte nachgeben müssen. Ihr war von ihrer Mutter häufiger die Verantwortung für ihre kleine Schwester auferlegt worden. Einmal, so erzählte sie, war die kleine Schwester ihr über die Straße hinterhergelaufen und hatte fast einen Unfall gehabt. Hierfür war ihr die Verantwortung von der Mutter gegeben worden. „Sie hätte sterben können! Du solltest doch aufpassen!"

An dieser Stelle stiegen wir noch einmal tiefer in die Zeit ein, in der Susannes Schwester gestorben war. Susanne war durch die Verantwortung für ihre kleinen Töchter und die Arbeit ausgelaugt. Ihre Mutter hatte es ihr damals überlassen, mit der Schwester zu klären, ob es für diese in Ordnung war, wenn die Mutter Susanne in den Urlaub begleiten würde. Rückblickend war es das erste Mal im Leben gewesen, dass Susanne sich durchgesetzt und sie ihre Bedürfnisse über die ihrer Schwester gestellt hatte. Als sie noch während des Urlaubs von dem Verschwinden und dann dem Tod ihrer Schwester erfuhr, fühlte sie sich schuldig daran.

Seitdem hatte sie das Gefühl, dass, immer wenn sie auf ihre Bedürfnisse hörte, etwas Schlimmes passierte. Zugleich wünschte sie sich so sehr, nicht mehr auf dem Zahnfleisch zu gehen und auch mal an sich denken zu können.

Im nächsten Schritt entschied sich Susanne dafür, die Beziehung zwischen ihrer Mutter, sich und der Schwester aufzustellen. Ich leitete sie an, tief zu atmen und machte einen Bodyscan mit ihr, um sie erkunden zu lassen, was sie gerade wo in ihrem Körper fühlte. Anschließend bat ich sie, die Augen zu schließen und einen sicheren Ort vor ihrem inneren Auge zu suchen, an dem sie sich wohl und geborgen fühlte.

Das Bild des Strands von St. Peter-Ording entstand. Das Wasser endete im Himmel, der strahlend blau war und das Meer ruhig. Sie hörte die Wellen, die Möwen und spürte die Sonne auf der Haut. Dieses Bild gab ihr Sicherheit, die wir aktivierten und körperlich verankerten, sodass sie sich friedlich fühlte. Susanne sagte, ihr Bauch sei warm und die Schultern entspannt. In ihrem Bild schaute sie als Beobachterin von einer Düne auf eine Szene unten am Strand und in jenem Moment war alles gut. Als ich Susanne bat, ihre Schwester in dieses Bild einzuladen, erschien ein kleines Mädchen, das etwa zwei Jahre alt war und fröhlich Muscheln sammelte. So fröhlich das Mädchen einerseits erschien, schaute es sich gleichzeitig auf immer wieder um. Susanne konnte die Unsicherheit des Mädchens fühlen und dass es sich alleine fühlte. Die Kleine setzte sich hin, blickte nachdenklich und traurig vor sich hin. Ohne große Freude begann sie, ein Loch zu buddeln. Als Susanne anschließend ihre Mutter dazu holte, war diese viel zu warm angezogen für das schöne Wetter. Susanne konnte die Angst ihrer Mutter spüren, die fürchtete, dass das Mädchen sich erkälten könnte. Sie packte das Kind, nahm es hoch und wickelte es in eine Decke ein. Bei Susanne kam der Gedanke „das war's dann wohl mit dem Spaß" an. Die Mutter wollte dorthin zurückgehen, wo es warm und trocken war. Die Kleine wollte stattdessen lieber am Strand bleiben, um mit der Mutter zu spielen und zappelte deswegen. Susanne, die noch immer als Beobachterin auf die Szene blickte, machte das Bild sehr traurig. Sie selbst fühlte sich wie erstickt und dachte: „Es ist immer dasselbe, es hört nie auf."

Mit etwas Unterstützung meinerseits traute Susanne sich – für sie selbst völlig überraschend – die Enttäuschung und die große Wut zuzulassen. Sie sagte zaghaft: „Kannst du nicht einmal mit uns Spaß haben? Dich einmal mit uns freuen? Musst du immer Angst haben? Du bist so ein Spielverderber!" Ihre Stimme bebte zunächst zaghaft, wurde dann kräftiger und die Wut brach sich Bahn. Ich ermutigte Susanne, laut zu schreien.

„Was ist jetzt?", fragte ich nach einer ganzen Weile, in der sich ihr Atem langsam beruhigte. Mit geschlossenen Augen sagte sie, dass die Wut statt der Resignation richtig guttat und sie sich jetzt viel kraftvoller fühlte. Auf die Frage hin, was sie als Beobachterin noch brauchte, um sich der imaginären Situation am Strand wieder zuwenden zu können, tauchte ein Hund im Bild auf, den sie streicheln konnte. Er gab ihr das Gefühl, nicht allein zu sein und sich entspannen zu können. Ihre Schultern sanken leicht nach unten und ihr Atem wurde tiefer, ruhiger. Nun konnte sie wieder auf die Szene am Strand blicken. Die Mutter und die kleine Schwester liefen weit entfernt am Strand gegen den Wind an. Susanne konnte die Ängste der Mutter hören und benannte Gedanken, die die Mutter behinderten, den Moment zu genießen. Als ich Susanne fragte, ob sie wisse, wie man ‚den Moment genießt', fiel ihr eine Situation von vor ein paar Tagen ein, als sie ihre Enkelin auf dem Arm gehabt hatte. Sie hatte der Enkelin etwas vorgesummt und mit deren Kopf an ihrer Schulter mit ihr getanzt. Die spürbare Liebe und dieses Gefühl von ‚im Moment sein' hatten für Susanne die Farbe Gelb.

Susanne durfte dieses gute Gefühl anwachsen lassen. Sobald sie genug in ihrem eigenen Herzen davon spürte, war sie bereit, der Mutter etwas davon abzugeben und sandte ihr einen gelben Lichtstrahl dieses Gefühls. Lange sagte Susanne nichts mehr und beobachtete nur, welche Gefühle, Gedanken und Körperempfindungen bei ihr ankamen. Irgendwann erzählte Susanne schließlich, dass ihre Mutter jetzt ohne Mantel mit der Schwester im Sand saß und buddelte, sie lachten miteinander. Sogar entfernen durfte die Schwester sich, während die Mutter ihr ohne Angst hinterherschaute. Bei diesem Bild fühlte Susanne deutlich, dass sie nun die Verantwortung abgeben konnte. Sie sagte mir, dass es sich richtiger anfühlte, weil da jemand war, der mitmachte. Jetzt musste Susanne in ihrer Beobachterrolle nicht mehr dauernd hinschauen und konnte den Strand selbst genießen. Die Last und die Aufgabe, auf ihre Schwester aufzupassen, konnte sie abgeben.

Susanne beschrieb, dass sie diese Erleichterung im Kopf und Brustbereich deutlich spürte, sie könne wieder durchatmen. Alles war jetzt heller, leichter und sie sagte: „Ich fühle mich mit mir verbundener, nicht mehr hin- und hergerissen und zerteilt. Jetzt kann ich mehr bei mir sein." Der Gedanke „Ich darf bei mir sein, und es passiert deshalb nicht gleich etwas Schlimmes." war für Susanne himmelblau wie leichte, fluffige Blubberbläschen, die aufsteigen. Dieses Gefühl verankerten wir in ihrem Körper. Der Blick zurück auf den Strand zeigte nichts mehr. „Es ist einfach weit und frei. Außer dem Licht sehe ich nichts mehr."

Wenn Schuld akzeptierter ist als Wut

Zu Beginn des nächsten Treffens erzählte Susanne, dass die Schmerzen für eine gewisse Zeit besser gewesen waren. Sogar die Angst vor allem und das Unsicherheitsgefühl hatten sich wesentlich verbessert. „Das vermisse ich auch echt nicht." Dennoch fühlte sich ihr Kiefer zu diesem Zeitpunkt schief an. Außerdem hatte sie verkrampft geschlafen. Ich unterstützte sie in dem

Bestreben, auf die Anzeichen ihres Körpers zu hören und fragte sie, was er ihr wohl signalisieren wollte.

Als erstes erzählte sie mir, dass sie als Kind nie wütend hatte werden dürfen. Sich schuldig zu fühlen war geduldet, wütend werden durfte nur ihr Vater und war dies auch oft unkontrolliert und unvorhersehbar.

Wieder ließ ich Susanne in ein ressourcenvolles inneres Bild eintauchen. Eine große Lagerhalle mit vielen Fenstern nebeneinander, durch die man auf Fjorde schauen konnte, entstand zu Beginn dieser Intervention. Susanne saß in diesem Bild auf einem Gerüst hinter einer Glaswand und schaute von oben in die Halle hinunter. Unten erschien ein kleines zusammengerolltes Mädchen, etwa sieben Jahre alt, blond. Es symbolisierte Traurigkeit für Susanne. Die Traurigkeit saß in einer Ecke auf dem Boden und hielt die Arme schützend über den Kopf. In der Mitte der Halle stand ein dampfender ‚Wut-Kessel' mit einem Deckel darauf. Darin brodelte es. Susannes ganzer Körper fing mit Blick auf dieses Bild an zu zittern. Die Zähne waren zusammengepresst und ihre Atmung ging stoßweise. Sie sagte mir, dass der Kessel immer heißer wurde. In ihrem Gesicht konnte ich große Angst erkennen und ihr Körper war zunehmend angespannt.

Ich holte sie aus der Situation heraus und machte ihr bewusst, dass sie oben hinter einer Glasscheibe saß. Das half ihr etwas, war aber noch nicht genug. Das Zittern blieb. Imaginativ verstärkten wir das Glas zu Panzerglas und bauten einen schwarzen undurchsichtigen Vorhang ein, aber auch das reichte noch nicht. Dann fiel Susanne ein, dass sie das kleine Mädchen so nicht beschützen konnte. Sie wollte es zu sich holen. Obwohl das eigentlich nicht so gedacht war, bestärkte ich sie darin, das kleine Mädchen zu sich einzuladen. Auf dem Schoß unter einer Kuscheldecke fühlt sich die kleine Traurigkeit sicher und bei Susanne kam das Gefühl von Nähe, Liebe und Erleichterung an. Ich sah die Entspannung in ihren Schultern, das Zittern hatte aufgehört und in ihrem Bauch fühlte es sich warm an. Um Susanne auf ihrem Beobachtungsposten und die kleine Traurigkeit herum hatte sich ein gläserner Fahrstuhl gebildet, mit dem die beiden fahren konnten, ohne Angst haben zu müssen. Nun empfand Susanne die Vorfreude und Neugierde der kleinen Traurigkeit, die sich fragte, was wohl passierte, wenn sie runterfuhren. Susanne beschrieb ein Kribbeln im Bauch und Unbeschwertheit bei dem Gedanken daran, gemeinsam mit der Kleinen ‚das da unten' anzusehen.

Diese vielen Ressourcen zu aktivieren, hatte lange gedauert und viel Sicherheit und Bestärkung gebraucht. Nun konnte Susanne den Vorhang zur Seite ziehen und mit dem Fahrstuhl so weit runterfahren, dass sie den dampfenden Wutkessel sah. „Er ist nicht mehr so beängstigend, wie er sich vorher angefühlt hat", sagte Susanne. Für sie hatte er jetzt nicht mehr so viel Power. Er wirkte grau und nicht mehr so bedrohlich und prall mit Wut gefüllt wie zu Anfang. Sie fügte sichtlich bewegt hinzu: „Eigentlich bemitleidenswert für so einen großen Kessel, nur mit Wut gefüllt zu sein und nicht mit etwas Schönem." Das Mitleid spürte sie als Druck im Hals, als könnte sie etwas nicht herunterschlucken und als hätte sich da schon sehr lange etwas angesammelt. „Was bist du für ein jämmerlicher Kessel. Mit dir kann man gar nichts anfangen, nicht mal Kaffee kochen oder Tee. Wofür sollst du nützen?"

Körperlich beschrieb Susanne, dass der Hals nach dieser befreienden Erkenntnis wieder weiter wurde und sie spürte, dass ‚von dem Ding' keine Gefahr mehr ausging. Sie fing von selbst an, mit dem Kessel zu sprechen, und ich blieb als stille Zuhörerin achtsam. Ihr Körper war aufgerichtet und präsent. „Du hast so sehr gekocht und dabei viel Dreck ausgespuckt, dass man deinen Glanz gar nicht mehr sehen kann", sagte sie klar und sanft. Susanne erklärte, dass sie Mitleid für den Kessel empfand. Ihr kam ein Satz in den Kopf, den der Wut-Kessel über sich selbst gesagt hatte: „Du bist weniger wert als Dreck." Sie spürte der Frage nach, was ihn dazu gebracht hatte, dass er andere und sich selbst so dreckig und schmutzig hatte fühlen lassen. Susanne spürte schlimme Schmerzen im Kiefer, den Zähnen, dem Genick und brauchte eine kurze Auszeit, während der ich sie aufforderte, in der imaginären Situation aus den Fenstern zum Fjord zu schauen.

Dann fielen lang gesuchte Puzzleteile an ihren Platz. Susanne erzählte voller verzweifelter Wut und Ohnmacht, dass ihr Vater mit 15 Jahren in den Krieg musste. Sie war zutiefst wütend darüber, wie gemein das Leben manchmal war, was die Menschen daraus machten und welche Auswirkungen das hatte. Im Hier und Jetzt schilderte sie heiße Wut, die sich in ihrem Körper ausbreitete, die ihre Zunge verbrannte. Wut auf den Krieg und darauf, wie ein grausames Regime ein ganzes Land und die Menschen zerstört hatte. Mit der Schmetterlingsumarmung unterstützte ich sie, die heiße, verbrennende Wut und die Ohnmacht auszuhalten, bis sie abebbten und Susanne wieder sprechen konnte.

Dann wollte sie als Beobachterin in der Lagerhalle hinunter zu dem Kessel. Für die kleine Traurigkeit war das in Ordnung, wenn Susanne versprach, wiederzukommen. Unten angekommen, fing Susanne an, den Kessel zu putzen und zu bewundern, was sich Schönes unter der verdreckten Schicht befand. Auf meine sanfte Nachfrage hin, was ihr durch den Sinn ging, beschrieb sie Bilder ihres Vaters, der auch hatte lachen können, der Clown gespielt hatte mit ‚über-die-Füße-stolpern' und Walzer getanzt hatte. Ein Vater, der Schneewalzer sang und ein Instrument spielte, von dem ich noch nie gehört hatte. Eine Seite des Wut-Kessels ging plötzlich auf und ein Mann stieg heraus. Susanne erkannte ihren Papa, nahm ihn in ihrem vorgestellten Bild in den Arm. Ihr Papa meinte, dass ihm alles so leidtat. „Das hab' ich nicht gewollt", sagte er zu ihr und ergänzte, dass er sie liebhatte.

Ich gab den beiden noch einen Augenblick in der Lagerhallen-Szene. Dann fragte ich Susanne nach ihrem Körperempfinden in diesem Moment. Ruhig beschrieb Susanne, dass ihr ganzer Körper aus Licht bestand. Die

Verspannungen hatten sich gelöst. Sie spürte inneren Frieden und Erleichterung. Der ganze Körper war leichter, ruhiger, strahlend hell und ganz geborgen. Zwar spürte Susanne noch das Genick und die Zunge, auch der Kopf drückt noch ein wenig, die Zähne taten ihr noch weh, aber sie war zuversichtlich, dass sich das noch löste. Das Bild aus der Lagerhalle tat ihr gut. Der Kessel war noch da, aber geputzt und glänzend. Sie war sichtlich gerührt, aber auch sehr erschöpft. Das kleine Mädchen kam zu Susanne und dem Papa dazu, kuschelte sich an die beiden. Dieses kostbare Bild speicherte Susanne bewusst ab.

Wenn Leichtigkeit und Selbstfürsorge zurückkehren

Heute wundert sich Susanne häufiger über sich selbst, im Positiven. Sie hat eine Meditations-App, mit der sie in jeden Tag startet und auch sonst kann sie sich gut um sich selbst kümmern, sich selbst etwas Gutes tun. Die Schmerzen sind deutlich besser geworden. Susanne erzählt, dass sie nicht mehr ständig ‚Ja' sagt und klare Grenzen zieht, die ungewohnt und auch mal unangenehm für die Menschen um sie herum sind. Doch anstatt sich in Gesprächen, zum Beispiel mit ihrem Ehemann, dafür zu entschuldigen, bleibt sie bei sich. Stolz schwingt in ihrer Stimme mit, als sie erzählt, dass sie geantwortet hat: „Das ist die echte Susanne. Die andere möchte ich nicht mehr sein. Ich hoffe, dass wir so mehr Nähe und echte Beziehung erleben können."

Susanne Kogler

Als Unternehmensberaterin, systemische Coach und Mitentwicklerin des online-Systembretts begleite ich Menschen dabei, Klarheit in komplexen Situationen zu gewinnen und nachhaltige Lösungen zu finden. Mein Fokus liegt darauf, in kurzer Zeit auf den Punkt zu kommen und neue Perspektiven zu eröffnen – mit Herz, Erfahrung und systemischer Präzision.

Was ist möglich, wenn wir uns von all unseren Bewertungen und Sichtweisen frei machen und ganz beim Klienten sind? Dieser Fall zeigt, dass selbst schwerste Themen mit Leichtigkeit bearbeitet werden können, wenn wir den Raum dafür öffnen und halten.

Case-Übersicht

- Ausgangssituation und Zielsetzung: Eine erfahrene Beraterin suchte in einer herausfordernden familiären Situation Unterstützung, um gut für sich selbst zu sorgen, während sie gleichzeitig für ihre Tochter da sein wollte.

- Methoden: online-Systembrett, systemische Klärung von Rollen und Beziehungen, Ressourcenstärkung

- Ergebnis: Die Klientin fand eine innere Haltung, die ihr Sicherheit und Klarheit gab.

Schwere Themen mit Leichtigkeit bewegen

Schon beim Vorgespräch war mir klar, dass dieses Coaching anders sein würde. Kristin wollte mich nicht kennenlernen, um zu entscheiden, ob sie mit mir arbeiten wollte – wie es sonst eigentlich der Fall war – sie wollte prüfen, ob *ich* mir dieses Thema ‚antun' würde.

Zu viele Coaches hatten sie bereits weiterverwiesen. Zu schwer, zu heikel, zu belastend. Doch als sie mir ihr Anliegen schilderte und ich ruhig nickte, spürte ich, wie sich etwas in ihr entspannte. Sie war selbst eine erfahrene Beraterin, hochqualifiziert, mit viel Wissen und Weitblick. In diesem Moment war sie einfach nur erleichtert, dass jemand ohne Zögern sagte: „Ja, ich arbeite gerne mit dir."

Kristin hatte kürzlich erfahren, dass ihre inzwischen 23-jährige Tochter als kleines Kind vom eigenen Großvater, Kristins Vater, vergewaltigt worden war. Eine Wahrheit, die nichts unberührt ließ. Doch während andere an dieser Wucht zerbrachen, saß mir Kristin gegenüber – ruhig, gefasst und gelassen. Das fand ich wirklich bemerkenswert. Ich zögerte keine Sekunde. Ja, mit dieser Frau würde ich liebend gerne arbeiten.

Es geht nicht um ihn

Als wir uns dann im eigentlichen Coaching-Gespräch wieder begegneten, sah ich es sofort erneut. Nicht nur ein Lächeln, nicht bloß ein Ausdruck, der Stärke vortäuscht, sondern ein tiefes, warmes Strahlen. Eine Präsenz, die den Raum erfüllte.

Ich bewunderte sie. Ihre Ruhe. Ihre Kraft. Doch ich sprach es nicht aus. Ich ließ auf mich zukommen, was im Raum zwischen uns entstehen durfte und ließ all meine Gedanken zur Ruhe kommen, um mich ganz auf den Prozess einzulassen, der jetzt beginnen sollte.

Ich fragte Kristin, was sie sich von unserer heutigen Begegnung erhoffte, was sie sich an Veränderung wünschte. Wer mich kennt, weiß, dass ich hier sehr viel Gewicht darauf lege, einen wirklich guten Auftrag zu bekommen. Einen, der sich stimmig anfühlt – für die Klientin, aber auch für mich. Während es in den meisten Fällen durchaus längere Zeit dauern kann, bis diese Phase der Sitzung gelungen ist, war Kristin hier völlig klar: „Ich möchte Gelassenheit und Sicherheit im Umgang mit meinen Eltern." So formulierte sie schon nach wenigen Minuten. Sie wurde noch konkreter: „Ich weiß, ich sollte meine Mutter anrufen und mit ihr reden. Klären, dass meine Tochter und ich nicht wie geplant zu Besuch kommen werden und ihr sagen, weshalb. So etwas fällt mir normalerweise nicht schwer. Doch jetzt... ich drücke mich schon seit Tagen davor."

Von Beginn an war klar, dass wir mit meinem bevorzugten Instrument, dem online-Systembrett arbeiten würden. Es war einer der Gründe, warum Kristin sich an mich gewandt hatte und weshalb ich ihr empfohlen worden war. Kristin war als erfahrene Beraterin mit vielen Methoden vertraut, doch diese Arbeit war eine neue Erfahrung für sie. Wie bei der klassischen Aufstellungsarbeit wählten wir zuerst gemeinsam die Elemente aus, die für die Darstellung der Situation auf dem Brett wichtig waren.

Unter meiner Anleitung begann Kristin, das Brett mit den gewählten Elementen zu füllen. Ich beobachtete, wie sie die Figuren wählte und diese an ihren jeweiligen Platz stellte. Sich selbst. Ihre Tochter und interessanterweise das Element ‚im Flow sein'. Ihr Vater? Fehlte.

Ich ließ sie das Bild von allen Seiten betrachten, das sich vor ihr auf dem Brett formte. Fragte, ob die Größen der Figuren stimmten, ob es noch etwas brauchte, ob wir noch jemanden ergänzen sollten. Schließlich fragte ich ganz konkret: „Soll dein Vater mit auf das Brett?"

Sie sah mich an und sagte ohne zu zögern: „Nein. Der spielt keine Rolle. Das hat er in meinem Leben noch nie." Und damit war alles gesagt.

Die eigene Wunde

Wir arbeiteten also zunächst mit den drei Elementen, die jetzt auf dem Brett standen – Kristin selbst, ihre Tochter und das ‚im Flow sein', was sie sich für sich *und* für ihre Tochter so sehr wünschte. Ich ließ Kristin die verschiedenen Perspektiven und vor allem die Sicht aus den einzelnen Elementen einnehmen, ließ sie erzählen und beschreiben, welche Gefühle und Gedanken dabei in ihr auftauchten. Ohne zu bewerten, mit ganz wenigen gezielten Fragen, einfach beobachtend, was sich entwickeln würde.

Wir arbeiteten mit dem, was sich auf dem Brett zeigte. Als ich sie fragte, was sie denn hindern würde, mit ihrem Flow in Kontakt zu kommen, sagte Kristin: „Meine eigene Wunde. Die hält mich zurück!" Kristin war zuerst selbst über diese Aussage überrascht. Doch es fühlte sich für sie absolut richtig an, die eigene Wunde als weiteres Element auf das Brett zu stellen, und zwar so, dass sie ganz nahe bei ihrer eigenen Figur stand.

Ich lud sie ein, aus der Innenperspektive ihrer Figur mit dieser Wunde Kontakt aufzunehmen, diese anzuschauen und genau zu betrachten. War das möglich? Wie würde es ihr dabei gehen?

Zuerst schüttelte sie sich, als würde sie etwas Ekliges berühren. „Ich bekomme keine Luft", sagte Kristin. Dann hielt sie inne. Betrachtete die schwarze, eckige Figur der Wunde mutig in aller Ruhe und wurde immer ruhiger. Es dauerte noch ein paar Momente, bis sie schließlich sagte: „Sie ist gar nicht so groß. Sie ist viel kleiner als ich anfangs dachte."

Kristin beobachtete weiter, was geschah. Sie beschrieb mir, wie die Wunde immer kleiner wurde und sich am Schluss fast auflöste.

Sie atmete tief durch. Die Anspannung wich merklich aus ihrem Körper. Kristin nickte leicht mit dem Kopf und bekräftigte: „Das stimmt. Sie ist eigentlich lächerlich. Die kann jetzt gehen."

Um ganz sicher zu sein, ließ ich Kristin nochmals die Perspektive wechseln und führte sie in die Innensicht der Figur ‚meine Wunde'. „Ja, das stimmt", bestätigte mir Kristin „Sie meint selbst, sie ist nicht so groß und will sich auflösen. Sie wollte nur gesehen werden."

Mit einem erleichterten Gesichtsausdruck nahm sie die Figur vom digitalen Systembrett, die für die ‚eigene Wunde' gestanden hatte. Sie verabschiedete die Figur, als würde sie etwas ablegen, das sie längst nicht mehr brauchte. Es war ihr gar nicht bewusst gewesen, dass sie noch etwas mit sich herumtrug, was sie schon längst vergessen und möglicherweise auch verdrängt hatte.

„Ich kann wieder durchatmen", sagte sie erleichtert.

Die Tochter – und der fehlende Kern

Nun richtete sie ihre Aufmerksamkeit auf ihre Tochter. Es entwickelte sich eine Art Zwiegespräch zwischen den beiden, da Kristin sich abwechselnd in die Innensicht der entsprechenden Figuren hineinversetzte.

„Was brauchst du? Ich bin für dich da", sagte sie zu ihrer Tochter. Die Antwort kam schnell, fast unerwartet. „Ich bin nur eine Hülle. Da fehlt der innere Kern. Ich bin nicht würdig und nicht groß genug."

Kristin atmete tief durch, denn natürlich traf sie eine solche Aussage tief. „Wer bestimmt, ob du würdig genug bist?", fragte sie ihre Tochter als Nächstes.

„Ich selbst."

„Und wer könnte dir helfen?" Schweigen. Kristin versuchte es noch auf eine andere Weise, denn sie würde nicht so einfach aufgeben. „Wo kannst du suchen?"

„In mir."

Die Antworten kamen aus Kristin selbst. Aus einer Tiefe, die schon immer da gewesen war, aber vielleicht noch nie so deutlich zum Ausdruck gebracht worden war. „Meine Mutter kann mir nicht helfen, aber vielleicht eine Idee geben, wie und wo ich suchen könnte", war die Aussage, die sie von ihrer Tochter annehmen konnte. Kristin nickte verstehend. „Jetzt weiß ich, was in unseren Gesprächen zwischen uns gestanden hat." Sie konnte ihrer Tochter Informationen geben – Impulse, Ideen, Möglichkeiten. Doch den passenden Weg musste diese anschließend selbst finden. Es war eine wertvolle Erkenntnis und half Kristin, auf andere Weise auf ihre Tochter zuzugehen und sie zu unterstützen. Als Folge davon bekam auch die Figur ‚im Flow sein' einen neuen, besseren Platz.

Die Mutter – und die Last, die nicht mehr getragen werden muss

„Was brauchst du noch, um mit Leichtigkeit mit deinen Eltern umgehen zu können?", fragte ich Kristin, nachdem sie auf diese Weise in Bezug auf ihre Tochter weitergekommen war.

Kristin schloss die Augen. Wartete. Hörte in sich hinein. Dann öffnete sie die Augen wieder, überrascht. „Ich habe mich das gerade dreimal gefragt und dreimal die Antwort ‚Nichts.' bekommen. Das überrascht mich. Es fühlt sich gerade alles so leicht an."

Wir testeten das natürlich noch aus. Ich ließ sie ihre Mutter auf das Brett dazu stellen. Kristin betrachtete dieses Bild. Zuerst von außen, dann aus der Innenperspektive ihrer Figur. „Das ist ganz leicht von meiner Seite aus."

Doch die Mutter hatte ihre eigene Geschichte und wollte gehört werden. Das erfuhren wir, als ich Kristin bat, die Innenperspektive ihrer Mutter einzunehmen. „Ich habe Angst vor Kristins Urteil, vor der Schande. Ich kann das nicht ertragen. Es tut mir so leid, was ich dir angetan habe – ich liebe dich."

Kristin hörte zu, was ihre Mutter zu sagen hatte und ließ es auf sich wirken. Sie atmete ruhig. In sich hineinhörend, konnte sie dann mit Gewissheit sagen: „Ich verurteile dich nicht. Ich urteile inzwischen überhaupt nicht mehr. Ich denke jetzt ganz anders." Sie sagte mir, dass sie auch spürte, nicht mehr alles tragen zu müssen. Sie hatte in der Vergangenheit viel für ihre Mutter übernommen. Ich fragte nicht genau nach, was es gewesen war, was ihre Mutter ihr angetan hatte – ich spürte, es war nicht mehr wichtig. Nicht für Kristin und nicht für deren Tochter. Es war vorbei und hatte seinen Platz in der Vergangenheit gefunden.

„Ich merke aber auch, dass ich gewisse Verantwortungen nicht mehr übernehmen kann und will. Du musst dich selbst um dich kümmern. Ich kann dir Hilfe organisieren, aber ich kann nicht deine Hilfe sein. Nicht mehr. Und ich bin dir nicht böse", erklärte Kristin an die Figur ihrer Mutter gewandt. Ihre Mutter atmete aus. „Das entlastet mich. Damit geht es mir gut."

Die Worte waren wieder wie von selbst gekommen. Durch die Energie, die zwischen uns im Raum herrschte und den Emotionen, die Kristin auf das Brett leitete, fiel es ihr unglaublich leicht, die Aussagen der Figuren in klare Worte zu fassen. Kristin nickte. Sie betrachtete noch einmal das gesamte Bild, jede einzelne Figur, jede Position. Prüfte jedes Gefühl, jedes Zögern, jede Regung. Ich gab ihr ausreichend Zeit, alles noch einmal zu reflektieren, bevor ich schließlich wissen wollte: „Braucht es noch etwas?" Erneut schloss Kristin die Augen. Ließ sich Zeit. Fühlte nach. Spürte in jede Schicht, jeden Winkel.

Dann öffnete sie langsam die Augen. „Nein." Sie wartete. Hielt inne. Prüfte noch ein weiteres Mal nach. Dann lächelte sie. „Es ist wirklich nichts mehr da. Ich brauche nichts mehr." Es war nicht nur eine Antwort. Es war eine tiefe, unerschütterliche Gewissheit.

Ruhe.

Dankbarkeit

Für mich war dieser Prozess etwas ganz Besonderes, denn er hat mir gezeigt, wie sehr meine innere Haltung und gelassene Gewissheit, jedes Thema gemeinsam mit der Klientin bewältigen zu können, zu einem überraschend leichten und fließenden Prozess beitragen konnte. Und das bei einem Thema, das andere ob der scheinbaren Schwere abgelehnt hatten, zu begleiten. Für mich war die Sitzung mit dieser Klientin unter all den wundervollen Menschen, denen ich in meiner Arbeit begegnen darf, nochmals eine ganz besondere Begegnung, die mich wieder einmal mit Dankbarkeit für das, was ich tun darf, erfüllt hat.

Jenny Nöppert

Hi, ich bin Jenny und meine Vision ist es, dass
Frauen sich als Hauptfigur in ihrem eigenen
Leben betrachten und sich diese Rolle und
Lebenseinstellung selbstwirksam gestalten
können. In meinen Coachings und Workshops
begleite ich meine Klient:innen auf ihrem Weg
zu mehr Selbstvertrauen und einem gesunden
Umgang mit sich selbst.

Meinen Coaching-Case habe ich ausgewählt, weil er alles andere als ein
Standard-Fall ist. Er zeigt, wie sich die Arbeit an sich selbst auf das ganze
Familiensystem auswirken kann.

Case-Übersicht

- Ausgangssituation: Tamina war genervt davon, dass mit Baby nicht alles
  nach Plan lief. Ihr Ärger darüber wirkte sich auf die ganze Familie aus.

- Zielsetzung: Sie wollte die Trigger und dahintersteckenden Emotionen
  verstehen und lernen, mit bestimmten Situationen gelassener umzugehen,
  anstatt die genervte Ehefrau zu sein.

- Methoden: Erweitertes ABC-Modell, 6-Step-Reframing, Walking-Belief-
  Change (Glaubenssatzarbeit), Emotionsregulation, Hypnose

- Ergebnis: gelassenerer Umgang mit dem Baby, entspannteres Familienleben

Von Mamafrust zu Mamafreude: Du hast immer eine Wahl

Tamina war acht Monate vor unserem Kennenlernen zum ersten Mal Mutter geworden und sie liebte ihren kleinen Sohn über alles. Die 38-jährige Diplom-Ingenieurin hatte mich kontaktiert und um ein Erstgespräch gebeten, weil sie in den letzten Monaten Verhaltensmuster an sich selbst bemerkt hatte, die sie irritierten.

Auf meine Frage nach ihrem Coaching-Anliegen antwortete sie: „Um ganz ehrlich zu sein: Ich bin genervt von meinem eigenen Baby." Wow! Diese Aussage fand ich unfassbar mutig! Das Erschrecken über ihre eigenen Gefühle und ihr impulsives Handeln* in Situationen, in denen nicht alles nach (ihrem) Plan lief, wirkte sich auf die gesamte Familie und den gemeinsamen Alltag aus.

Dem wollte sie mit meiner Hilfe auf den Grund gehen, sich selbst besser kennen und verstehen lernen sowie Strategien entwickeln, wie sie mit Herausforderungen im Familienalltag anders umgehen könnte. Denn eigentlich wollte sie ja keine ‚meckernde‘ Ehefrau und Mutter sein. Tamina wollte Gelassenheit erfahren und erlernen. Gelassenheit im Hinblick auf bestimmte Situationen mit ihrem kleinen Sohn, und dadurch wieder mehr Leichtigkeit verspüren.

Taminas Offenheit bei einem so sensiblen Thema beeindruckte mich. Mit ihrem Herzenswunsch, die Trigger zu verstehen und frühzeitig an sich selbst arbeiten zu wollen, damit sich die unangenehmen Gefühle nicht auf ihr Baby übertrugen, brachte sie mir unglaublich viel Vertrauen entgegen.

* *Hierbei und im gesamten Case handelt es sich ausschließlich um Gefühlsausbrüche wie z.B. die Wut auf sich selbst und niemals um körperliche Handlungen.*

Versöhnung mit dem Kloß im Hals

In der ersten Coaching-Sitzung arbeiteten wir zunächst den übergeordneten Wunsch „Ich möchte Mutter sein mit Leichtigkeit." Heraus. Dieses Gefühl der Leichtigkeit war Tamina irgendwie abhandengekommen. Wir nutzten das Tool ‚Bedürfnisgläser', um an ihren konkreten Bedürfnissen zu arbeiten. Hierbei visualisiert man mit Farbstiften den Zufriedenheitsgrad einzelner Bedürfnisse wie Vertrauen, Sicherheit oder Kreativität. Man betrachtet die Gläser in den verschiedenen Bereichen und überlegt sich, wie voll diese aktuell sind und wie voll man sie sich künftig wünscht. Dabei stellte sich heraus, dass Tamina ein hohes Bedürfnis nach Planungssicherheit und Selbstbestimmung hatte. Wer Kinder hat, wird vielleicht nachempfinden können, dass diese Bedürfnisse gerade in den ersten Monaten mit Baby schwer zu erfüllen sind. Tamina hatte das Gefühl, ihr Baby nahm ihr das Heft aus der Hand und die gewohnte Art der Selbstbestimmung konnte deswegen nicht mehr gelebt werden. So war sie auf den Gedanken gekommen, an ihrem Mindset zu arbeiten, mit dessen Hilfe sie Frieden mit der neuen Lebenssituation schließen konnte. Auf die Frage hin, welche Gefühle sie in Zusammenhang mit ihrem Anliegen wahrnahm, nannte sie Enttäuschung, Frustration und Trauer sowie auf körperlicher Ebene einen Kloß im Hals. Kaum hatte sie das ausgesprochen, schossen ihr auch schon die Tränen in die Augen. Für die erste Coaching-Sitzung war das Ziel klar: „Ich möchte Ideen bekommen, wie ich diesen Kloß loswerde. Er fühlt sich an wie eine Last und blockiert mich darin, Leichtigkeit zu fühlen."

Ich wählte das ‚6-Step-Reframing', eine Methode aus der Teilearbeit, mit der man unerwünschte Verhaltensgewohnheiten verändern kann. So konnte Tamina Kontakt zu ihrem Kloß, der für einen inneren Anteil von ihr stand, aufnehmen, ihn würdigen und fragen, welche Botschaft er für sie hatte. „Der Kloß fühlt sich an wie aufgestaute Tränen." Die flossen dann auch prompt. „In extremen Weinsituationen mit meinem Sohn, wenn es ihm wirklich schlecht geht, dann triggert das bei mir meine Verzweiflung der ersten Wochen mit ihm als Neugeborenen an. Da hat er über Wochen stundenlang geschrien. Im Nachhinein betrachtet habe ich das als Mama kaum ausgehalten, ihm nicht helfen zu können." Es folgte ein emotionaler Dialog mit ihrem inneren Anteil, dem Kloß im Hals. Gemeinsam mit ihm beschloss Tamina letztendlich: „Diese Phase ist ja aber vorbei. Es ist okay so, wie es ist. Wir bekommen das zusammen hin. Der Kloß darf da sein, muss sich aber nicht in jeder Situation in den Vordergrund spielen." Körperlich hatten dieser Dialog und die Aussöhnung mit einem inneren Anteil die Auswirkung, dass der Kloß im Hals sich kleiner anfühlte und Tamina besser durchatmen konnte. Es stellte sich ein Gefühl von mehr Leichtigkeit ein und ich konnte beobachten, wie ihre Schultern merklich absanken, als hätte der Kloß endlich eine innere Spannung losgelassen.

Let´s talk, Baby!

Nach diesem sehr emotionalen Start unserer Coaching-Reise schauten wir in der zweiten Sitzung auf die Trigger des Alltags. Ich wählte dafür das erweiterte ABC-Modell. Mithilfe dieser Methode kann man herausfinden, welche Möglichkeiten zwischen einem Reiz und einer darauffolgenden Reaktion liegen, indem Reiz, Reaktion und der dazwischen liegende Möglichkeitsraum mithilfe von Coaching-Fragen möglichst genau analysiert werden. Für Taminas Anliegen hieß das konkret: Welche Situation löst die unangenehmen Gefühle aus und was passiert da genau in mir? Wie kann ich meine Reaktion zukünftig verändern? Ihr Wunsch war es ja, sich selbst besser zu verstehen. Wir nahmen also eine bestimmte Trigger-Situation bis ins Kleinste auseinander und Tamina forschte nach alternativen Handlungsoptionen.

Zunächst beschrieb Tamina mir eine auslösende Situation (A) sehr detailreich: Ihr Sohn sollte zur gewohnten Zeit seinen Mittagsschlaf machen, er wollte aber scheinbar gar nicht schlafen.

Ich forderte Tamina auf, sich so richtig mit allen Sinnen in die Situation hineinzufühlen, um mir dann ihre typische Reaktion (C) möglichst genau beschreiben zu können. Ich fragte alle Sinneskanäle ab und da konnte ich schon beobachten, wie die Wut in ihr aufstieg. Nicht nur das, denn sie erzählte mir, dass sie sich am Bett ihres Babys, das gerade keine Lust zu schlafen hatte, dann im Geiste ein Worst-Case-Szenario ausmalte, in dem ihr Sohn „nie schlafen würde und ihr Tag damit mal wieder gelaufen wäre". In diese Vorstellung steigerte sie sich so hinein, dass ihr Atem flach wurde, ihre Laune in Sekundenschnelle sank, sie eine regelrechte Aura schlechter Laune um sich herum aufbaute, die sie dann an ihrem Mann ausließ. Das äußerte sich in unverständlichem und schnellem ‚Vor-sich-hin-brabbeln' und ‚Vor-sich-hin-bocken' und Selbstmitleid. Typische Sätze wie „War ja klar.", „Warum kann das nicht einmal funktionieren." oder „Soll das doch jetzt mal jemand anders machen." kamen ihr in verärgertem Tonfall über die Lippen. Davon war sie wiederum selbst so genervt, dass sie zu sich sagte: „Ich habe doch selbst gar keinen Bock drauf, so zu sein! Wie schaffe ich es denn jetzt raus aus dieser Stimmung?" In einer solch unentspannten Umgebung hatte das Baby natürlich erst recht keine Lust auf Mittagsschlaf. Dieser Teufelskreis war Tamina durchaus bewusst, aber sie fand den Ausgang aus der Situation meistens nicht.

Nun galt es, den Raum (B) zwischen A und C zu erkunden. Sie erklärte es mir so: „Wenn der Kleine nicht in dem von mir festgelegten Zeitrahmen einschläft und ich weiß, dass ich diese Zeit dann nicht für mich so nutzen kann, wie ich es mir vorgenommen hatte, dann kommt als Erstes Enttäuschung hoch. Ich beobachte mich dann innerlich in Millisekunden-Schnelle und frage mich, wie ich damit umgehen soll. Mein Inneres entscheidet sich dann meistens für einen Automatismus, nämlich das ‚Genervt sein', der mich vermeintlich wenig Energie kostet. Scheinbar hat mein Kopf das als Weg des geringsten Widerstandes abgespeichert. Bekanntes Terrain sozusagen." Sie erzählte außerdem, dass ihr in dieser Situation dann jemand zum Austausch fehlte, jemand der sie verstand, ihre Lage nachvollziehen konnte und ihre Seele ein wenig verwöhnte.

Ich fragte nach Ausnahmen, also Situationen, in denen es nicht zum vorher beschriebenen Teufelskreis kam. Hier nannte Tamina mir gutes Wetter, wenn sie bei der Einschlafbegleitung in den Garten schauen und die Gedanken abschweifen lassen konnte. „Dann bekomme ich die Kurve. Vielleicht mit ein paar Minuten Verzögerung, aber ich schaffe es dann oft."

Als Nächstes erarbeitete sich Tamina mithilfe von gezielten Fragen wie „Was kannst du stattdessen tun?" einen bewussten Ablauf von ABC für die Zukunft. „Anstatt mich zu ärgern und in meine schlechte Laune hineinzusteigern, sage ich mir, dass die Tage ja trotzdem gut werden können. Ich werde mich bewusst an meinem Baby erfreuen, mich ruhig zu ihm legen und die gemeinsame Kuschelzeit genießen. Ich lasse meine Pläne für die Mittagsschlafzeit links liegen und muss meine selbst auferlegte Reihenfolge flexibler gestalten. Ich nehme mit allen Sinnen das Schöne an der Situation wahr. Den Babyduft, das weiche Köpfchen, seine Freude an mir, sein Gebrabbel. Und ich rede mit ihm. Ich erzähle ihm, was ich im Garten sehe, was bei mir los ist, wir bleiben im Dialog. Ich fühle mit ihm und singe ihm vor, wenn er weint. Ich werde mit ihm gehen, im Einklang, im Flow, mich drauf einlassen."

Je mehr Tamina sich den entspannten Mittagsschlaf mit ihrem Sohn ausmalte und bis ins Detail beschrieb, desto weicher wurden ihre Gesichtszüge. Sie lächelte. Ihre Schultern entspannten sich. Sie erfreute sich richtig daran, sich einzufühlen in diese entspannte Alternativsituation. Ich bat sie, dieses Gefühl von Zufriedenheit mitzunehmen und im Geiste kleine Schnappschüsse von dieser Vorstellung zu machen, um sich immer wieder daran zu erinnern zu können.

Tamina erarbeitete einen visuellen Anker für sich selbst. Sie designte sich einen Aufkleber für das Babyfläschchen mit den Worten ‚Let´s talk, Baby!' und bis zur Lieferung klebte sie ein Post-it mit ihrem persönlichen Reminder ans

Bett, der sie in ihrem Vorhaben, sich beim Mittagsschlaf ihres Sohnes anders verhalten zu wollen, unterstützen sollte. Spoiler: Das funktioniert noch heute, nach Monaten, wunderbar!

Das Tortenbuffet

In der dritten Sitzung beleuchteten wir noch einmal das Bedürfnis nach Selbstbestimmung. Zwischenzeitlich hatte Tamina viel in ihrem Journal geschrieben und selbst reflektiert. Sie erzählte mir: „Der angebliche Verlust der Selbstbestimmung entpuppt sich gerade eher als Glaubenssatz „Ich komme zu kurz.". Ich bin überrascht, den hier anzutreffen, weil der bisher nur im Kontext mit meiner Familie (Geschwister/Eltern) ein Dauerrenner war. Den würde ich gerne loswerden."

Dafür nutzte ich die Methode ‚Walking – Belief – Change'. Ziel dabei ist es, einen hinderlichen Glaubenssatz aufzulösen und dafür einen stärkenden, hilfreichen Glaubenssatz zu kreieren und zu verankern. Wir arbeiteten mit Bodenankern. Tamina legte fünf beschriftete Karten im Kreis aus, um dann die einzelnen Stationen abzulaufen.

Ich bat sie zunächst, den Glaubenssatz „Ich komme zu kurz." zu begrüßen, zu würdigen und zu überlegen, wofür er bisher gut gewesen war. „Der Glaubenssatz möchte mir mitteilen, dass auch meine Wünsche Beachtung finden dürfen und ich für meine Bedürfnisse einstehen darf. Keiner will mir etwas Böses."

Auf die Frage hin, was sie stattdessen denken wollte, kam wie aus der Pistole geschossen: „Ich schöpfe aus dem Vollen."

Bewaffnet mit den beiden auf Zettel geschriebenen Glaubenssätzen, ging es nun an den eigentlichen Lauf.

Auf dem ersten Bodenanker sollte sich Tamina an eine Situation erinnern, in der ihr gegenwärtiger Glaubenssatz sehr stark war. „Ich habe eine große

Ursprungsfamilie und wir veranstalten regelmäßige Familientreffen. Ich bin bislang immer für alle da gewesen, zeige Verständnis und bin zu kompromissbereit. Bisher habe ich, wenn ich auch mal meine eigenen Wünsche bezüglich Veranstaltungsort und -datum äußern wollte, letztlich doch meist geschwiegen oder klein beigegeben. Ich habe es runtergeschluckt, nur um des lieben Friedens willen, aber war trotzdem beleidigt und habe mich über mich selbst geärgert." Diesen Ärger konnte ich in ihrem Gesicht und an ihren hochgezogenen, verspannten Schultern deutlich erkennen.

Auf dem zweiten Bodenanker war es Taminas Aufgabe, sich mit allen Sinnen an eine ehemalige Überzeugung zu erinnern, die sie bereits erfolgreich losgeworden war, zum Beispiel den Glauben an den Osterhasen. So konnte sie sich darüber klar werden, dass es ihr möglich war, sich von Glaubenssätzen zu trennen.

Auf der dritten Station, im Museum alter Glaubenssätze, legte Tamina den Zettel mit dem hinderlichen Glaubenssatz zunächst auf den Bodenanker und somit in ihre imaginäre Erinnerungsbox. In dieser Box bewahrte sie Dinge auf, die sie nicht mehr brauchte, die aber früher einmal eine Bedeutung für sie gehabt hatten. Als ich wissen wollte, was sich nun für sie verändert hatte, antwortete sie: „Meine Anspannung lässt nach. Ich spüre Selbstsicherheit und Leichtigkeit. Schön, dass es vorbei ist." Daraufhin berichtete sie mir von ihrem dringenden Bedürfnis, den Zettel zu Hause sofort in die echte Erinnerungsbox zu legen. Für sie war das wie eine Befreiung, durch die sie wieder viel besser Luft bekam.

Auf dem vierten Bodenanker fühlte Tamina sich nochmal richtig intensiv in den neuen, gewünschten Glaubenssatz hinein. Sie konnte mir sehr gut beschreiben, welche Bilder sie mit dem Satz „Ich schöpfe aus dem Vollen." verband. Da war ein riesiges Tortenbuffet, von dem sie sich einfach frei bedienen konnte. Sie verriet mir an dieser Stelle, dass sie ein großer Torten-Fan war. Sie sah sich selbst grinsend vor dem Tortenbuffet stehen und hatte die freie Auswahl, alles zu probieren. „Ich kann diese Torte probieren und diese noch probieren, und diese noch, ganz spielerisch, da freue ich mich richtig drauf!" Ich konnte ihre Vorfreude regelrecht spüren und ehrlich gesagt, bekam ich bei ihrer detaillierten Beschreibung auch direkt Lust auf Torte. Zusätzlich tauchte vor Taminas innerem Auge noch ein Koffer voller Optionen auf. Sie erinnerte sich daran, wie sie in ihren eigenen Trainings, die sie in der Firma gab, auch immer einen Koffer voller Möglichkeiten dabeihatte und die Moderation spontan an die Gegebenheiten der Gruppe anpasste. So hatte sie zwei starke innere Bilder aus ihrem privaten und beruflichen Leben kreiert, die sie jederzeit daran erinnerten, aus dem Vollen schöpfen zu können. Ein ganz kleines Störgefühl gab es dennoch, denn der innere Kritiker meldete sich plötzlich mit einem Einwand: Kann das denn so leicht sein? Tamina beschloss kurzerhand, ihm das Tortenbuffet anzubieten, und damit gab er sich zufrieden.

Auf der letzten Station sollte Tamina mir eine tiefe Überzeugung nennen, von der sie nicht abrückte. Das war bei ihr der Satz „Es gibt immer eine Lösung.". Um die Verknüpfung einer tiefen hilfreichen Überzeugung zusammen mit dem neuen Glaubenssatz zu verstärken, sollte sie den Zettel mit dem neuen Satz auf den Bodenanker legen und sich danach mit allen Sinnen vorstellen, wie ihr der neue Satz half, entspannt und selbstsicher durchs Leben zu gehen. Um diese Gefühle noch zu verstärken und zu verankern, spielte ich mit ihr das Muster des Gelingens in der Zukunft durch, während sie auf der Karte stand. Dabei machte sie in Gedanken Schnappschüsse von ihren inneren Bildern und konnte das entspannte Gefühl, welches sie im Brustraum spürte, mitnehmen.

Um sich im Alltag an die vielen Optionen, die ihr immer offenstanden, zu erinnern, speicherte sich Tamina ein Foto von einem Tortenbuffet als Handyhintergrund ab und kaufte sich einen Kettenanhänger in Tortenstückform.

Ein Besuch in der eigenen Schaltzentrale

In der letzten gemeinsamen Sitzung wünschte sich Tamina, einen entspannteren Umgang mit den Launen ihrer beiden Männer (also Ehemann und Sohn) zu erlernen. Bisher hatte sie sich gerne mal von der schlechten Laune herunterziehen lassen. Nun wollte sie sich davon abgrenzen können. Um diesen Wunsch erreichen zu können, arbeitete ich mit einer Hypnose. Tamina besuchte in einem Zustand geistiger Entspannung, in den ich sie sanft führte, ihre persönliche Schaltzentrale und stellte dort allerlei Regler, Knöpfe und Hebel so ein, dass es sich für sie gut und richtig anfühlte. Unter anderem stellte sie den Stressregler sowie den Geduldsregler optimal ein, fixierte den ‚Bei-mir-bleiben'-Knopf und spielte auf den Freudenmonitor alle möglichen Bilder auf, die sie happy machten. Außerdem hinterließ sie einen Zettel mit Anweisungen, wie alles zu bedienen und perfekt einzustellen war, damit es ihr gut ging und sie sich wohlfühlte. Sie lernte während der Hypnose, dass sie ihre Schaltzentrale jederzeit wieder besuchen und bei Bedarf Änderungen vornehmen können würde. Als Hilfestellung sprach ich ihr eine entsprechende Selbsthypnose ein und stellte ihr die Audiodatei zur Verfügung.

So einfach soll das gehen?

Im Verlauf der Monate fühlte sich Tamina ihrem Ziel, wieder mehr Leichtigkeit im Muttersein zu verspüren, immer näher. Von einer anfänglichen 3/10 über 8/10 nach drei Sitzungen sprach sie im Follow-up-Gespräch einige Wochen nach der letzten Coaching-Sitzung von einer 10/10 auf der Leichtigkeitsskala. Sie fühlt sich nun merklich entspannter, kann mit den meisten Situationen souverän umgehen und auch der Familienalltag ist viel harmonischer.

Tamina berichtet: „Ich würde fast behaupten, dass Gelassenheit den größten Teil meines Mamaseins ausmacht und die Stressmomente sich auf sehr wenige beschränken, zum Beispiel wenn mein Sohn mit randvoller Windel auf dem

Wickeltisch anfängt zu krabbeln. Das finde ich völlig akzeptabel. Der innere Kritiker grätscht zwar ab und zu dazwischen und fragt, ob das denn so einfach sein kann, aber dann belehre ich ihn eines Besseren, hole mein Foto vom Tortenbuffet hervor und beweise, dass es definitiv geht!"

Denn du hast immer eine Wahl! Hierbei ist anzumerken, dass du immer nur an DIR und DEINER Einstellung zu den Dingen arbeiten kannst. Doch genau diese innere Arbeit macht den Unterschied. Durch die intensive Auseinandersetzung mit sich selbst und mithilfe ausgewählter Coaching-Methoden sind zahlreiche Veränderungen möglich, die sich auf dein gesamtes Umfeld auswirken können. Gezielte Fragetechniken und innere Bilder machen es überraschend einfach, Gefühle und neue Glaubenssätze zu verankern – für eine Veränderung mit Leichtigkeit.

Mignon Kowollik

Hi, ich bin Mignon. Als Sexualberaterin und Expertin für Frauengesundheit begleite ich Frauen zu einer selbstbestimmten und erfüllten Sexualität. Meine Arbeit ist individuell und ganzheitlich – mit Fokus auf Körper, Geist und Seele. Dabei schaffe ich einen geschützten Raum, in dem Frauen ihre Wünsche, Ängste und Grenzen mitteilen können.

Meinen Case habe ich gewählt, weil er zeigt, wie sexuelle Selbsterkenntnis und Offenheit eine Beziehung transformieren können. Er verdeutlicht, wie professionelle Begleitung hilft, Scham zu überwinden und Intimität neu zu entdecken.

Case-Übersicht

- Ausgangssituation: Sarah suchte Hilfe, um ihre neu entdeckte Sexualität in die Ehe zu integrieren und Spannungen mit ihrem Mann zu lösen.

- Zielsetzung: Stärkung der sexuellen Selbstwahrnehmung, Verbesserung der Kommunikation und Schaffung einer authentischen, erfüllenden Intimität in der Partnerschaft

- Methoden: Sexuelle Biografie, Sensate-Focus-Übungen, Kommunikationstraining, Bearbeitung emotionaler Blockaden

- Ergebnis: Gefühl von Vollständigkeit, innerer Balance und Selbstliebe; die Partnerschaft erreichte eine neue Ebene von Vertrauen und Intimität.

Der Fall einer Frau, die ihre Sexualität neu entdeckt

In meiner Arbeit als Sexualberaterin und Expertin für Frauengesundheit erlebe ich immer wieder, wie tiefgreifend sich das Leben einer Frau verändern kann, wenn sie beginnt, ihre Sexualität auf neue Weise zu entdecken. Dabei geht es nicht nur um körperliche Erfahrungen, sondern oft um einen umfassenden Wandel in der Wahrnehmung von sich selbst, in der Beziehung zum Partner und in der Haltung zur eigenen Weiblichkeit.

Ein besonders eindrucksvoller Fall war der von Sarah. Eine Frau Mitte 40, beruflich erfolgreich, verheiratet und Mutter eines zwölfjährigen Sohnes.

Sarah trat wie viele Klientinnen mit einer bemerkenswerten Mischung aus Neugier, Hoffnung und Verunsicherung an mich heran. Nach 15 Jahren in einer festen, stabilen Ehe hatte sie kürzlich ein Erlebnis gehabt, das für sie alles veränderte: Zum ersten Mal in ihrem Leben hatte sie einen Orgasmus – jedoch nicht mit ihrem Ehemann, sondern allein mithilfe eines Dildos. Diese Erfahrung beschrieb sie nicht nur als ‚unerwartet‘, sondern als ein geradezu transzendentes Ereignis. Es hatte ihr gesamtes Verständnis von Lust, Befriedigung und körperlicher Freude auf den Kopf gestellt – „wie ein Eintritt in eine neue Dimension".

Für sie war dieser Moment der Beginn einer inneren Reise zu sich selbst, die sie mit neuen Fragen und Perspektiven konfrontierte. Warum hatte sie diese Erfahrung nicht schon früher gemacht? Was bedeutete das für ihre Ehe, für die Beziehung zu ihrem Mann? Wie konnte sie dieses neue Empfinden von Lust und Selbstbestimmung in ihr Leben integrieren, ohne die Balance ihrer Partnerschaft zu gefährden? Was hatte sie davor gedacht, zu spüren?

Der mutige Schritt zur Offenheit

Im Gespräch mit ihr erfuhr ich, dass sie sich nach diesem einschneidenden Erlebnis dazu entschieden hatte, offen mit ihrem Mann zu sprechen. Dieser Schritt war für sie alles andere als leicht, denn sie wusste, dass ihre Offenheit nicht nur sie selbst verletzlich machte, sondern auch die Dynamik ihrer Ehe potenziell auf die Probe stellen würde. Dennoch wagte sie es, weil sie spürte, dass es keine Alternative gab: Sie wollte ihre neue Entdeckung nicht verstecken, sondern ehrlich mit ihrem Partner teilen.

Die Reaktion ihres Mannes war aus Sarahs Sicht zwiespältig. Einerseits zeigte er Verständnis und unterstützte sie in ihrem Wunsch nach persönlicher Entwicklung. Andererseits spürte sie seine Verunsicherung. Er konnte offenbar nicht ganz einordnen, was diese Erfahrung für ihre Beziehung bedeutete. Besonders irritierend wirkte auf sie die unausgesprochene Frage, warum sie diesen Höhepunkt nicht mit ihm erlebt hatte. Obwohl er betonte, selbst keine Schwierigkeiten beim Erreichen des Orgasmus zu haben, hatte Sarah den Eindruck, dass diese neue Situation ihn aus der Reserve lockte und ihm das Gefühl gab, etwas verpasst oder falsch gemacht zu haben.

Dieses Gespräch, so offen und wichtig es auch war, löste bei beiden eine gewisse Anspannung aus. Es fühlte sich an, als hätte das Paar einen neuen Raum betreten. Einen Raum voller Möglichkeiten, aber auch Herausforderungen. Sarah entdeckte eine aufregende Facette ihrer Sexualität und spürte gleichzeitig den Wunsch, diese Erfahrung in ihre Ehe zu integrieren. Sie wollte eine gemeinsame Basis für Intimität schaffen. Das war der Moment, in dem sie entschied, sich professionellen Rat zu suchen. So begann unsere gemeinsame Arbeit über mehrere Wochen.

Der Wunsch nach Integration und Weiterentwicklung

Sarah wollte ihre Ehe weiterführen, bereichern und auf eine neue Ebene heben, ohne dass sich dabei Konflikte oder Spannungen einschlichen. Sie spürte, dass dies nicht nur eine Herausforderung für sie allein, sondern auch für ihren Mann war. Beide mussten sich in dieser Situation neu finden – als Individuen und als Paar.

Es war mir zudem klar, dass dieser Prozess nicht nur technische Ansätze erforderte, sondern auch emotionale Unterstützung und Reflexion auf mehreren Ebenen.

Die sexuelle Biografie – Eine Reise in die Vergangenheit

Zu Beginn unserer Zusammenarbeit war es mir ein Anliegen, die sexuelle Biografie von Sarah und ihrem Mann zu ergründen. Dieses Vorgehen dient nicht nur für mich dazu, die individuellen Prägungen und Erfahrungen besser zu verstehen, sondern auch dazu, unbewusste Glaubenssätze und Verhaltensmuster aufzudecken, die ihre jetzige Beziehung beeinflussen könnten. Jede sexuelle Biografie ist einzigartig. Sie ist geprägt von Erziehung, Gesellschaft, früheren Erfahrungen und kulturellen Normen. Sich dieser Wurzeln bewusst zu werden, ist oft der erste Schritt, um eingefahrene Muster zu hinterfragen und Neues zuzulassen.

Sarah wuchs in einem konservativen Umfeld mit einem älteren Bruder und einer jüngeren Schwester auf, in dem Sexualität im Haus ein Tabuthema war. Gespräche über den eigenen Körper, über Lust oder Bedürfnisse fanden in ihrer Familie nicht statt. Ihre Eltern zeigten keine Zärtlichkeiten gegenüber ihren Kindern. Die wenigen Informationen, die sie über Sexualität erhielt, kamen aus Schulbüchern, Zeitungen oder von Freundinnen. Oft waren sie mit Scham behaftet. Die Botschaft, die sie daraus unbewusst verinnerlichte war, dass Sexualität etwas war, was Frauen zwar ‚ertragen' mussten, aber es nichts war, was ihnen wirklich Freude bereiten sollte. Diese Prägung spiegelte sich in ihren ersten intimen Erfahrungen wider. Sarah beschrieb diese als mechanisch und von Unsicherheit geprägt. Lust oder gar Befriedigung empfand sie selten, stattdessen spielte sie vor, um ihren Partnern zu gefallen oder Konflikte zu vermeiden.

Ihr Mann hingegen hatte eine vergleichsweise offene Erziehung genossen. In seiner Familie mit einer älteren Schwester wurde Sexualität zwar nicht ausführlich besprochen, aber sie wurde auch nicht tabuisiert. Trotzdem war seine Sichtweise auf Sexualität von einem anderen Druck geprägt: Leistung und Funktionalität. Schon früh hatte er den Eindruck bekommen, dass Männlichkeit und Erfolg im Bett untrennbar miteinander verbunden waren. Das führte dazu, dass er in seiner Ehe versuchte, seiner Frau etwas ‚zu bieten‘, ohne sich wirklich mit ihren individuellen Wünschen und Bedürfnissen auseinanderzusetzen. Er glaubte, dass er alles ‚richtig‘ machte, weil es nie Beschwerden von ihrer Seite gab. In den späteren gemeinsamen Sitzungen wurde deutlich, dass auch er nicht frei von Schuldgefühlen war. Er fühlte sich verantwortlich dafür, dass seine Frau in ihrer Ehe nie die Sexualität erlebt hatte, die sie sich insgeheim wünschte. Gleichzeitig trug er einen tief verwurzelten Leistungsdruck in sich: die Überzeugung, dass ein ‚richtiger Mann‘ automatisch wissen müsse, wie er seine Partnerin befriedigt. Dass seine Frau ihre ersten intensiven Erfahrungen außerhalb der gemeinsamen Intimität gemacht hatte, verstärkte zunächst sein Gefühl, nicht genug gewesen zu sein.

Die Gespräche über ihre Vergangenheit brachten nicht nur Sarah neue Einsichten, sondern öffneten ihrem Mann die Augen, dem sie von den Sitzungen erzählte. Sie erkannte, wie stark ihre Erziehung ihr Erleben von Sexualität beeinflusst hatte und dass sie viele ihrer Bedürfnisse und Wünsche gar nicht kannte. Schließlich hatte Sarah nie gelernt, diese wahrzunehmen oder zu äußern. Ihr Mann wiederum verstand, dass seine Annahmen über die Zufriedenheit seiner Frau auf Missverständnissen beruhten. Diese Erkenntnisse schufen eine neue Grundlage für ihre Beziehung. Zum ersten Mal konnten beide erkennen, dass ihre Distanz nicht aus böser Absicht oder mangelnder Liebe resultierte, sondern aus den unbewussten Mustern, die sie mit in die Ehe gebracht hatten.

Während dieser Phase unserer Arbeit gab es immer wieder bewegende Momente. So erzählte Sarah, dass sie sich zum ersten Mal erlaubte, über ihre Wünsche nachzudenken – ohne Angst, bewertet oder abgelehnt zu werden. Es war befreiend für sie, nicht nur die Rolle der ‚guten Ehefrau' zu erfüllen, sondern auch herauszufinden, was sie selbst wollte. Ihr Mann wiederum war berührt davon, wie offen sie plötzlich über Dinge sprach, die sie jahrelang unausgesprochen gelassen hatte. Es war, als hätten beide angefangen, einander neu kennenzulernen. Ein entscheidender Teil unserer Arbeit bestand ab der fünften Sitzung darin, einen Raum zu schaffen, in dem das Paar offen über Sexualität sprechen konnte, denn jetzt war es Zeit, die Beratung in eine Paarberatung umzuwandeln. Für viele Paare ist dies eine Herausforderung, und auch meine Klientin und ihr Mann hatten anfangs Schwierigkeiten damit. Sarah berichtete erstmals gegenüber ihrem Mann, dass sie oft das Gefühl hatte, ihren Mann zu enttäuschen, wenn sie ehrlich über ihre Bedürfnisse sprach. Er wiederum fürchtete, dass sie ihn kritisieren oder ihn für ihre unbefriedigenden Erfahrungen verantwortlich machen könnte.

Um diese Hürden zu überwinden, setzen wir gezielt auf Kommunikationstraining. Ein wichtiges Tool war die sogenannte ‚Ich-Botschaft', auch bekannt als ‚Gewaltfreie Kommunikation'. Diese Methode ermutigt Paare, ihre Gedanken und Gefühle so zu formulieren, dass sie nicht wie Vorwürfe klingen, sondern als ehrliche Reflexion des eigenen Erlebens. Zum Beispiel sagte Sarah in einer Sitzung: „Ich merke, dass ich oft unsicher bin, ob ich wirklich sagen darf, was ich mir wünsche." Ihr Mann reagierte darauf nicht defensiv, sondern einfühlsam: „Das war mir gar nicht bewusst. Ich dachte immer, du bist zufrieden, weil du nie etwas gesagt hast." Durch solche Gespräche entwickelte sich nach und nach eine neue Dynamik. Beide lernten, einander zuzuhören, ohne sofort in die Defensive zu gehen oder sich zu rechtfertigen. Sie begannen, Sexualität nicht mehr als etwas zu sehen, das ‚funktionieren' muss, sondern als einen gemeinsamen Raum, in dem sie sich begegnen und miteinander wachsen können.

Die Rolle von Scham und Schuldgefühlen

Ein zentrales Thema, das während der Biografiearbeit immer wieder aufkam, war das Gefühl der Scham. Sarah sprach offen darüber, wie tief die Scham in ihrem Leben verwurzelt war. Schon als junges Mädchen hatte sie gelernt, ihren Körper zu bedecken und sich für natürliche Regungen zu rechtfertigen. Als Teenager hatte sie es vermieden, Fragen über Sexualität zu stellen, weil sie befürchtete, damit ‚unanständig' zu wirken. Diese frühe Scham war wie ein unsichtbarer Schatten, der sie auch im Erwachsenenalter begleitete. Die Erkenntnis, dass sie jahrelang ihre eigenen Bedürfnisse unterdrückt hatte, löste bei ihr zunächst eine Welle von Unsicherheit aus. Sie stellte sich die Frage: „Warum habe ich nicht früher gemerkt, was mir fehlt?" Gleichzeitig sorgte die Angst, von ihrem Mann zurückgewiesen zu werden, dafür, dass sie ihre Wünsche lange für sich behielt.

Es war mir wichtig, dass beide Scham und Schuld nicht als Hindernisse, sondern als Wegweiser sahen. Scham zeigt oft an, dass alte Glaubenssätze oder gesellschaftliche Normen infrage gestellt werden. Das Unbehagen, das mit der Scham einhergeht, bietet zugleich die Möglichkeit, bewusster hinzusehen. Welche Werte und Überzeugungen passen nicht mehr? Welche neuen Perspektiven können entstehen? Ein entscheidender Moment war, als Sarah in einer Sitzung sagte: „Ich merke, dass ich mir nie erlaubt habe, einfach zu genießen. Es war immer, als müsste ich etwas leisten oder mich anpassen." Diese Einsicht brachte sie zum Weinen. Nicht aus Traurigkeit, sondern aus einer tiefen Erleichterung heraus, dass sie es nicht nur ihrem Mann gegenüber aussprach, sondern auch gegenüber sich selbst. Sie erkannte, dass die Scham, die sie jahrelang begleitet hatte, nicht ihre eigene war, sondern ein Erbe ihrer Erziehung und ihres Umfelds.

Ihr Mann wiederum verstand, dass seine Schuldgefühle nichts daran änderten, was in der Vergangenheit geschehen war. Stattdessen lernte er, diese Gefühle als Antrieb zu nutzen, um in der Gegenwart achtsamer mit seiner Frau umzugehen. Ich erklärte beiden, dass es nicht darum ging, ,perfekt' zu sein, sondern darum, authentisch zu sein – mit allen Unsicherheiten und Ängsten.

Selbstakzeptanz und Vergebung

Ein wichtiger Teil unserer Arbeit bestand darin, gezielt Übungen zur Selbstakzeptanz und Vergebung in den Prozess einzubauen. Sarah erhielt die Aufgabe, eine Liste mit positiven Eigenschaften über sich selbst zu erstellen. Eigenschaften, die sie unabhängig von ihrer Rolle als Ehefrau, Mutter oder Partnerin ausmachten. Es fiel ihr anfangs schwer, weil sie sich so sehr auf ihre vermeintlichen ,Fehler' und Defizite fokussierte. Doch im Laufe der Wochen wurde ihre Liste immer länger: „Ich bin neugierig. Ich bin mutig. Ich habe einen Sinn für Humor." Diese Übung half ihr, ein neues Selbstbild aufzubauen. Eines, das nicht von Scham dominiert wurde, sondern von Selbstliebe und Wertschätzung.

Ihr Mann erhielt eine ähnliche Aufgabe, jedoch mit dem Fokus auf Vergebung. Er sollte sich überlegen, welche inneren Glaubenssätze ihn daran hinderten, sich selbst anzunehmen. Ein Satz blieb mir besonders im Gedächtnis: „Ich dachte immer, ich müsste perfekt sein, damit sie mich liebt." Diese Erkenntnis war für ihn befreiend, denn sie erlaubte ihm, sich von dem Druck zu lösen, immer alles ,richtig' machen zu müssen.

Gemeinsam erarbeiteten wir Affirmationen, die beide im Alltag nutzen konnten, um alte Denkmuster zu durchbrechen. Ein Satz, den Sarah regelmäßig für sich wiederholte, war: „Ich bin es wert, Lust zu empfinden und zu genießen." Ihr Mann wählte die Affirmation: „Ich bin genug, so wie ich bin." Diese einfachen, aber kraftvollen Aussagen begleiteten beide durch den Prozess und halfen ihnen, sich immer wieder auf das Positive zu fokussieren.

Die Scham gemeinsam überwinden

Ein weiterer Meilenstein war die Erkenntnis, dass Scham ihren Schrecken verliert, wenn sie geteilt wird. Ich ermutigte beide, nicht nur in den Sitzungen über ihre Unsicherheiten zu sprechen, sondern auch im Alltag. Sie schufen sich kleine ‚Schamfrei-Zeiten'. Momente, in denen sie einander alles sagen konnten, ohne Angst vor Bewertung. Diese Gespräche führten oft zu unerwarteten Offenbarungen. So gestand Sarah, dass sie jahrelang vorgespielt hatte, Orgasmen zu haben, weil sie dachte, das würde von ihr erwartet. Ihr Mann erzählte, dass er sich manchmal überfordert fühlte, weil er glaubte, für ihr ganzes sexuelles Glück verantwortlich zu sein.

Diese Ehrlichkeit schuf eine neue Ebene des Verständnisses. Beide erkannten, dass sie nicht perfekt sein mussten, um einander glücklich zu machen. Vielmehr ging es darum, sich gegenseitig Raum zu geben – für Fehler, für Wünsche, für Entwicklung. Durch diese Offenheit löste sich die Scham Stück für Stück auf und beide fühlten sich freier, ihre Sexualität gemeinsam zu erforschen.

Schicht für Schicht zu neuer Nähe

Nun begaben wir uns auf eine tiefere Ebene, um den Prozess für beide greifbar und sanft gestaltbar zu machen:

1. **Emotionale Verbindung stärken**

Eine starke emotionale Verbindung ist die Basis für erfüllte Sexualität. Mit der Übung ‚Zwiegespräch' lernten beide, sich offen und ohne Unterbrechung mitzuteilen. Ein Satz wie „Was ich mir von dir wünsche, ist…" half, Wünsche greifbar zu machen. Sarah wünschte sich mehr bewusste Zeit zu zweit, auch außerhalb des Schlafzimmers. Kleine Rituale wie gemeinsame Spaziergänge oder liebevolle Botschaften vertieften diese Verbindung.

2. **Eigene Wünsche erkunden**

Mit dem ‚Sexual Preference Mapping' reflektierte Sarah ihre Vorlieben, Fantasien und Grenzen. Sie erkannte, dass sie sich oft zurückgehalten hatte, aus Angst, zu fordernd zu wirken. Schrittweise lernte sie, ihre Wünsche selbstbewusst auszusprechen.

3. **Körperliche Nähe neu entdecken**

Neben den Sensate-Focus-Übungen – achtsame Berührungen ohne Leistungsdruck – arbeiteten wir mit dem ‚Augenkontakt in Stille'. Fünf Minuten Blickkontakt in völliger Ruhe führten zu tiefer Intimität. Sarah fühlte sich zum ersten Mal seit Jahren wirklich gesehen. Auch ihr Mann war bewegt: „Es war, als ob ich sie neu entdecke."

4. **Fantasien und Grenzen besprechen**

Beide erstellten Listen mit Fantasien und Grenzen. Ihr Mann gestand, dass er manchmal einfach nur gehalten werden wollte. Sarah wünschte sich mehr Leichtigkeit und Spiel. Diese Offenheit ermöglichte es ihnen, neue Impulse auszuprobieren und gleichzeitig Grenzen zu respektieren.

5. **Achtsamkeit und Atemverbindung**

Die gemeinsame Praxis der achtsamen Atemverbindung – im gleichen Rhythmus atmen und dabei die Hand auf die Brust des anderen legen – wurde für beide zu einem Anker in stressigen Momenten und schuf auch außerhalb des Schlafzimmers eine neue Art von Nähe.

6. **Umgang mit Rückschlägen**

Alte Muster tauchten gelegentlich wieder auf, etwa, wenn Sarah Angst hatte, zu viel zu verlangen, oder ihr Mann sich für alles verantwortlich fühlte. Wir erarbeiteten Strategien, um Rückschläge nicht als Scheitern zu sehen, sondern als Teil des gemeinsamen Wachstums.

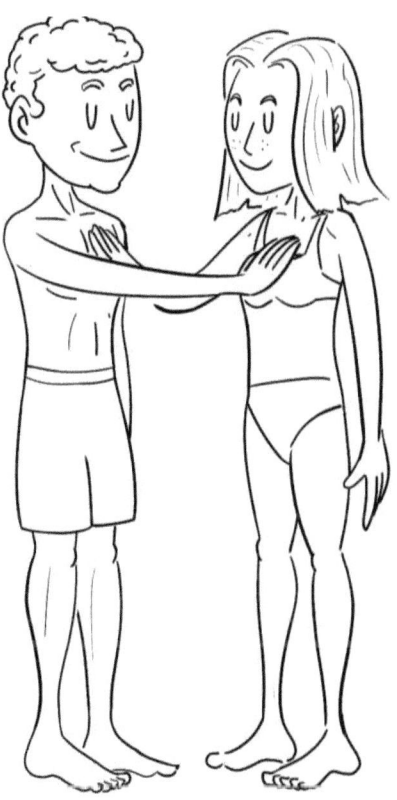

Entwicklung nach sechs Monaten: eine neue Ebene der Intimität

Nach einem halben Jahr intensiver Arbeit hatten sich Sarah und ihr Mann nicht nur auf sexueller, sondern auch auf emotionaler Ebene weiterentwickelt. Die anfängliche Unsicherheit und Anspannung wichen einer spürbaren Leichtigkeit. Sie erzählten, dass sie nicht nur häufiger, sondern auch bewusster intime Momente erlebten.

Sarah fühlte sich viel selbstbewusster und sagte: „Ich habe endlich verstanden, dass meine Lust nichts ist, wofür ich mich schämen muss. Es ist ein Geschenk – für mich und für uns." Ihr Mann stimmte zu und ergänzte: „Ich habe gelernt, dass es nicht darum geht, perfekt zu sein, sondern darum, präsent zu sein. Das hat alles verändert."

Ein Weg der Transformation

Der Fall von Sarah zeigt, wie tiefgreifend die Arbeit an der eigenen Sexualität sein kann und wie wichtig es dabei ist, alte Muster zu hinterfragen und sich auf neue Erfahrungen einzulassen, egal, wie alt Frau ist. Der Prozess war nicht immer leicht, aber er hat sich gelohnt. Sarah und ihr Mann haben eine Partnerschaft aufgebaut, die nicht nur von Liebe, sondern auch von gegenseitigem Verständnis, Respekt und Offenheit geprägt ist.

Dieser Fall verdeutlicht, dass es nie zu spät ist, sich selbst und den anderen neu zu entdecken. Sexualität ist kein statisches Konstrukt, sondern ein lebendiger, dynamischer Teil unseres Lebens.

Diana Frank

Hi, ich bin Diana und meine Mission ist es, Menschen dabei zu unterstützen, ihre persönlichen Stärken zu erkennen, wertzuschätzen und für sich nutzbar zu machen. In meinen Coaching-Sessions schaffe ich einen Raum, in dem verborgene Talente sichtbar werden und neue Perspektiven entstehen.

Meinen Case habe ich ausgewählt, weil er zeigt, wie selbst eine einzige Coaching-Session tiefgreifende Veränderungen anstoßen kann, wenn wir bereit sind, unsere Geschichte aus einer neuen Perspektive zu betrachten.

Case-Übersicht

- Ausgangssituation: Eine junge Frau hatte ihre natürliche Neugierde und Kreativität in ein Werkzeug der Selbstkritik verwandelt.

- Zielsetzung: Sie wollte mehr Leichtigkeit im Umgang mit sich selbst finden.

- Methoden: Tiefengespräch und stärkenbasiertes Coaching, Perspektivwechsel, Musterunterbrechung

- Ergebnis: Neuinterpretation der eigenen Stärken, verbesserte Familienbeziehungen, nachhaltige Veränderung der Selbstwahrnehmung

Kathy und die Neugierde: Wie ein neuer Blick alles verändert

Dieses Erlebnis als Coach hat einen besonderen Platz in meinem Herzen. Nicht, weil ich besonders stolz auf diese eine Session bin, sondern weil sie zeigt, wie ein einziger neuer Blickwinkel ausreichen kann, um fast unglaubliche, positive Veränderungen anzustoßen.

Ich kenne Kathy schon eine Weile. Sie ist eine junge, aufgeweckte Frau, ein unglaublich freundlicher, liebevoller Mensch. Eine dieser wunderbaren Seelen, die man gerne um sich hat. Doch da ist diese andere Seite an ihr: extrem selbstkritisch, sehr darauf bedacht, nur keine Fehler zu machen.

In einem Gespräch frage ich sie fast beiläufig, was Fehler für sie bedeuten. Die Antwort kommt sofort, mit überraschendem Nachdruck: Schuld und Scham sind die Gefühle, die sie benennt. Einen Raum, Fehler machen zu dürfen, scheint es in ihrer Welt nicht zu geben. Jeden Ratschlag dazu, was sie besser machen könnte, nimmt sie auf und versucht ihn umzusetzen, jeden einzelnen davon.

Als ich ihr, statt einen Rat zu geben, eine Frage stelle, ist sie sichtlich überrascht. „Was wäre, wenn es gar nichts zu verbessern gäbe und du dich trotzdem anders fühlen könntest?" Kathy ist von Natur aus ein neugieriger Mensch. Trotz sichtbarer Zweifel willigt sie ein, diesem Gedanken in einer Coaching-Session nachzugehen. Diese Neugierde, ihre natürliche Freude am Entdecken, sollte sich als Schlüssel zu einer bemerkenswerten Reise erweisen.

Ein scheinbar banaler Einstieg

Die Online-Coaching-Session startet mit ein wenig Plauderei, um warmzuwerden. Bereits in den ersten Minuten unserer Session zeigt sich, wie vielschichtig Kathys Verhältnis zu Fehlern ist, wie groß der Drang, sich für

Kleinigkeiten zu entschuldigen: ein Schatten am Bildschirmrand, eine nicht genau ausgerichtete Kamera. Es ist, als würde sie ihr Blickfeld geradezu nach potenziellen Unzulänglichkeiten scannen.

Ich entscheide mich dagegen, das Thema Fehler sowie ihre Sicht darauf und ihren Umgang damit direkt anzusprechen. Stattdessen lade ich sie ein, mir zu erzählen, was ihre Stärken sind. Nach einem kurzen, überraschten Moment kommt Kathy ins Erzählen. Sie beschreibt sich als neugierigen Menschen, der gerne lernt und gut darin ist. Eine wunderbare Eigenschaft, die für jeden leicht erkennbar ist. Doch als ich sie bitte, mir ihre Definition von Neugierde zu erklären, offenbart sich etwas Erstaunliches: Für Kathy ist Neugierde in erster Linie ein Werkzeug zur Fehlervermeidung, eine Art Frühwarnsystem.

„Das Besondere an Neugierde ist für mich, dass ich Dinge nicht einfach so hinnehme. Ich will mich selbst verbessern, meine Umgebung verbessern, und ich suche immer nach Wegen, Dinge zu reparieren, mit denen ich nicht zufrieden bin", erklärt sie.

Diese Antwort lässt mich aufhorchen. Während sie Neugierde als positive Eigenschaft beschreibt, sind alle damit verbundenen Gründe – Verbesserung, Reparatur, Unzufriedenheit – im Grunde negativ konnotiert. Es ist, als hätte sie ihre natürliche Neugierde in ein Werkzeug der Selbstkorrektur und -kontrolle verwandelt.

Worte und die Bedeutung, die wir ihnen geben

Diese Entdeckung ist wie ein Schlüssel, der eine Tür zu einem tieferen Verständnis öffnet. Ich frage Kathy, in welchen Momenten sie Neugierde am natürlichsten erlebt, in ihrer reinsten Form.

„Bei Katzen vielleicht?", antwortet sie zögernd.

„Interessant", erwidere ich. „Wo begegnet dir Neugierde noch? Wer um dich herum ist besonders neugierig?", frage ich.

Ich bemerke, dass Kathy bei der Frage ins Stocken kommt und biete ihr an: „Meine erste Assoziation wären Kinder gewesen."

„Oh ja, Wissen suchen, um zu lernen.", wirft sie begeistert ein.

Ich lenke das Gespräch ein wenig, um einen anderen Blickwinkel zu zeigen: „Ich glaube, sie sind nicht neugierig, um Wissen zu finden, sondern einfach, um zu erkunden und ihre Welt zu entdecken."

Ich sehe, wie dieser Gedanke sie trifft. Es ist einer dieser kostbaren Momente im Coaching, in denen eine neue Perspektive wie ein Lichtstrahl in einen bisher dunklen Raum fällt. Kathy hält inne, und ich kann förmlich sehen, wie sich in ihrem Kopf neue Gedanken formen.

„Du meinst, Neugierde muss nicht immer einem Zweck dienen?", fragt sie nachdenklich.

„Denk an ein Kind, das zum ersten Mal Schnee sieht", antworte ich. „Das Kind ist nicht neugierig, um den Schnee zu verbessern oder um Fehler im Umgang mit Schnee zu vermeiden. Es ist einfach fasziniert von etwas Neuem."

Es ist für einen Moment still.

„Das... das fühlt sich anders an", sagt Kathy leise. „Wenn ich darüber nachdenke, wie ich Neugierde beschrieben habe... es ging immer um Verbesserung, um Reparatur. Als wäre alles ein Problem, das gelöst werden muss."

Diese Erkenntnis ist der erste Riss in einem tief verankerten Verhaltensmuster. Um zu verstehen, wie dieses Muster entstanden ist, beginnen wir uns ihrer Familiengeschichte zuzuwenden.

Zurück zur Quelle

Kathy erzählt von ihren Eltern, die beide von narzisstischen Eltern aufgezogen wurden. Ihr Vater wurde als Reaktion darauf zum ‚Reparierer' – jemand, der ständig versuchte, alles und jeden zu verbessern. Ihre Mutter hingegen zog sich zurück, findet es schwer, mit Menschen in Verbindung zu treten, und ist extrem selbstkritisch.

Als ich Kathy zuhöre, wie sie von ihrer Position als zweites Kind mit einer klugen älteren Schwester spricht, beginnt sich das Bild zu vervollständigen. „Bei meiner Schwester schien alles wie von selbst zu kommen", erinnert sie sich. „Ich musste immer hart arbeiten, nur um mitzuhalten. So fühlte es sich zumindest an."

„Weißt du", sage ich, „es gibt eine interessante Theorie über Geschwisterrollen. Kinder passen sich unbewusst an die Dynamik innerhalb der Familie an, um ihre eigene Nische zu finden. Wenn die Rolle des ‚Klugen' bereits besetzt ist, sucht man sich automatisch eine andere. Man konkurriert nicht um die soziale Funktion."

Ich sehe, wie dieser Gedanke sie berührt. „Ich war wohl die Neugierige, die Kreative", überlegt sie. Dann fügt sie hinzu: „Das ist eigentlich keine schlechte Rolle."

„Nein, ganz und gar nicht", versichere ich ihr. „Aber siehst du, wie du deine Rolle interpretiert hast? Du hast deine Neugierde in den Dienst des ‚Aufholens' gestellt."

In diesem Moment kommt eine Erinnerung von Kathy hoch. „Mein Vater sagte immer: „Hinterfrage alles.". Als ‚Reparierer' hat er ständig alles hinterfragt, aber eben, um Dinge zu reparieren. Ich verstehe jetzt, dass ich gelernt habe, meine Neugierde auf eine weniger positive Weise zu nutzen, als ich dachte."

Diese Erkenntnis führt uns zu einer tieferen Frage. „Deine Eltern, sie nahmen viel Raum in deinem Leben ein. Wie wichtig sind sie heute für dich?"

„Sie sind sehr wichtig, aber sie sind auch sehr... zurückgezogen. Sie haben keine Freunde, die sie besuchen. Sie haben uns, aber..." Sie hält inne, sucht nach Worten. „Sie haben nie wirklich viel Platz in unserem Leben eingenommen, falls das Sinn macht?"

„Sie nahmen viel Raum ein, aber schufen keinen Raum", fasse ich zusammen. „Ja, genau das!" Kathys Augen leuchten in diesem Moment der Erkenntnis. „Das größte Geschenk, das man seinem Kind machen kann, ist, ihm die Welt zu zeigen und es dann loszulassen. Das haben sie nie getan", sagt sie mit einem wehmütigen Unterton.

Und dann stelle ich die Frage, die alles verändert: „Wer bist du, wenn du nicht die Tochter deiner Eltern bist?"

Die Quelle von Schuld und Scham

Ohne zu zögern kommt ihre Antwort, mit einer Kraft und Klarheit, die uns beide überrascht: „Ich bin jemand, der liebt und geliebt wird, das weiß ich. Und ich möchte meine Fähigkeiten nutzen, um die Welt ein bisschen besser zu machen."

„Ist dir bewusst, dass nur wenige Menschen eine so klare und zweifelsfreie Antwort auf diese Frage haben?", frage ich.

Es ist, als hätte sich ein Vorhang gehoben. In ihrer Antwort liegt eine Wahrheit, die tief geht. Unter all den Schichten von Selbstzweifeln und gelernten Verhaltensmustern gibt es diesen starken Kern von Selbstverständnis und Kraft.

Die Frage ist nun, wie Kathy beginnen kann, ohne die Einschränkungen der gelernten Muster aus diesem Kern heraus zu leben.

Ich sehe, wie sich ihr Gesicht verändert. „Aber... ist das nicht wieder das gleiche Muster? Die Welt verbessern wollen? Wieder dieser Drang zu reparieren?" „Das ist eine interessante Beobachtung", erwidere ich. „Lass uns hier einen Moment innehalten. Ist es das Gleiche, etwas besser machen zu wollen, weil man es als mangelhaft empfindet oder weil man das Potenzial darin sieht?"

Diese Frage trifft einen Nerv.

„Ich mache mir die Dinge wirklich schwer, oder?", sagt sie nachdenklich. „Ich bin mir ziemlich sicher, dass ich alles verkompliziere."

„Und warum tust du das?", frage ich.

„Wenn ich es verkompliziere..., wenn ich alle möglichen Probleme sehe..., dann kann ich mich vorbereiten. Dann kann nichts schiefgehen."

„Was wäre so schlimm daran, wenn etwas schiefginge?"

Die Antwort kommt prompt: „Schuld". Dann korrigiert sie sich: „Nein, Scham. Es wäre beschämend."

„Es gibt ein psychologisches Phänomen, dass Kinder manchmal Schwierigkeiten damit haben, ihre Eltern zu übertreffen. Nicht weil sie es nicht könnten, sondern weil sie unbewusst ihren Eltern gegenüber loyal sind. Sie wollen sie nicht enttäuschen und nicht das Gefühl der Zugehörigkeit verlieren", erkläre ich.

„Oh", sagt Kathy leise. „Das... das erklärt einiges."

Türen öffnen

Einen entscheidenden Punkt erreichen wir, als wir Kathys ausgeprägte Wahrnehmungsfähigkeit neu betrachten. „Du siehst so viele Möglichkeiten", bemerke ich. „Scheint das manchmal überwältigend?"

„Ja", antwortet Kathy. „Ich sehe immer alle möglichen Wege, wie etwas schiefgehen könnte. Wenn ich weniger kreativ und weniger neugierig wäre, würde ich vielleicht nicht so viele potenzielle Probleme sehen. Ich könnte einfach... glücklich ahnungslos sein."

Dann passiert etwas Bemerkenswertes. „Was wäre, wenn du deine Fähigkeit, so viele Möglichkeiten zu sehen, anders nutzen würdest? Nicht um potenzielle Fehler zu finden, sondern um Optionen zu erkennen?", frage ich.

„Optionen", wiederholt sie nachdenklich. „Das klingt... freier."

„Du hast eine erstaunliche Fähigkeit, Muster zu erkennen", fahre ich fort. „Das ist eigentlich dein perfektes Sicherheitsnetz."

„Wie meinst du das?", fragt sie verwundert.

„Wenn du Muster erkennst, bedeutet das, dass du Situationen bewältigen kannst, auch wenn du sie noch nie zuvor erlebt hast. Es ist eine Mischung aus Strukturverständnis und Kreativität. Das gibt Sicherheit und es macht dich unglaublich anpassungsfähig."

Diese Umdeutung in eine Stärke überrascht sie sichtlich. „Du meinst, diese Fähigkeit könnte tatsächlich... hilfreich sein?"

„Mehr als das", erwidere ich. „Denk mal an eine Skala. Auf der einen Seite hast du Menschen, die starr und unflexibel sind, auf der anderen Seite Menschen, die sich leicht anpassen können. Wo würdest du dich einordnen?"

Nach kurzem Nachdenken antwortet sie: „Wenn ich es so betrachte... wahrscheinlich ziemlich weit in Richtung Flexibilität. Kreativität ist ja auch eine Form von Flexibilität, oder?"

„Und was würde es für dich bedeuten, wenn du flexibel wärst?"

„Ich könnte mit allem umgehen..." Die Worte kommen zunächst zögernd, doch während sie es ausspricht, verändert sich etwas in ihrer Haltung. Es ist eine subtile, aber deutliche Veränderung – ihre Schultern entspannen sich, ihr Blick wird freier.

„Genau! Siehst du, wie anders du das Wort ‚Flexibilität' bewertest im Vergleich zu ‚Kreativität'? Mit deiner Kreativität hast du es irgendwie geschafft, sie in eine Quelle von Schuld und Scham zu verwandeln. Flexibilität dagegen erkennst du als Stärke."

Diese neue Perspektive beginnt Wurzeln zu schlagen. Ich sehe, wie Kathy anfängt, ihre vermeintlichen Schwächen – ihre Sensibilität, die Fähigkeit, zahllose Möglichkeiten zu erkennen, ihre Anpassungsfähigkeit – in einem neuen Licht zu sehen. „Du kannst bereits mit fast allem umgehen, was dir begegnet", zeige ich ihr auf. „Du wagst nur noch nicht, dich als flexibel zu wahrzunehmen. Aber diese Flexibilität ist da. Wie könntest du sonst so einfühlsam mit anderen umgehen?"

Vertiefungsübung und Achtsamkeit

Als die Session sich dem Ende nähert, gebe ich Kathy eine Aufgabe mit auf den Weg. „Frag mindestens fünf Menschen, wie sie Neugierde und Kreativität definieren und beobachte drei Tage lang, in welchen Situationen du in deinem Alltag flexibel reagierst und dich an die jeweilige Situation anpasst. Diese kleinen Aufgaben sollen nicht viel Zeit in Anspruch nehmen, sie sollen dir lediglich helfen, deine Aufmerksamkeit neu zu lenken", merke ich an.

„Um die positiven Aspekte zu sehen?", fragt sie.

„Ja, und was noch?"

„Um meine Wahlmöglichkeiten zu erkennen."

„Genau. Du hast vorhin gesagt, du könntest mit allem umgehen, was dir begegnet, wenn du flexibel wärst. Diese Beobachtungsaufgabe wird dir zeigen, wie flexibel du bereits bist."

„Wissen selbst ist erst einmal wertfrei, es macht dir vor allem Dinge bewusst und das öffnet Türen", stelle ich in den Raum. Diese Sichtweise berührt sie.

„Ich habe das nie so betrachtet", sagte sie. „Es nimmt den Druck weg. Ich muss nicht alles verstehen, ich muss nur aufmerksam sein."

Nachklang und Ereignisketten

Die Wirkung dieser Session entfaltet sich in den folgenden Tagen auf eine Weise, die selbst mich völlig überrascht. Zwei Tage später erhalte ich eine Nachricht von Kathy. „Ich kann kaum glauben, wie viel aus unserer Session entstanden ist. Ich habe immer noch neue Erkenntnisse, die mir kommen."

Kathy begann nicht nur, ihre eigenen Stärken neu zu bewerten, sie fand auch den Mut, mit ihren Geschwistern ein offenes Gespräch über ihre gemeinsame Familiengeschichte zu führen. Beeindruckend war ihr Feedback: Sie fühlt sich von ihren Geschwistern auf eine Weise gesehen und verstanden, die sie bisher nicht gekannt hatte. Das Gespräch eröffnete einen völlig neuen Dialog.

„Ich bin mir darüber seit unserer Session so viel bewusster geworden", schreibt sie. „Es ist interessant, mich selbst dabei zu ‚erwischen' und dann zu überlegen, wie ich es anders angehen könnte..." Der Gedanke über den Raum, den ihre Eltern in ihrem Leben eingenommen haben, hat sie nachhaltig beschäftigt. „Es brauchte eine Weile, bis ich anfing, das zu verarbeiten", reflektiert sie. „Es war am nächsten Morgen, als es mich wirklich traf."

Die Veränderung zeigt sich bereits in ihrer Sprache. Statt „Ich bin nicht gut genug" oder „Ich muss das verbessern" beginnt sie Sätze zu verwenden wie „Da gibt es noch mehr zu entdecken" oder „Das ist eine interessante Möglichkeit".

Reflexion

Als Coach erinnert mich diese Erfahrung daran, dass wahre Veränderung selten durch das Hinzufügen von neuem Wissen oder Techniken entsteht, sondern durch eine veränderte Perspektive auf das, was bereits da ist. Es geht nicht darum, uns zu ändern, sondern das Potenzial in dem zu erkennen, was wir schon sind.

Kathys Geschichte zeigt, wie ein einziger neuer Blickwinkel ausreicht, um eine Kette von Veränderungen anzustoßen.

Kapitel 3

Beruflicher Umbruch:
Veränderung wagen und den eigenen Weg gehen

Was tun, wenn der bisherige Karriereweg plötzlich nicht mehr passt? Wenn das, was gestern noch Sinn ergeben hat, heute nur noch Energie raubt? Und wie gelingt es, berufliche Veränderung nicht als Scheitern zu sehen, sondern als Chance für echten Neubeginn?

In diesem Teil stehen Menschen im Mittelpunkt, die sich in einer beruflichen Sackgasse wiederfanden – oft nach außen erfolgreich, aber innerlich leer, orientierungslos oder überfordert. Einige stehen vor dem Wiedereinstieg nach einer Auszeit, andere vor dem Sprung in die Selbstständigkeit. Wieder andere erkennen, dass sie jahrelang fremde Erwartungen erfüllt haben und sich selbst dabei verloren haben.

Coaching wird hier zum Kompass. Es hilft, innere Klarheit zu finden, Selbstzweifel zu hinterfragen, verborgene Potenziale zu erkennen und neue Wege sichtbar zu machen. Die Arbeit mit Werten, Visionen, Persönlichkeitsprofilen oder dem ‚Future Self' gibt Richtung. Embodiment-Übungen, energetische Impulse und mentale Techniken stärken das Vertrauen in den eigenen Weg.

Diese Geschichten zeigen: Berufliche Veränderung beginnt nicht mit dem perfekten Plan, sondern mit der Entscheidung, sich ernst zu nehmen. Wer den Mut hat, innezuhalten, entdeckt oft ganz neue Möglichkeiten – jenseits von alten Rollen. Und manchmal ist genau dort der Neubeginn, wo wir endlich wieder mit uns selbst im Einklang sind.

Carolin Adler

Moin, ich begleite Führungskräfte, Teams und Organisationen durch Transformation und Veränderungen. Klienten schätzen meine Multiperspektiven und Entwicklungsbegleitung durch meine Hintergründe aus Executive- und Business-, Emotions- und Resilienz-Coaching, Mentalarbeit und Hypnose, Mediation sowie Organisations- und Teamentwicklung.

Meinen Coaching-Case habe ich ausgewählt, um zu zeigen, wie gut Kombinationen aus unterschiedlichen Coaching-Richtungen im Karrierecoaching wirken, inklusive langfristig motivierender Wundermomente.

Case-Übersicht

- Ausgangssituation: Miriam wollte ihren alten Führungsjob nicht mehr ausführen, hatte jedoch noch keine Klarheit über ihre berufliche Zukunft.

- Zielsetzung: Klarheit für den neuen Job finden

- Methoden: Hypnose / Mental Training, Karrierecoaching, Ressourcenarbeit, Kompetenzfeldanalyse, nächste Umsetzungsschritte

- Ergebnis: Gestärkte Motivation und Gehen der nächsten Schritte zum neuen Traumjob

Mit ‚Wow'-Effekt zum Traumjob

Miriam wollte nicht mehr in ihrem alten Job als Führungskraft in einem Konzern in der Versicherungsbranche arbeiten, so viel war klar. Unklare Führung und Konflikte in der nächsthöheren Ebene, organisationale Ungerechtigkeiten und fast tägliche Brandlöscher-Einsätze für ihr Team zehrten an ihren Kräften.

Doch wohin sollte es nun für die erfahrene Führungskraft und Mutter von zwei Kindern für die nächsten 20 bis 25 Berufsjahre gehen?

„Wie möchte ICH zukünftig arbeiten?" Diese Frage bewegte sie viele Wochen lang in tiefen Reflexionsprozessen, ohne richtig weiterzukommen. Erste Ideen und Richtungen waren da, doch ihre Zukunft lag im Nebel. Sie ließ sich einfach nicht greifen. Schlussendlich nutzte Miriam eine Karrierecoaching-Sitzung mit mir, um Klarheit über ihre Zukunft zu gewinnen.

Endlich Klarheit für die Zukunft

Miriam und ich waren uns schnell einig, dass es vorrangig darum gehen sollte, den Nebel aufzulösen und Klarheit in die Vision *ihrer* Zukunft zu bringen.

Man arbeitet im Karrierecoaching generell ressourcenorientiert. Neben der Klarheit über Miriams Zukunftsvision wollten wir im Coaching ebenfalls herausarbeiten, welche inneren Stärken, Kompetenzen, Fähigkeiten und Erfahrungen sie mitbrachte. Diese wollten wir an die Oberfläche holen, um sie noch gezielter zu nutzen.

Da wir zunächst eine längere Sitzung hatten, entschied ich mich spontan dazu, eine Mentalreise aus dem Hypno-Coaching mit Miriam zu machen. Auf diese Weise sollte sie sich gut mit ihren Ressourcen verbinden und ein klares Bild einer positiven Zukunft entwickeln können. Die eingesetzte Fantasiereise nutze ich bis heute häufig im Gruppenkontext in Unternehmen für die Entwicklung eines gemeinsamen Zukunftsbildes in Visions-, Strategie- oder Transformationsprozessen.

Der Vorteil von mentalen Reisen in die Zukunft ist, dass sie uns dabei unterstützen, uns vom derzeitigen Alltag zu lösen. Ebenso gewinnen wir Abstand zu den damit verbundenen Herausforderungen und Problemen, die unseren Blick im Hier und Jetzt trüben. Insofern eignen sich Mentalreisen wunderbar dafür, neue, gefühlt fast grenzenlose, Lösungen zu schaffen und wünschenswerte Zukunftsperspektiven für sich oder gemeinsam im Team und fürs Unternehmen zu entdecken.

Ich fragte Miriam, ob sie Lust hätte, sich zu Beginn auf diese kleine Mentalreise in ihre Zukunft einzulassen. Sie sagte spontan mit vollem Herzen „Ja!".

Was ich in diesem Moment für mich behielt, war die psychologische Wirkung von Zukunftsreisen auf unser Gehirn. Dieses kann nicht zwischen reellen und vorgestellten Bildern unterscheiden. Alle unbewussten Vorgänge im Gehirn werden später darauf hinarbeiten, eine wünschenswerte Zukunft auch ohne unser bewusstes Tun oder Wissen zu erfüllen. Mit der Mentalreise wird die Zukunft für Klient:innen bereits erlebbar. Sie wird greifbar. Im nächsten Schritt kann man aus dieser wünschenswerten Zukunft auf die Vergangenheit (das Heute) blicken und sich fragen, welche Wege dorthin geführt haben. So ergeben sich oftmals Lösungsansätze und nächste Schritt, um eben diese Zukunft später erreichen zu können.

Verbunden mit dem Positiven

Ich bat Miriam, einen bequemen Sitz einzunehmen und ihre Augen zu schließen. Zuerst lud ich sie ein, sich mit einer oder der schönsten positiven Erfahrung in ihrem Leben zu verbinden. Ich ließ ihr die Zeit, nach wunderschönen Momenten im Berufs- oder im Privatleben zu suchen. Momente, mit denen sie angenehme Emotionen verband, ein Wohlgefühl im Leben. Miriam sollte dadurch erkennen, wie viele positive Erlebnisse sie bereits gesammelt hatte, denn diese waren ein Teil ihrer wertvollen Ressourcen, die sie in sich trug.

Miriam entspannte sich sichtlich und hatte nach kurzer innerer Suche ihr Bild, ihren ressourcenvollen Moment, gefunden. Es war die Geburt ihres zweiten Kindes, die ihr in der Mentalreise den Zugang zu ihren Ressourcen gab: Selbstbestimmung und Kraft, in Kontrolle und Sicherheit sein, Freude, voller Lust und Neugier auf die Zukunft, tief verbunden in der Liebe zu ihrem Mann und zu ihren Kindern. Alles rund um ihr Herz fühlte sich leicht an.

Sofort zog ein Strahlen über ihr Gesicht, was zudem eine tiefe Zufriedenheit und gleichzeitig die Lust auf die Zukunft transportierte. Tränen der Rührung standen in ihren Augenwinkeln. Die veränderte Energie von Miriam erfüllte den Raum wie ein Feuerwerk.

Diesen intensiven, angenehmen Moment verstärkte ich noch, indem ich Miriam bat, noch einmal mit allen Sinnen in diesen Moment der Geburt zu gehen. Was hatte sie gesehen? Was hatte sie gehört? Was hatte sie gerochen? Vielleicht sogar geschmeckt? Was hatte sie gefühlt?

Diese Verbindung mit allen fünf Sinnen ließ sie den Moment noch einmal wie in Echtzeit durchleben und die darin gefundenen Ressourcen im Körpergefühl und den neuronalen Netzwerken im Gehirn wieder verknüpfen. Miriam sollte mit ihrem positiven Moment verbunden bleiben, gleichzeitig langsam wieder in der Gegenwart ankommen und dabei die Augen geschlossen halten.

Der magische Heißluftballon

So positiv gestimmt und mit ihren eigenen Ressourcen aufgeladen, lud ich Miriam ein, sich nun innerlich auf die Straße vor ihrem Haus zu begeben. Hier würde sie wie durch ein Wunder einen magischen Heißluftballon vorfinden.

Magisch deswegen, weil der Ballon die Kraft besitzt, die Zukunft für uns sichtbar zu machen. Die positivste Zukunft, die wir uns vorstellen können. Mit jedem Meter, den dieser Ballon ansteigt, wird mehr und mehr von den nächsten Jahren und den für uns außerordentlich positiven Zukunftsperspektiven sichtbar.

Miriam stieg vor ihrem inneren Auge bereitwillig in diesen Heißluftballon und wir lösten die Sandsäcke der Gegenwart und ließen so den Ballast des Alltags hinter uns. Langsam, Höhenmeter um Höhenmeter, flog der Ballon – verbunden mit ihren Ressourcen aus Kraft, Freude, Sicherheit und Verbundenheit – in die Zukunft. 100 Meter, ein Jahr. 200 Meter, zwei Jahre und so weiter. Bis wir bei 500 bis 800 Metern angekommen waren und Miriam einen Zeitraum von fünf bis acht Jahren überblicken konnte. Zu ihren Füßen lag, von dort oben aus betrachtet, ihr Leben in der Zukunft. Eine wunderschöne Zukunft.

Ich bat Miriam, wahrzunehmen, wie ihr Leben in dieser Positivität aussah. Sie sollte sich wieder mit allen Sinnen auf das Geschehen unter dem Ballon konzentrieren und genau beobachten: Wie sah sie sich als die Miriam in der Zukunft? Wie arbeitete sie? Wie gestaltete sie ihre Tage? Wie sah sie aus? Was würde ein unbeteiligter Dritter in ihrem Gesicht, in ihrer Körperhaltung wahrnehmen? Welche Menschen waren um sie herum? Wie sah die Umgebung aus?

Ziel dieser Fragen war es, dieses Bild der Zukunft in sich aufzunehmen, jedes kleine Detail in der Miriam der Zukunft, in den anderen Menschen, in den Gesichtern, in den Körperbewegungen, in der Verbundenheit miteinander zu registrieren. Miriam tauchte mit allen Sinnen in dieses Bild ein.

Sie konnte sich alle Zeit der Welt nehmen, um das Geschehen unter ihrem magischen Heißluftballon auf sich wirken zu lassen. Dabei erinnerte ich sie daran, auf Hinweise zu achten, wie es zu dieser wunderschönen, außerordentlich positiven Zukunft für sie kam. Auf diese Weise entwickelten sich in ihrem Denken die künftigen Lösungen für die nächsten Schritte automatisch.

Während des ganzen Prozesses schwieg Miriam, äußerlich konnte ich jedoch viele angenehme Emotionen und Momente in ihrem Gesicht wahrnehmen, die sofort in meinem Körper resonierten.

Nachdem sich Miriam ein letztes Mal mit ihrem Zukunftsbild verbunden hatte, bereitete ich sie auf die Rückreise vor. Langsam sank ihr magischer Heißluftballon zurück in die Gegenwart. All ihre positiven Eindrücke aus der wahrgenommenen Zukunft durfte Miriam mit in die Gegenwart nehmen. Behutsam kam sie wieder auf der Straße vor ihrem Haus im Hier und Jetzt an und ich hieß sie herzlich willkommen zurück in der Gegenwart. Seit Beginn der Reise waren keine 15 Minuten vergangen.

Mitfreude pur

Diese Gegenwart war nun wie magisch aufgeladen. Miriams ganzer Körper war aufgerichtet und freudig gespannt, als wenn sie es gar nicht abwarten konnte, ihre Zukunft zu gestalten. Ihr Gesicht strahlte und sie war von den Eindrücken zutiefst berührt.

Normalerweise halte ich als Coach einen wohlwollenden und empathischen Abstand zu den Emotionen meiner Klient:innen. In diesem Moment war ich durch diese unglaubliche positive Energie jedoch so in den Bann gezogen, dass ich einfach mit Miriam mit strahlte. Es war einfach ein zutiefst magischer Moment.

Als Miriam nach kurzem Sammeln wieder sprechen konnte, sprudelte es nur so aus ihr heraus. Alle Bilder, die sie während der Mentalreise gesehen und erlebt hatte. Ich sprang so schnell ich konnte mit meinen Stiften zum Flipchart und zeichnete ihre Bilder mit, die sie mir schilderte.

Ihre Zukunft lag nun ganz klar vor ihr: verbunden mit dem für sie starken Moment der Geburt ihres zweiten Kindes, ihren Ressourcen aus Leichtigkeit rund ums Herz und Selbstbestimmtheit, hatte sie ein Leben der Zufriedenheit für sich kreiert.

Vor sich sah sie ihr Haus, die Verbundenheit zu ihrem Mann und wie sie sich in dem Haus einen eigenen Coaching-Raum einrichtete, um dort als Coach zu arbeiten. Sie sah einen sonnenüberfluteten Himmel, einen Hund, Musik, viel Freude und Natur, mit Ruhe und Stille um sich herum, wann immer sie diese brauchte. Ihre gesamte Körperhaltung, ihre Mimik, waren nach diesen wenigen Minuten Mentalreise wie ausgewechselt im Gegensatz zu vor der Coaching-Stunde.

Schwebende Schritte in die Wirklichkeit

Nach einer kurzen Verschnaufpause machten wir, wie anfangs geplant, mit der Karrierecoaching-Sitzung weiter. Mein Plan war es, Miriam in ihren Ressourcen und Stärken baden zu lassen – als Kraftquelle für die nächsten Schritte.

Miriam stellte sich in die Mitte des Raumes. Die Antworten auf meine Fragen zu ihren Ressourcen, Kompetenzen, Fähigkeiten, Erfahrungen und Stärken sprudelten wie von selbst aus ihr heraus. Miriam war durch die vorherige Hypnose noch immer positiv aufgeladen. Wir legten ihre Antworten, aufgeschrieben auf kleinen Karten, geordnet um sie herum. Das ‚Ressourcenbad' sollte ihr helfen, noch leichter den Weg in die Selbstständigkeit als Coach zu gehen.

Ich stellte Miriam verschiedene Fragen, wie sie die Ressourcen in der Zukunft noch gewinnbringender nutzen konnte. Welche persönlichen Grenzen sie in der Zukunft leichter wahren konnte und welche sie nun überschreiten würde, um ihre Entwicklung in die Selbständigkeit möglich zu machen. Wir arbeiteten voller Leichtigkeit und wie im Fluss. Für Miriam waren alle Antworten innerlich klar, innerlich verbunden mit ihrer Zukunftsvision.

Wenn es um die Umsetzungsenergie geht, um aus den Erkenntnissen im Coaching ins Handeln zu kommen, gibt es häufig zwei Typen: die ersten, die einfach loslaufen und machen, und die zweiten, die viele kleine nächste Schritte planen und dann beim Umsetzen Begleitung brauchen. Ganz getreu dem Motto: Ist der nächste Schritt noch nicht leicht genug, ist er noch nicht klein genug.

Mir war sofort klar, dass hier die erste Energie am Werk war, in Speedy-Gonzalez-Geschwindigkeit. In Miriams Kopf waren die vielen nächsten kleinen Schritte bereits sichtbar und fühlten sich für sie alle machbar an.

Was sie noch für die nächsten Schritte in die Zukunft brauchte, fragte ich sie zum Schluss. „Tief Luft holen, Kraft sammeln, vorbereiten und los!", antwortete

Miriam. Mit dieser zupackenden Zukunftsenergie verließ sie den Coaching-Raum. Verbunden mit dem kraftvollen Bild der Geburt ihres zweiten Kindes und den Ressourcen aus Selbstbestimmtheit und Leichtigkeit meldete Miriam in den nächsten Wochen ihre Selbstständigkeit an, kündigte ihren alten Job und entwickelte ihren Businessplan.

So leicht kann Karrierecoaching in der Verbindung mit Mentalarbeit aus dem Hypno-Coaching, der Ressourcenarbeit und Handlungsumsetzung in einer Sitzung aussehen.

Wie es seitdem weiterging

Miriam bezeichnet mich bis heute als Patentante und Hebamme ihrer selbstbestimmten Zukunftsreise, auf die sie immer noch voller Stolz zurückblickt. Rund vier Jahre später vereint Miriam heute das Beste aus beiden Welten: Sie ist in einem für sie passenden Unternehmen der Versicherungsbranche in einer geschäftsführenden Position tätig. Dem späteren Angebot von befreundeten Kollegen konnte sie nicht widerstehen. Durch ihre langjährige Führungs- und Coaching-Erfahrung bringt sie neue Arten der coachenden und empowernden Führung in das mittelständische Unternehmen ein und entwickelt es beständig weiter.

Nebenbei coacht sie eigene Klienten in ihrem wunderschönen Coaching-Raum in ihrem Haus. In wenigen Schritten ist sie mit ihrem noch jungen Hund in der Natur. Sie lebt in tiefer Verbundenheit zu ihrem Mann und begleitet ihre Kinder im Teenageralter in deren Eigenständigkeit.

Bis heute lauscht sie bei Lebensentscheidungen in die Gefühle der Reise von damals hinein. „Kann ich den nächsten Schritt mit einer Leichtigkeit im Herzen gehen? Gehe ich den Weg selbstbestimmt?"

So hallt unsere magische Reise von damals bis heute kraftvoll in ihr nach.

Lisa Wucherpfennig

Hi, ich bin Lisa, Change Managerin und Coach. Ich begleite Unternehmen, Teams und Privatpersonen durch Veränderungsprozesse, damit sie nachhaltig wachsen. Mein Ziel: Arbeits- und Lebenswelten schaffen, in denen Menschen ihr Potenzial entfalten. Ich unterstütze Klienten dabei, Klarheit zu gewinnen und neue Perspektiven für ihre persönliche und berufliche Entwicklung zu entdecken.

In meinem Coaching-Case wird deutlich, wie ein gezielter Perspektivwechsel und die Aktivierung individueller Ressourcen eine völlig neue Sicht auf eine Situation ermöglichen – und Klienten damit zu nachhaltigen Lösungen führen.

Case-Übersicht

- Ausgangssituation: Pia wollte nach ihrer Elternzeit wieder ins Berufsleben einsteigen, fühlte sich jedoch überfordert. Sie war unsicher, welcher Weg der richtige war, wie sie Familie und Beruf vereinbaren konnte, und spürte zusätzlichen Druck durch ihr Umfeld.

- Zielsetzung: Ein berufliches Set-up finden, das Erfüllung bringt und genügend Raum lässt, um Herausforderungen als Mutter mit Kraft zu meistern

- Methoden: BTRAC-Modell, Fishbone-Diagramm, Ressourcenarbeit

- Ergebnis: Klare berufliche Neuausrichtung und gestärktes Selbstbewusstsein

Zwischen Sicherheit und Selbstverwirklichung:
Pias Weg zurück ins Berufsleben

Pia stand an einem Wendepunkt. Nach mehreren Jahren Elternzeit wollte sie wieder ins Berufsleben einsteigen. Sie war Mutter zweier kleiner Kinder und hatte in dieser Rolle Erfüllung gefunden. Gleichzeitig verspürte sie den Wunsch, sich auch beruflich wieder zu verwirklichen. Doch je mehr sie über ihre Zukunft nachdachte, desto lauter wurden die inneren Stimmen, die sie hin und her rissen.

Einerseits hatte sie einen starken Sicherheitsanteil in sich. Finanziell musste sie nicht arbeiten, da ihr Mann Martin genug verdiente, abhängig sein wollte sie jedoch auch nicht. Andererseits sehnte sie sich nach einer Aufgabe, die sie erfüllte – einem Job, der mehr war, als nur ein reines Mittel zum Zweck. Sie wollte nicht einfach irgendeine Stelle annehmen, für die sie überqualifiziert war, sondern eine Arbeit finden, die Sinn stiftete und Freude brachte. Besonders wichtig war ihr das Gefühl von Gemeinschaft, das sie noch aus ihrem Studium kannte – die Energie, gemeinsam an etwas zu arbeiten, sich auszutauschen, zusammen Lösungen zu finden. Gleichzeitig wollte sie keinen übermäßigen Leistungsdruck spüren. „Das bin nicht ich.", sagte sie über den Gedanken an eine hoch kompetitive Karriere.

Anhand dieser Beschreibung erkannte ich bereits einen Konflikt ihrer inneren Anteile. Da ich die erste Session mit Klienten jedoch strikt darauf verwende, um ihr Problem zu verstehen, hob ich mir die Übung des inneren Teams für einen späteren Zeitpunkt auf.

Pias Partner Martin tickte anders als sie. Während Pia ein großes Urvertrauen hatte und eher darauf wartete, dass sich Dinge fügten, plante er immer zehn Schritte voraus. Sie spürte den Unterschied in ihrer Herangehensweise und auch eine gewisse Unsicherheit. Sie wollte sich nicht wild bewerben, sondern überlegt und strategisch vorgehen. Doch wo sollte sie überhaupt anfangen? Welche beruflichen Möglichkeiten gab es für sie? Welche davon passten zu ihrem Leben mit zwei kleinen Kindern? Was konnte sie überhaupt und worin war sie gut?

Durch systemische, zirkuläre Fragetechniken stieg ich so tief wie möglich in Pias Problem ein, ohne jedoch bereits in die Lösungsfindung zu gehen.

Ein Gedanke, der sie immer wieder beschäftigte, war die Möglichkeit, Coaching in einer Festanstellung unterzubringen. Selbstständigkeit war ebenfalls eine Option, doch sie fürchtete, dass ihr dabei der Austausch mit Kollegen fehlte und sie zu wenig Disziplin hatte, sich selbst zu strukturieren. Gleichzeitig wusste Pia, dass Arbeit für sie nicht nur Geld verdienen bedeutete. Sie wollte eine Aufgabe, in der sie aufgehen konnte, die sie forderte, aber nicht überforderte. Familie blieb ihre Priorität, doch sie wollte auch beruflich wachsen.

Ihr Freundeskreis, der überwiegend aus beruflich erfolgreichen Menschen bestand, verstärkte den inneren Druck. Pia fragte sich, ob sie sich zu oft klein machte und rechtfertigte, warum sie ‚noch nicht richtig angekommen‘ war. Sie wollte sich beruflich verwurzeln, endlich eine Richtung einschlagen, die sich richtig anfühlte.

Bevor sie loslief, wollte sie Klarheit gewinnen: Welche Werte waren ihr wirklich wichtig? Wie konnte sie systematische Beratung mit ihrer Leidenschaft für Gesundheitsförderung verbinden? Welcher berufliche Weg passte jetzt – in genau dieser Lebensphase – zu ihr?

Pia erschien mir in dieser ersten Stunde gestresst, überfordert und unter Druck, was an ihrer Körperhaltung und ihrer schnellen Sprechweise zu erkennen war. Anhand der Art und Weise von ihrem Problem zu sprechen, erkannte ich deutlich die Ambivalenz der inneren Anteile und ihre Überforderung mit der

Situation. Durch verschiedene Fragetechniken und Perspektivwechsel erforschte ich Pias Situation.

Um den Coaching-Prozess strukturiert und erfolgsorientiert durchzuführen, orientiere ich mich am sogenannten BTRAC-Modell, das für Beziehung, Target/Zielfindung, Ressourcenaktivierung, Actions/Umsetzungsunterstützung und Control steht. Während die vier letzten Phasen abgeschlossene Zeitfenster darstellen, die ineinander übergehen können, ist der Beziehungsaufbau die Grundlage des gesamten Coaching-Prozesses und zu keiner Zeit abgeschlossen. Dieser Prozess ist endlos und kann in einer Coaching-Beziehung mehrfach durchlaufen werden.

Am Ende der Sitzung legten wir gemeinsam das Ziel des Coachings fest. Wir definierten den Wunschzustand von Pia und hielten diesen als „Ein berufliches Set-up finden, das erfüllt, zu meiner jetzigen Lebenssituation passt, mich aber nicht ausbrennt." fest.

Mediation mit dem inneren Team

Nach der ersten Sitzung spürte Pia eine neue Leichtigkeit. Die drückende Ungewissheit der beruflichen Zukunft war nicht verschwunden, aber durch den Perspektivenwechsel bereits sortierter, und Pia fühlte sich nicht mehr ganz so ohnmächtig. Die finanzielle Sicherheit durch ein weiteres Jahr Arbeitslosengeld, eine Neuigkeit, die zwischenzeitlich herauskam, verschaffte ihr etwas Luft zum Atmen. Genau diese Pause und Leichtigkeit nutzten wir, um ihr Ziel weiter zu schärfen: Klarheit gewinnen, die eigenen Stärken erkennen und einen erfüllenden beruflichen Weg finden.

Ein ungeduldiger Anteil in Pia meldete sich und kurzzeitig verfiel sie wieder in Stress und das Bedürfnis, schnell eine Lösung zu finden. Ich führte eine Atemübung mit ihr durch, um Pias Körper in einen Entspannungszustand zu versetzen und die Angst zu lösen. Mit geschlossenen Augen ließ sich Pia voll auf die Übung ein und wir konnten beide förmlich spüren, wie die Anspannung wich.

Pia hatte zwischen der ersten und zweiten Session einige Erkenntnisse, als unser Gespräch sackte und nachreifte. Ihr wurde bewusst, dass sie sich immer unnötig klein machte. Sie hatte sich selbst immer als wenig erfolgreich betrachtet, vor allem im Vergleich zu ihrem Umfeld. Doch sie war erfolgreich – nur auf ihre ganz eigene, selbstbestimmte Art und in ihrem Tempo. Der Perspektivwechsel, den sie während unserer Sitzung erhielt, tat ihr sichtlich gut.

Ihr Mann Martin war in der klassischen Definition von Erfolg verankert: männlich, beruflich knallhart, strategisch. Er war die klassische ‚Corporate Ladder' hochgeklettert und hatte eine leitende Position inne. Pia hingegen hatte ein ganz anderes Feld erobert. Sie war die Managerin eines Familienunternehmens, einer komplexen, emotional geprägten Struktur, in der ihre Stärken von Loyalität, Empathie und Authentizität gefragt waren. Beruflich hatte sie sich eher zur Expertin entwickelt. Doch sie hatte sich diesen Erfolg, beide Rollen erfolgreich zu vereinen, nie wirklich zugestanden. „Nach der ersten Stunde dachte ich, hey, du bist eigentlich ganz schön erfolgreich und gut, in dem, was du tust", sagte sie.

Im Folgenden arbeiteten wir mit ihrem inneren Team, einer Gruppe von Persönlichkeitsanteilen, die Pia lenkten und in dem jeder Anteil eigene Bedürfnisse hatte.

Da war das unsichere Kind, vier Jahre alt, das sich nach Liebe und Bestätigung sehnte. „Ich kann das doch gar nicht", flüsterte es immer wieder und bremste Pia aus. Es passte nicht mehr in ihr erwachsenes Leben und doch war es weiterhin laut und präsent.

Da war die Vorantreibende, 14 Jahre alt, eine junge Frau mit Energie und Tatendrang. „Ich mach jetzt einfach!", sagte sie forsch und unvernünftig.

Da war die Mutige, fünf Jahre alt, voller Vertrauen. „Let's go!", rief sie und stürzte sich kopfüber ins Abenteuer.

Da war die Lustige, sechs Jahre alt, ein kleiner Klassenclown, der Leichtigkeit ins Miteinander brachte.

Und da war die Anpassungsfähige, 16 Jahre alt, die sich immer der Umgebung anpasste – beruflich von Vorteil, privat oft eine Last. Pia haderte mit diesem Anteil. Besonders schwer fiel es ihr, die Anpassungsfähige in persönlichen Beziehungen loszulassen.

Auch die Ehrgeizige war da, acht Jahre alt. Sie hatte sich in den letzten Jahren versteckt, doch wenn sie auftauchte, verschaffte sie sich Gehör. „Ich will den perfekten Job!", sagte sie bestimmt. Sobald sie sich hinsetzte, um zu planen, trat die Unsichere auf den Plan. „Das kannst du doch gar nicht..." Dadurch lähmte sie Pia.

Sie sah all diese Anteile klar vor sich. Manche von ihnen arbeiteten gut zusammen: Die Mutige und die Vorantreibende bildeten ein starkes Team, ebenso wie die Lustige und die Unkomplizierte. Andere standen sich feindlich gegenüber: Die Unsichere und die Ehrgeizige blockierten sich gegenseitig, sodass Pia in einer Dauerschleife des Zweifelns gefangen war.

Sie erkannte, dass die Unsichere eine große Macht über ihre beruflichen Entscheidungen hatte. „Wenn sie leiser wäre, würde die Ehrgeizige endlich loslegen können", sagte Pia nachdenklich. „Aber wie schaffe ich es, dass sie zusammenarbeiten?"

Diese Frage führte uns zu einem inneren Dialog. Pia stellte sich vor, wie die Anteile miteinander sprachen, und versetzte sich emotional bewusst in die verschiedenen Rollen. Sie überließ der Lustigen mehr Raum – eine Qualität, die ihr in den letzten Jahren verloren gegangen war. „Wenn ich nicht so viel nachdenke, bin ich selbstbewusst und kann mich gut befähigen", sagte sie. Die Unsichere hielt sie jedoch immer wieder zurück. Pia erkannte deren lähmende

Funktion, aber auch ihre Daseinsberechtigung. All diese Anteile hatten einen Grund, warum sie da waren. Alle hatten nur gute Absichten.

Ich bat Pia, nun mit der Lustigen in den Dialog zu gehen. Die Lustige war immer noch da, gestand aber: „Du hast dich viel zu wenig um mich gekümmert, ich fühle mich überhaupt nicht gesehen!" Mit geschlossenen Augen war Pia sichtlich berührt, als sie erkannte, dass in ihrer Rolle als Mutter bestimmte Anteile stark in den Vordergrund gerückt und andere ganz still geworden waren. Ich spürte, wie diese Erkenntnis in ihr arbeitete. Ich fragte sie, was anders wäre, wenn die aktuell ‚still gemachten' Anteile wieder lauter werden würden. „Ich würde vermutlich bessere Entscheidung für mich treffen, da ich sie im Bewusstsein meiner ganzen Persönlichkeit treffe und nicht nur als Mutter. Ich bin ja mehr als ‚nur' das." Pia war überzeugt davon, dass viele Zweifel verschwinden würden, wenn sie ihre Situation nicht nur aus einer Rolle heraus betrachtete.

Pia war bereit für den nächsten Schritt. Sie sollte bis zur nächsten Sitzung ihr inneres Team zeichnen – jeden Anteil als eigene Figur, mit individuellen Eigenschaften und Optik. Diese visuelle Darstellung würde ihr helfen, ihre Persönlichkeitsanteile bewusster wahrzunehmen und neu zu ordnen.

Das Chaos im Kopf sortieren

Die Visualisierung ihres inneren Teams hatte Pia noch einmal einen tieferen Zugang zu sich selbst ermöglicht. Jeder Anteil bekam eine Stimme und wurde durch die gezeichneten Figuren greifbar. Die größte Erkenntnis war, dass alle nur ihr Bestes wollten. Sie kämpften nicht gegeneinander, sondern für sie, wenn auch mit unterschiedlichen Strategien.

Mit diesem neuen Verständnis stellte sich Pia eine zentrale Frage. Brauchte sie eine berufliche Veränderung, die ihren ruhigen Anteilen mehr Raum gab? Würde ihr inneres Team so mehr in Einklang finden?

Auf meine Rückfrage hin, wie es Pia mit dem bisherigen Prozess ging, äußerte sie noch einige Gedanken, die ihr zwischenzeitlich gekommen waren. So setzte sich Pia mit der Situation auseinander, dass eine neue berufliche Ausrichtung das gesamte Familiensystem verändern würde. Bisher lebten sie eine klassische Rollenverteilung, in der sie sich um Care-Arbeit kümmerte, während Martin den Hauptteil des Einkommens sicherte. Doch wenn Pia wieder intensiver arbeiten wollte, musste Martin mehr Verantwortung übernehmen. „Er muss sich erst einmal bewusst machen, was Care-Arbeit alles bedeutet", stellte sie fest.

Der Faktor Pendeln spielte ebenfalls eine Rolle. Mehrmals pro Woche lange Wege auf sich zu nehmen, konnte sich Pia nicht vorstellen. Sie wollte sich lieber in ihrem direkten Umfeld orientieren. Eine Entscheidung, die sowohl ihren Bedürfnissen als auch der Familienorganisation entsprach.

Unerwartet tauchte ein weiteres Thema auf, angestoßen durch eine Begegnung mit einer Freundin, die sie tief bewegte. Diese Freundin war ehrgeizig, und dominant. Pia fühlte sich von ihr getriggert. Wir tauchten tiefer in diese Emotion ein und ergründeten, dass Pia dieses Verhalten vor allem deshalb so stark berührte, weil sie es sich selbst nicht erlaubte.

Ich hatte das Gefühl, Pia und ich sollten das Ursprungsproblem greifbarer darstellen, um mehr Klarheit zu gewinnen und all diese Erkenntnisse und Faktoren zu sortieren. Wir arbeiteten daher mit einem Fishbone-Diagramm, ein Ursache-Wirkungs-Diagramm, in dem multiple Ursachen, die zu einem Ergebnis führen, dargestellt werden. Dies eignet sich sehr gut, um in komplexen Problemstellungen die Systeme und Subsysteme mit ihren jeweils eigenen Regeln und Normen, in denen sich der Klient befindet, darzustellen.

Wir strukturierten Pias Problem in Kontextfaktoren und innere Faktoren. Themen wie Mental Load, Familienorganisation, Erfüllung im Beruf, Außenwahrnehmung, Komfortzone versus Herausforderung und die eigenen

Ansprüche wurden sichtbar. Eine klare Erkenntnis kristallisierte sich heraus: „Wenn es kein ‚Hell Yes' ist, ist es ein ‚Nein. '" Pia wollte eine Entscheidung treffen, die sich aus tiefstem Herzen richtig anfühlte.

Damit Pia mehr Zugang zu sich selbst jenseits der Mutterrolle fand, erhielt sie eine neue Hausaufgabe. Sie sollte Ressourcen definieren, die ihr halfen, wieder mehr Pia zu sein und die die stillen Anteile fütterten. Durch eine stärkere Aktivierung der leisen Anteile und deren Stärken würde sie eine ausgewogene Basis für ihre Entscheidung finden.

Unser Ziel war klar: Das innere Team sollte in einen ausgewogeneren Dialog treten, sodass Pia aus einem stabilen, selbstbewussten Gefühl heraus ihren Weg wählen konnte.

Der Knoten ist geplatzt

Die intensive Arbeit mit ihrem inneren Team und die Aktivierung ihrer Ressourcen hatten eine tiefgehende Veränderung bewirkt. Ich konnte regelrecht spüren, wie eine neue Selbstsicherheit in Pia aufstieg, als sie erkannte, dass es vollkommen in Ordnung war, den Druck aus der Situation zu nehmen. Ebenso war es in Ordnung, dass sie ihren eigenen Weg ging, egal, wie er aussah. Diese Erkenntnis war keine rationale Einsicht allein, sondern eine tief verankerte Erlaubnis für sich selbst, den momentanen Zustand anzunehmen, ohne ihn zwanghaft verändern zu müssen.

Um den nachhaltigen Erfolg des Coachings zu sichern, fokussierten wir uns darauf, Pias innere und äußere Ressourcen durch eine klare Ergebnisorientierung zu aktivieren, sowohl motivational als auch potentialorientiert. Wir erstellten einen Erfolgspfad, eine Roadmap, die ihr Klarheit und Struktur für die nächsten Schritte gab.

Diese enthielt unter anderem: Abschluss ihrer Coaching-Zertifizierung, Aktualisierung ihres Lebenslaufs, Recherche passender Weiterbildungen,

Evaluierung von Kursen, die über das Arbeitsamt angeboten werden, sichtbare Affirmationen zur Stärkung ihres Selbstwerts, Einrichtung von Job-Abos und Networking-Maßnahmen sowie einige weitere Punkte.

Pia setzte sich darüber hinaus intensiv mit der Frage auseinander, wie sie sich den Weg in ein beratendes Umfeld ebnen konnte. Sie erkannte, dass ihre Leidenschaft darin lag, Menschen im direkten Austausch zu begleiten. Die Vorstellung, in einem Team mit professionellem Rückhalt zu arbeiten, beispielsweise durch Supervisionen, war für sie ebenfalls ein wichtiger Aspekt. Auch wenn ihr langfristiger Traum eine therapeutische Ausrichtung war, war Pia klar, dass ein Fernstudium in Psychologie oder zeitlich sehr intensive Weiterbildungen sie aktuell überforderten. Stattdessen suchte sie gezielt nach beruflichen Möglichkeiten, die eine beratende und stützende Rolle enthielten, ohne eine umfassende therapeutische Ausbildung zu erfordern.

Besonders bedeutsam für Pia war die Erkenntnis, dass berufliche Entwicklung nicht linear verlaufen musste. Sie erlaubte sich, im ‚Trial-and-Error'-Modus zu agieren, Erfahrungen zu sammeln und sich schrittweise weiterzuentwickeln. Die Vorstellung, dass jede Entscheidung nicht in Stein gemeißelt war, sondern angepasst werden konnte, verlieh ihr ein großes Gefühl der Freiheit.

Pia stellte mit Zufriedenheit fest: „Den Anspruch, jetzt gerade einen verantwortungsvollen Job zu haben und beruflich total Gas zu geben, habe ich nicht." Für sie war es völlig ausreichend, einen Job zu haben, der ihr Freude bereitete und ein stabiles Einkommen bot, ohne ihn als zentrales Lebensziel zu betrachten. In ihrer Lebensrealität hatte der Begriff ‚Traumjob' keinen Platz; für sie war es wichtiger, eine ganzheitliche Balance zu finden, in der berufliche und private Erfüllung nebeneinander bestehen können.

Zum Abschluss dieses intensiven Prozesses spürte ich, wie sich bei Pia ein großer Knoten löste. Ihre Körperhaltung, ihre Wortwahl und ihre Energie hatten sich sichtbar verändert. Sie fühlte sich aufgeräumt, klar und sortiert. Mit einem Lächeln sagte sie: „Ich habe das Gefühl, ich habe einen Rucksack voller Ressourcen dabei."

Das bestätigte mir, dass Pia nicht nur neue Perspektiven gewonnen hatte, sondern nun die innere Stabilität besaß, ihren individuellen Weg mit Vertrauen zu gehen. Ihr Coaching-Prozess endete nicht mit einer fixen Lösung, sondern mit der bewussten Entscheidung, sich Schritt für Schritt weiterzuentwickeln – mit Selbstakzeptanz, Klarheit und einem gestärkten Bewusstsein für ihre eigenen Ressourcen. Das Ziel hatte sich im Prozess leicht verändert und spiegelte Pias inneren Prozess wider. Weg vom Wunsch, sofort eine Lösung zu haben, hin zur Akzeptanz und Erlaubnis, in ihrem Tempo ihren Weg zu gehen.

Sechs Monate später

Pia und ich hatten in der letzten Session vereinbart, dass wir nach einem halben Jahr einen ‚Check-in' durchführen. Als Coach war ich nach diesem Gespräch sehr berührt und stolz, denn für Pia war unser Coaching der Startpunkt in ein neues berufliches Leben. Mithilfe der neu gewonnenen Erkenntnisse hatte sich Pia wenige Wochen nach dem Coaching dazu entschlossen, sich als Lehrerin in der Sonderpädagogik zu bewerben. Sie war nun kurz davor, ihre Position anzutreten und sagte: „Lisa, dein Coaching hat mir ermöglicht, deutlich herauszukristallisieren, was mir wichtig ist. Für Martin und meine Freunde mag es die klassische Businesskarriere sein, aber für mich ist der Job als Lehrer perfekt und tickt alle meine Boxen: er lässt sich prima mit der Familie vereinbaren, er ist sinnstiftend, im Gespräch mit Eltern kann ich meine Leidenschaft für Beratung ausleben… einfach perfekt."

Katrin Dietz

Hallo, ich bin Katrin und überzeugt davon, dass wirksame Ingenieurarbeit die Welt von morgen gestaltet. In Coachings, Beratungen und Trainings befähige ich andere Ingenieur:innen, ihre Fachkompetenz mit strategischen und kommunikativen Fähigkeiten zu ergänzen, souverän in interdisziplinären Teams zu agieren und ihre Karriere gezielt voranzubringen.

Ich habe die Geschichte von Daniela ausgewählt, weil sie zeigt, dass mit Offenheit und einem klaren Blick nach vorne neue Möglichkeiten entstehen – ohne die eigene Identität aufzugeben.

Case-Übersicht

- Ausgangssituation: Daniela zweifelte an ihrer Eignung für eine fachliche Leitungsrolle im Engineering-Team.

- Zielsetzung: Sie wollte herausfinden, ob und wie sie die neue Rolle annehmen und gestalten konnte.

- Eingesetzte Methoden: Persönlichkeitsanalyse, biografische Reflexion, Reframing, angewandtes Stakeholder-Management, Praxistransfer

- Ergebnis: Daniela fand ihren eigenen Weg in die Teamführung und startete motiviert in die neue Rolle.

Eine Ingenieurin im Wandel:
Danielas Weg vom Solo-Profi zur Teamleaderin

„Wir wissen, dass wir uns auf dich verlassen können!" Mit diesem Satz im Ohr und einer gehörigen Portion Stolz verließ Daniela ihr Jahresendgespräch. Seit vier Jahren arbeitete sie als Ingenieurin im Unternehmen. Ihr Studium hatte sie mit sehr guten Noten abgeschlossen und schon als Werkstudentin in dieser Firma bewiesen, dass sie es im Maschinenbau draufhatte. Immer komplexere Aufgaben landeten auf ihrem Schreibtisch. Daniela nannte sich selbst eine Einzelkämpferin – sie arbeitete am besten allein, in ihrem Tempo, nach ihren Methoden. Ihr Motto seit der Schulzeit lautete: „Wenn du willst, dass etwas gut wird, mach es selbst."

Doch ihr diesjähriges Jahresendgespräch brachte noch eine Überraschung. Die Abteilungsleiterin wurde konkret: „Unser wichtigster Kunde hat mittelfristig ein neues Projekt angekündigt. Anspruchsvoll, neuartig, wichtig. Wir sehen dich dabei als fachliche Leitung, Daniela." Sie war baff und spürte, wie ihr Herz schneller schlug. Fachliche Leitung – sie? Ihr Kopf ratterte. Was bedeutete das eigentlich? Sie dachte an Tobias, der das letzte große Projekt aus ihrer Abteilung geleitet hatte. Das hatte unzählige Meetings, Abstimmungen, Aufgaben verteilen, Entscheidungen erwirken und Ergebnisse zusammenführen bedeutet. Vor allem hatte er das Team zusammenhalten müssen. Uff. Teamarbeit war wirklich nicht Danielas Ding. Der Gedanke, für andere verantwortlich zu sein, löste Unbehagen in ihr aus. Sollte sie die neue Aufgabe überhaupt annehmen? Sie arbeitete doch viel besser alleine, das hatte sie längst bewiesen! Mit dieser Frage im Gepäck kam Daniela in mein Coaching.

Startpunkt Charaktereigenschaften – Klarheit schaffen

Schon im Vorgespräch erzählte Daniela offen, wie zerrissen sie sich fühlte. „Ich arbeite gerne allein. Aber jetzt stehe ich vor dieser neuen Aufgabe, die für meine Entwicklung im Unternehmen echt wichtig ist und ich weiß nicht, ob ich das überhaupt will – oder kann." Daniela schaute mich nachdenklich an. „Vielleicht bin ich einfach nicht die Richtige für so eine Rolle."

„Lass uns herausfinden, ob das wirklich so ist", schlug ich vor. „Wie denn?", fragte Daniela skeptisch. Darauf antwortete ich: „Mit einer Persönlichkeitsanalyse. Sie liefert uns Hinweise darauf, wo deine Stärken liegen und wo du noch ungenutzte Potenziale hast." Ich erzählte vom Big Five-Modell. Dieses Modell gibt einen wissenschaftlich fundierten Einblick in verschiedene Charaktereigenschaften – ein guter Einstieg, um Stärken, Ressourcen und Herausforderungen zu erkennen. Daniela nickte langsam. „Klingt spannend. Ich bin neugierig."

Die Ergebnisse der Analyse entsprachen weitgehend Danielas Selbstbild und überraschten sie zunächst wenig. „Ja, ich gebe schon gerne den Ton an, wenn's um die Fakten geht und was wir daraus machen", sagte sie mit einem leichten Lächeln. „Ich verstehe schnell die Zusammenhänge und habe oft als Erste eine Lösung parat, auch wenn ich sie nicht immer gleich ausspreche." Die Analyse bestätigte außerdem Danielas hohe Ansprüche an sich und ihre Arbeit sowie, dass sie gerne Verantwortung für ihre Ergebnisse übernahm.

Zum Nachdenken kam Daniela, als wir zum Themenbereich Zusammenarbeit kamen. Überwiegend wiesen die Ergebnisse eher auf ein kooperatives Verhalten und nur wenig Wettbewerbsorientierung hin. Das fühlte sich für Daniela wie ein Widerspruch an, denn eigentlich arbeitete sie ja lieber alleine. Grund genug, dort tiefer einzusteigen, was wir uns somit für die weiteren Gespräche vornahmen.

Zusammenarbeit? Eher nicht... oder doch?

Im nächsten Gespräch erzählte Daniela, dass ihre Prägung zur Einzelkämpferin schon in der Kindheit begonnen hatte. Ihr Vater starb früh, ihre Mutter kämpfte mit der Situation und dem Alltag. Daniela lernte, vieles selbst zu übernehmen. Entscheidungen, die andere Kinder mit ihren Eltern besprachen, traf sie alleine – von schulischen Belangen bis hin zur Wahl des Studienfaches.

„Ich hatte niemanden, der mir dabei wirklich helfen konnte", sagte sie. „Meine Mutter war selbst oft überfordert und ich wollte sie nicht zusätzlich belasten. Also habe ich einfach selbst entschieden, was das Beste ist."

Mit der Zeit wurde diese Selbständigkeit ein zentraler Teil ihrer Identität. Daniela lernte, dass sie sich nur auf sich selbst verlassen konnte und sie gut damit fuhr. In der Schule bewältigte sie Aufgaben eigenständig und zählte oft zu den Besten in ihrer Klasse. Diese Einstellung begleitete sie später auch durch ihr Studium und ihr Berufsleben. Beim Blick auf ihre Biografie fielen ihr zudem zahlreiche Situationen aus ihrem Privatleben ein, die sich wie Perlen auf einer Kette aufreihten und zeigten, wie stark diese Eigenschaft sie geprägt hat. „Ich bin es gewohnt, Dinge alleine zu regeln", erklärte sie. „Wenn ich die Kontrolle habe, weiß ich, dass die Aufgaben erledigt werden." Ihr Perfektionismus spielte ebenfalls eine Rolle. Daniela hatte hohe Ansprüche an sich selbst und an andere. „Ich denke oft, es ist schneller und besser, wenn ich alles selbst mache", gestand sie.

Diese Einstellung hinderte sie daran, sich auf echte Zusammenarbeit einzulassen. Gleichzeitig gab sie zu, dass sie sich manchmal Unterstützung gewünscht hätte, sich aber nie getraut hatte, danach zu fragen. „Ich wollte nicht zeigen, dass ich nicht alles allein schaffe", sagte sie leise.

„Wenn du in der Zeit zurückreisen könntest, sagen wir bis zum Beginn deines Studiums, was würdest du zu dir sagen?", wollte ich von Daniela erfahren. Ein paar lange Sekunden vergingen, ehe sie antwortete: „Du musst das nicht alles allein machen, Daniela".

„Und was macht die Daniela, die das nun weiß, anders?" Wieder dachte sie nach. „Vielleicht würde sie überlegen, bei welchen Aufgaben Unterstützung wirklich Sinn macht. Sie sollte zunächst klein anfangen, anderen zu vertrauen. Die Kollegen sind ja auch schlau und erfahren." Daniela schien in Gedanken zu versinken. Ich gab ihr die Zeit, diese zu formulieren.

„Ich glaube, ich habe mich selbst in die Einzelkämpfersicht gedrängt", sagte sie schließlich. „Es hat mir Sicherheit gegeben, aber vielleicht habe ich dabei auch Chancen verpasst, mich auf andere einzulassen."

Diese Erkenntnis war ein wichtiger Schritt in ihrem Coaching-Prozess. Sie begann zu verstehen, dass ihre Stärke als Einzelkämpferin sie weit gebracht hatte und trotzdem nicht im Widerspruch zu erfolgreicher Teamarbeit stehen musste. Stattdessen lernte Daniela, beide Ansätze zu verbinden: ihre Eigenständigkeit beizubehalten, während sie gleichzeitig die Vorteile des Teamworks nutzte. Dieser Balance einen Rahmen zu geben, war unsere Aufgabe für die weitere Zusammenarbeit.

Teamarbeit ist kein Kontrollverlust – sondern eine Chance

Daniela bekam langsam Lust darauf, sich auf die Herausforderung als Teamleitung einzulassen. Doch so ganz traute sie der Sache noch nicht. Sie war unsicher, wie das funktionieren könnte und was sie noch dafür brauchte. Wir begannen damit, ihre Vorstellung von Teamarbeit zu hinterfragen. Bislang hatte Daniela Teamarbeit oft mit Abhängigkeit und Frustration verbunden.

„Was ist denn nun eigentlich ein Team?", war eine der ersten Fragen, die wir mit Blick auf die Zukunft klärten. Ein Team hat kein eigenes Gehirn, es ist ein Zusammenschluss mehrerer Menschen mit dem Zweck, ein bestimmtes Ziel zu erreichen, darauf konnten wir uns einigen. „Und ein Team muss nicht perfekt sein…" Daniela stockte. Der Gedanke war neu. Vielleicht konnte Zusammenarbeit sogar stärken statt behindern? Sie musste nicht etwas völlig Neues erlernen, sondern konnte ihre bereits vorhandenen Fähigkeiten in die neue Rolle einfließen lassen. Und plötzlich ergab $1 + 1 = 3$?

Natürlich hatte Daniela schon öfter Erfahrungen mit Teamwork gesammelt. Zunächst erzählte sie von frustrierenden Momenten mit Kolleg:innen, die ihre Aufgaben nicht ernst nahmen, und endlosen Abstimmungen, die ihr das Gefühl gaben, alleine produktiver zu sein. Diese negativen Erlebnisse hatten ihre Sicht auf Teamarbeit geprägt und dazu geführt, dass es für sie bislang vor allem Abhängigkeit und Kontrollverlust bedeutet hatte.

Doch dann erinnerte sich Daniela an eine positive Ausnahme. „Direkt nach meinem Studium war ich einmal in einem kleinen Projektteam mit Tobias. Plötzlich wurde ihre Stimme lebhafter. „Das war anders. Wir hatten ein klares Ziel. Jeder wusste genau, was zu tun war. Tobias und ich hatten irgendwie einen Draht zueinander, also beruflich gesehen." Wie dieser Draht aussah, wollte ich wissen. Plötzlich sprach sie fast schon mit Begeisterung. „Na ja, da war halt völlig klar, wo es langgeht. Wir sind uns auf Augenhöhe begegnet und haben uns gegenseitig unterstützt."

Teamarbeit musste also nicht Chaos und Ineffizienz bedeuten. Es ging auch anders. Mit klaren Strukturen, Respekt und einem gemeinsamen Ziel könnte sie das vielleicht sogar mögen. Mit diesem neuen Blickwinkel kam auch eine neue Chance.

Die neue Rolle als Teamleiterin

Um ihr Vertrauen in die neue Aufgabe zu stärken, arbeiteten wir an einer klaren Definition ihrer Rolle als Teamleiterin. Daniela hatte vorerst keine disziplinarische Verantwortung in Aussicht, sondern sollte das Team auf fachlicher Ebene führen, ähnlich einer Projektleitung. „Ich muss nicht alles selbst machen", stellte sie fest. „Meine Aufgabe ist es, den Überblick zu behalten, die Richtung vorzugeben und dafür zu sorgen, dass wir gemeinsam das Ziel erreichen."

Wir analysierten, welche Kompetenzen sie für diese Rolle bereits mitbrachte:

- **Analytische Fähigkeiten:** Daniela konnte komplexe Sachverhalte schnell durchdringen und strukturieren.

- **Zielorientierung:** Sie wusste, wie man auf ein klar definiertes Ziel hinarbeitet und ließ sich nicht vom Weg abbringen.

- **Kommunikationsstärke:** Obwohl sie sich bislang zurückhaltend zeigte, hatte sie die Fähigkeit, Sachverhalte verständlich zu erklären und auf den Punkt zu bringen.

Strategie für den Start: Der Plan für das neue Team

Um sich auf ihre neue Rolle vorzubereiten, führte Daniela systematisch eine Stakeholder-Analyse durch – ein wertvolles Werkzeug, um Klarheit über das Arbeitsumfeld und die relevanten Beziehungen zu gewinnen. Gemeinsam betrachteten wir, wer in ihrem beruflichen Umfeld eine wichtige Rolle spielte. Wer beeinflusste ihre Arbeit? Mit wem musste oder sollte sie eng zusammenarbeiten? Dabei skizzierte Daniela die wichtigsten Personen, ihre Teammitglieder und Entscheider um sich herum, notierte deren (mutmaßliche) Erwartungen und alle bekannten Verbindungen.

Diese Visualisierung brachte eine weitere Erkenntnis. Während sie auf einige Konstanten, wie verlässliche Kolleg:innen bauen konnte, würde sie in ihrer neuen Funktion auch intensivere Verbindungen zu anderen aufbauen müssen. Besonders bei diesen neuen Interaktionen wollte sie bewusst ihre starke Empathie einsetzen. Für Daniela war das eine Fähigkeit, die sie bislang selten als Stärke wahrgenommen hatte. Sie erkannte, wie wichtig es sein würde, die Perspektiven anderer zu verstehen. Was trieb sie an? Welche Ziele verfolgten sie?

Daniela war besonders der anstehende Start in ihrer neuen Funktion wichtig. Ein Sprichwort besagt, dass es keine zweite Chance für einen ersten Eindruck gibt, was auch letztlich für das Zusammenarbeiten im Team gilt.

Sie stellte einen Plan mit allen Themen auf, die ihr wichtig waren:

- Die Teammitglieder kennenlernen und deren Stärken, Arbeitsweisen und Erwartungen verstehen.
- Ein gemeinsames Ziel definieren. Sicherstellen, dass das Team an einem Strang zieht, hin zum Projektziel.
- Eigene Handlungspunkte und mögliche Hebel erkennen. Als fachliche Leiterin hatte Daniela keine disziplinarische Führungsverantwortung. Sie musste ihr Mandat klar abstecken und auf fachlicher Ebene überzeugen.

Daniela plante ein kurzes, prägnantes Kick-off-Treffen für ihr neues Team. „Wenn meine bisherigen Projektleiter mich so abgeholt hätten, hätte ich Teamarbeit wohl auch nicht so lästig empfunden", bemerkte sie mit einem Schmunzeln.

Ein weiterer wichtiger Fokus lag auf der Kommunikation. Wir griffen erneut die Erkenntnisse aus ihrer Big Five-Analyse auf und betrachteten die verschiedenen Persönlichkeitstypen, die Daniela in ihrem Umfeld begegnen könnten. Wie verhielten sich diese Typen in typischen Situationen? Wie würde Daniela darauf reagieren? Mit der Umsetzung brauchte sie nicht auf die neue Position zu warten. Sie probierte die Erkenntnisse im Alltag aus und brachte ihre Erfahrungen wieder ins Coaching ein. Sie erarbeitete häufige Stolperfallen der Kommunikation und Wege drumherum. Daniela übte, bei Gesprächen bewusst Feedback einzuholen. „Habe ich mich klar ausgedrückt? Was genau hast du verstanden?" Diese kleinen, aber effektiven Maßnahmen gaben ihr Sicherheit und erhöhten die Qualität der Zusammenarbeit. Schon bald bemerkten ihre Kolleg:innen, dass sich etwas verändert hatte. Die Zusammenarbeit mit Daniela wurde spürbar strukturierter und zielgerichteter.

Ein Punkt blieb für Daniela jedoch besonders schwer. „Am liebsten würde ich ja alles selbst machen." Als Teamleiterin musste sie lernen, Aufgaben an ihr Team abzugeben. Bisher war sie es schließlich gewohnt, vieles selbst zu erledigen. Sogar die Aufgaben, die sie den Werkstudent:innen übertrug. „Ich mache es dann oft nochmal selbst, weil ich mit den Ergebnissen nicht zufrieden bin", gab sie zu. Doch auch hier erkannte sie ihre Chance. „Vielleicht könnten die anderen ja Dinge beisteuern, die ich gar nicht weiß. Zusammen könnten wir dann viel mehr erreichen."

Zum Abschluss unserer Zusammenarbeit hatte Daniela ihren Weg gefunden. Sie ging mit Vorfreude in ihre neue Aufgabe und wusste, dass sie ihre bereits vorhandenen Stärken einbringen konnte, um erfolgreich zu sein. Ihr analytischer Verstand, ihre Zielstrebigkeit und ihre Fähigkeit, klare Strukturen zu schaffen, würden ihr in ihrer neuen Rolle genauso dienen wie zuvor.

Daniela hatte erkannt, dass sie nicht zwischen Einzelkämpferin und Teamplayerin wählen musste. „Ich habe das Gefühl, plötzlich mehr Spielraum zu haben. Ich kann einfach beides sein, je nachdem, was gerade gebraucht wird."

Rückblick: Hat sich der Schritt gelohnt?

Ein paar Monate später hatten Daniela und ich uns für ein telefonisches Review verabredet. Diese Check-ins biete ich allen meinen Klient:innen an, denn sie erweisen sich immer wieder als unglaublich wertvoll. Mit etwas Abstand zurückzuschauen und die Veränderungen zu betrachten, macht sichtbar, welche Entwicklung tatsächlich stattgefunden hat. Daniela nahm dieses Angebot gerne an.

„Wie ist es dir ergangen?", fragte ich gleich zu Beginn. Die Antwort kam prompt und voller Begeisterung: „Es läuft. Ich hätte nie gedacht, dass Teamarbeit so viel Spaß machen kann." Ihre Freude war spürbar und dann fügte sie an: „Ich hatte nicht erwartet, dass die Veränderung so viel mehr mit sich bringt."

Ich hakte nach, was sie damit meinte. „Nun, ich verstehe inzwischen viel mehr Zusammenhänge hier im Unternehmen. Dieses Wissen kann ich an mein Team weitergeben. Dadurch erreichen wir nicht nur bessere Ergebnisse, sondern sind sogar schneller als ursprünglich geplant. Aktuell sieht es so aus, als würden wir das Projekt früher abschließen, als alle gedacht haben."

Neugierig wollte ich in Erfahrung bringen, wie es mit dem Switch zwischen Einzelkämpferin und Teamplayerin klappte. Daniela hielt kurz inne und antwortete dann mit einem Lächeln in der Stimme. „Ich habe erkannt, welchen Schatz ich in mir trage – ich muss mich nicht entscheiden. Wenn wir gemeinsam auf ein Ziel hinarbeiten, braucht es jede einzelne Person, auch mich. Das Beste daran ist, dass ich mich dafür nicht komplett verändern musste. Das war ja meine größte Befürchtung."

Für die Zukunft hat Daniela sich vorgenommen, im Umgang mit Unstimmigkeiten und Konflikten noch reflektierter zu reagieren. Auch in den besten Teams gibt es Konflikte, was rein fachlich betrachtet ein großer Gewinn ist. Daniela hat nicht nur ihre Rolle im Team, sondern auch sich selbst neu entdeckt. Teamarbeit war kein Kontrollverlust. Es war der Schlüssel zu neuen Möglichkeiten.

Kathrin Schmieder

Hi, ich bin Kathrin. Ich helfe neurodivergenten Menschen, sich selbst besser zu verstehen – mit allen Herausforderungen, Stärken und der einzigartigen Funktionsweise ihres Gehirns. Mein Ziel? Dass sie sich nicht länger anpassen müssen, sondern selbstbewusst ihren eigenen Weg gehen. Als Coachin, Trainerin und Beraterin schaffe ich Bewusstsein für die besondere Funktionsweise neurodivergenter Gehirne.

Annas Fall zeigt, was möglich ist, wenn wir aufhören, gegen unsere eigene Funktionsweise anzukämpfen und anfangen, mit ihr zu arbeiten.

Case-Übersicht

- Ausgangssituation: Anna hatte Schwierigkeiten damit, sich selbst zu organisieren, ihre Kreativität erschwerte Routinen und langfristige Struktur; außerdem belastete sie ihre familiäre Verantwortung.

- Zielsetzung: Mehr Energie und Zeit für Wesentliches, nachhaltige Struktur ohne Einschränkung der Kreativität, selbstbestimmt leben

- Methoden: Selbstwertmodell, Zeit- und Energiemanagement, online-Systembrett, Outside-In und Inside-Out Methode

- Ergebnis: Anna lernte, bewusst zu entscheiden, worin sie ihre Energie investierte und war nicht mehr fremdbestimmt.

Anna: Zeit im Griff, Energie im Fluss

Anna liebte ihren Beruf. Als Berufsschullehrerin inspirierte sie ihre Schüler:innen und gab ihr Wissen mit Begeisterung weiter. Doch ihre Leidenschaft brachte auch Herausforderungen mit sich.

Fachlich sicher und kompetent, fühlte sie sich organisatorisch oft überfordert. Ihr anfangs klarer Jahresplan geriet mit der Zeit ins Wanken, bis sie nur noch reagierte, statt aktiv zu gestalten. Ihr hoher Anspruch an sich selbst verstärkte den Druck zusätzlich.

Neben der Schule übernahm sie Verantwortung in ihrer Familie, was ihre ohnehin knappen Energiereserven weiter beanspruchte. Trotz dieser Belastungen hatte sie ein stabiles Umfeld, eine wertschätzende Partnerschaft und positive Erfahrungen aus früheren Coaching-Prozessen.

Im Coaching verfolgte Anna das klare Ziel, ihren Energiehaushalt besser steuern zu können. Sie wollte eine Struktur, die langfristig funktionierte – ohne ihre Kreativität einzuschränken. Wichtig war ihr, bewusster zu entscheiden, worin sie ihre Energie investierte, statt sich von äußeren Umständen treiben zu lassen.

Selbstwert und Selbstakzeptanz als Basis nachhaltiger Veränderung

Neben Zeit- und Selbstorganisation arbeiteten wir an einer tieferen Basis: Selbstwert und Selbstkenntnis. Wer seine Denkweise, Energiezyklen und Stärken versteht, kann sich gezielt organisieren, statt sich auszubremsen.

Schnell wurde klar, dass Annas Selbstwert stark an ihre Leistung gekoppelt war. Je mehr sie schaffte, desto zufriedener fühlte sie sich, aber wehe, etwas blieb liegen oder war nicht perfekt! Dann wurde die innere Kritikerin laut. Ein liebevoller Umgang mit sich selbst? Fehlanzeige.

Unser Ziel war, ihre Selbstakzeptanz und Selbstwirksamkeit zu stärken. Sie sollte sich nicht erst dann ‚gut genug' fühlen, wenn alles perfekt erledigt war, sondern wenn sie bewusst entschied, was ihr wichtig war. Meine Aufgabe war es, den Rahmen zu schaffen und die richtigen Tools bereitzustellen. Ich half ihr dabei, hinderliche Muster zu erkennen und hilfreiche Strategien zu entwickeln.

Der innere Beobachter und die Macht der Zeit

In der ersten Sitzung ging es darum, Annas Wunsch nach mehr Selbstbestimmung herauszuarbeiten. Schnell wurde klar, dass sie dafür ihre Wahrnehmung und Selbststeuerung verbessern musste.

Um diesen Prozess anzustoßen, etablierten wir ihren inneren Beobachter. Ich erklärte ihr, dass sie sich vorstellen sollte, wie ein neutraler Beobachter ihre innere Bühne betrat. Ein Forscher, der mit Neugier und ohne Urteil erkundet, welche Muster und Automatismen ihr Leben steuern. Kein Richter, kein Kritiker, sondern ein liebevoller Entdecker.

„Also quasi Sherlock Holmes für meinen Alltag?", fragte Anna und schmunzelte. Ich nickte. „Genau. Aber ohne Pfeife und ohne Urteil." Sie lachte, wurde dann nachdenklich. „Und wenn ich entdecke, dass ich wirklich ständig getrieben bin?" „Dann hast du den ersten Hinweis gefunden. Jetzt geht's darum, das Muster zu verstehen", sagte ich.

Während des Gesprächs fiel mir auf, dass sie oft sagte: „Ich habe keine Zeit." Also fragte ich: „Ist dir bewusst, dass man Zeit gar nicht haben, sondern sich nur nehmen kann?"

Sie sah mich fragend an.

Ich erzählte ihr von meiner Oma und ihrer goldenen Regel der Zeit.

Jeder Mensch bekommt jeden Tag genau 86.400 Sekunden gutgeschrieben. Man kann nicht mehr bekommen, wenn man schneller macht und es wird auch nicht weniger, wenn man langsam ist. Alles muss am Ende des Tages aufgebraucht sein, denn es gibt weder Kredit noch Gutschriften.

„Was für uns alle unterschiedlich ist", erklärte ich weiter, „ist nicht die Zeit selbst, sondern wie wir sie wahrnehmen und wofür wir sie einsetzen."

Anna ließ das einen Moment sacken. Dann runzelte sie die Stirn. „Das fühlt sich gar nicht so an. Ich verschwende doch keine Zeit und trotzdem bleibt am Ende nichts übrig für das, was mir wichtig ist."

Ich nickte. „Lass uns das mal anschauen. Wenn du am Abend zurückblickst – wo ist die Zeit geblieben?"

Erneut wurde es still. Sie dachte nach. Dann sagte sie leise: „Ich weiß oft gar nicht, was ich alles erledigt hab. Ich hab's nicht mal wirklich wahrgenommen."

Ich ließ ihr Raum. Dann fragte ich: „Und wer entscheidet darüber?"

Nachdenklich kam es: „Ich."

Damit war unser nächster Schritt klar: Den inneren Beobachter aktivieren, besonders in stressigen Momenten, und bewusst entscheiden, wofür Anna ihre Zeit einsetzt. Eine kleine Extra-Aufgabe lautete: bewusst entscheiden und zu dieser Entscheidung stehen wie „Ich nehme mir Zeit und tue es auch wirklich.".

Energie ist nicht gleich Energie

Anna hatte ihre Beobachtungsaufgabe ernst genommen. Sie hatte festgestellt, dass sie für bestimmte Dinge viel Kraft aufwenden musste, während ihr andere leicht von der Hand gingen, doch sie nahm das kaum bewusst wahr. Sie erzählte: „Ich hatte mir vorgenommen, an meiner Unterrichtsvorbereitung zu arbeiten, aber irgendwie stand ich dann doch im Garten und hab Unkraut gezupft. Jetzt sieht alles wunderbar ordentlich aus, aber an meiner Vorbereitung war ich natürlich nicht dran."

„Wann genau hast du entschieden, das zu tun?", fragte ich sie.

Sie runzelte die Stirn. „Keine Ahnung. Es ist einfach passiert."

Ich ließ das einen Moment wirken. Dann bat ich sie zu reflektieren: „Wenn dein innerer Beobachter jetzt mal draufschaut – was würde er sehen?"

Anna überlegte. „Dass ich die ganze Zeit aktiv war. Ich habe Dinge erledigt. Aber es war nicht das, was ich mir vorgenommen hatte."

„Wenn du abends zurückschaust, was nimmst du dann wahr?", folgte meine nächste Frage.

Sie seufzte. „Dass ich nichts Richtiges geschafft habe."

Plötzlich weiteten sich ihre Augen. „Weil ich es gar nicht registriert habe! Ich war die ganze Zeit beschäftigt, aber ich habe mir nie bewusst gemacht, dass ich etwas getan habe. Deswegen fühlt es sich an, als hätte ich nichts gemacht."

Nachdenklich schüttelte sie den Kopf. „Und ich mache mir auch noch Vorwürfe, dass ich nicht an meinen Schulaufgaben war und ich mich wieder nicht zusammengerissen habe. Dabei habe ich etwas gemacht, nur unbewusst."

„Was passiert mit deiner Energie, wenn du dir Vorwürfe machst?"

„Ich brauche noch mehr davon", stellte Anna fest. „Weil ich mich selbst zusätzlich unter Druck setze. Kein Wunder, dass am Ende des Tages keine Energie mehr übrig ist." Nach einer kurzen Pause sah sie mich an. „Aber wieso genau diese Aufgaben? Warum nicht einfach die Unterrichtsvorbereitung?"

Sie überlegte ohne weiteren Anstoß von mir weiter. „Vielleicht, weil es mich entlastet hat? Weil es irgendwie einfacher war, etwas zu tun, das mir vertraut ist?"

Ich wartete auf ihre nächste Erkenntnis.

Leise sagte sie: „Aber ich will an den wichtigen Aufgaben dranbleiben…"

Ich nickte. „Das ist genau der Punkt. Wenn du nur nach Plan arbeitest, fehlt dir die Flexibilität. Wenn du nur spontane Gelegenheiten nutzt, verlierst du die Richtung. Dein Gehirn braucht beides – klare Strukturen, aber auch Freiräume, in denen es motiviert arbeiten kann. Es geht darum, diesen Rahmen so zu gestalten, dass er dich unterstützt, statt dich einzuengen."

Anna ließ den Gedanken wirken. „Also geht es nicht darum, mich zu zwingen, sondern darum, den Rahmen so zu bauen, dass mein Gehirn Lust darauf hat?"

„Genau", sagte ich. „Und damit fangen wir jetzt an. Das Energiemodell von Vera Birkenbihl hat mein Denken über Energie komplett verändert. Das möchte ich dir vorstellen."

Anna hob die Augenbrauen. „Energie-Modell?" Ich nahm einen Stift und skizzierte:

- A – Autonome Energie: Basisenergie für körperliche Prozesse wie Atmung, Verdauung und Immunsystem, die nicht bewusst gesteuert werden kann.
- B – Bin-ich-okay?-Energie: Energie für Selbstwert, Selbstkritik und soziale Sicherheit. Innere Zweifel oder negative Selbstgespräche kosten unnötig Kraft.
- C – Cortisol-/Zeit-Energie: Die Art, wie wir Zeit wahrnehmen und nutzen – strukturiert (Chronos) oder flexibel (Kairos).
- D – Disziplin-/Durchführungsenergie: Begrenzte Energie für bewusste Anstrengung. Ist sie aufgebraucht, wird jede Aufgabe schwer.
- E – Entwicklungsenergie: Kreativität, Wachstum und Neugier. Bleibt sie leer, fühlt sich der Alltag nur noch nach Funktionieren an.

Ich drehte das Blatt in Annas Richtung. „Jede dieser Energieformen ist begrenzt. Wenn du in einem Bereich zu viel verbrauchst, bleibt für die anderen weniger übrig." Ich ließ sie einen Moment darüber nachdenken. Dann fragte ich: „Wenn du an die letzten Minuten zurückdenkst, was hat dir am meisten Energie geraubt?"

Anna zögerte. „Wahrscheinlich meine Selbstvorwürfe... Dass ich nicht das gemacht habe, was ich mir vorgenommen hatte."

Ich nickte. „Das ist ein Beispiel für B-Energie. Wenn du ständig mit dir haderst, bleibt weniger Kraft für alles andere übrig."

Sie ließ das einen Moment sacken. „Also erschöpfe ich mich nicht nur durch das, was ich tue, sondern auch durch das, was ich über mich denke?"

Ich nickte. „Genau. Jetzt schauen wir uns noch die C-Energie an."

Chronos und Kairos – Zwei Arten von Zeit

Ich zeigte auf die nächste Energieform. „Ein entscheidender Faktor, wie wir unsere Energie nutzen, ist unser Umgang mit Zeit. Da gibt es zwei grundlegend unterschiedliche Prinzipien: Chronos und Kairos. In der griechischen Mythologie war Chronos der Gott der messbaren Zeit. Er wird als alter Mann mit einer Sanduhr dargestellt. Chronos ist die Zeit, die stetig vergeht. Die, die wir auf Uhren ablesen, in Plänen festhalten, die unsere To-do-Listen bestimmt. Er steht für den strukturierten, durchgeplanten Alltag, in dem eine Aufgabe die nächste bestimmt."

„Das kenne ich von Freunden. Die planen ihren ganzen Tag durch und dann arbeiten sie einfach Punkt für Punkt ab", ergänzte Anna.

Mit einem Nicken fuhr ich fort: „Chronos folgt einem festen System. Kairos hingegen ist sein Gegenspieler. Er ist der Gott des richtigen Moments, der günstigen Gelegenheit. Stell ihn dir als jungen Mann mit einer Stirnlocke vor. Wenn er vorbeikommt, musst du ihn im richtigen Moment am Schopf packen, sonst ist die Gelegenheit vorbei. Kairos plant nicht, er reagiert auf das, was sich ergibt."

Anna lachte. „Mein Gehirn *ist* Kairos! Ich nehme mir etwas vor, aber wenn sich eine Gelegenheit ergibt, folge ich ihr einfach."

„Manche Menschen sind mehr wie Chronos, sie brauchen Struktur, weil sie sich sonst verloren fühlen. Andere sind eher Kairos, sie leben im Moment, lassen sich treiben und reagieren flexibel. Beides hat seinen Platz, aber wenn du gegen deine natürliche Zeitwahrnehmung arbeitest, kostet es unnötig viel Energie", fügte ich als weitere Erklärung an.

Anna wurde nachdenklich. „Dann ist es ja gar nicht falsch, dass ich so bin. Ich dachte immer, ich müsste mich strenger an Pläne halten, mich mehr zusammenreißen. Aber es geht gar nicht darum, nur einem Prinzip zu folgen?"

„Es geht darum, sie so zu kombinieren, dass beides für dich funktioniert."

„Also kann ich manche Aufgaben nach Chronos planen und andere nach Kairos?", folgerte Anna.

„Absolut. Die Mischung macht's. Wenn du weißt, welche Aufgaben eine klare Struktur brauchen und welche von Kairos-Impulsen profitieren, nutzt du deine Energie besser, ohne dich dabei zu stressen."

Ein Lächeln huschte über Annas Gesicht. „Dann kann ich aufhören, mich ständig selbst niederzumachen, weil ich nicht ‚streng genug' plane. Ich muss nur herausfinden, wie Chronos und Kairos für mich zusammenpassen."

Ich nickte. „Nachdem wir nun herausgefunden haben, wie du deine Zeit sinnvoller einteilen kannst, bleibt noch eine Frage: Warum fühlt es sich trotzdem manchmal schwer an, dranzubleiben?"

Anna runzelte die Stirn. „Stimmt. Selbst wenn ich weiß, wie ich meine Zeit gestalten will, fällt es mir oft schwer, wirklich loszulegen oder eine Aufgabe abzuschließen. Es kostet manchmal so viel Kraft und ich weiß gar nicht, warum."

Ich lehnte mich zurück. „Da sind wir bei der D-Energie. Der Energie, die du brauchst, um Dinge durchzuführen und abzuschließen."

D-Energie: Warum fühlt sich manches schwerer an als anderes?

Anna kam mit einem Aha-Moment in die nächste Sitzung. „Ich verliere total viel Energie bei Dingen, die eigentlich schon gut genug wären. Ich wollte etwas für meine Schüler:innen überarbeiten. Eigentlich war alles fertig. Aber dann musste ich die Arbeitsblätter schöner formatieren, die Struktur straffen und plötzlich waren zwei Stunden weg, ohne dass sich inhaltlich groß etwas geändert hat."

„Spannend, und warum passiert dir das nicht beim Unkraut jäten im Garten?", fragte ich sie.

„Gute Frage... Ich mache es einfach. Ich weiß, was zu tun ist. Wenn ich fertig bin, bin ich fertig."

Ich nickte. „Gartenarbeit kostet kaum D-Energie. Die Schritte sind klar, es gibt keine langwierigen Entscheidungen und du siehst das Ergebnis. Was ist bei deinem Arbeitsblatt anders?"

Anna dachte erst einen Moment darüber nach. „Da könnte ich immer weiter machen. Ich bin total unsicher und weiß nicht genau, wann es gut genug ist."

„Du erinnerst dich: D-Energie brauchen wir für die bewusste Durchführung. Also für Aufgaben, die uns schwerfallen und die sich eben nicht von selbst erledigen. Je unklarer sie ist, desto mehr D-Energie kostet sie."

„Also wäre es leichter, wenn ich vorher genau festlege, was ich tun will?", hakte Anna nach.

„Ja. Wenn du eine Aufgabe wie Gartenarbeit strukturierst, mit klaren Schritten und einem definierten Endpunkt, brauchst du weniger D-Energie."

Sie schrieb mit: Was genau soll getan werden? Was gehört nicht dazu? Wann ist es fertig?

Nachdenklich schaute Anna mich an. „Wenn ich das vorher festlege, muss ich nicht ständig überlegen, ob ich noch etwas verbessern sollte."

Perfektionismus: das Streben nach Unendlichkeit

„Wieso ist es manchmal trotzdem so schwer, aufzuhören?", wollte ich von Anna wissen.

Sie seufzte. „Ich denke, es könnte noch ein bisschen besser sein."

„Willkommen in der Perfektionismus-Falle. Perfektionismus ist das Streben nach Unendlichkeit. Und Unendlichkeit braucht unendlich viel D-Energie. Denn, wenn es immer noch besser geht, wirst du nie fertig", sagte ich und lächelte ihr entgegen.

„Das erklärt, warum ich mich oft erschöpft fühle. Ich höre nicht auf, wenn es gut genug ist, sondern erst, wenn ich völlig leer bin."

Ich ließ ihr einen Augenblick, dann hakte ich nach: „Was wäre, wenn du vorher festlegst, was ‚gut genug' ist?"

Sie dachte kurz nach und notierte sich dann: Für wen mache ich das? Welchen Zweck soll es erfüllen? Welche Qualität ist notwendig?

Dann atmete Anna tief aus. „Ich könnte ganz gezielt entscheiden, wann es reicht und mich daranhalten."

„Was, wenn dein Kritiker trotzdem sagt, du sollst es ‚besser machen'?"

Anna begann zu grinsen und antwortete schließlich: „Dann sage ich ihm, dass ich mich schon vorher entschieden habe, was gut genug ist."

Im weiteren Verlauf des Coachings arbeiteten wir mit dem online Systembrett, um Annas innere Anteile – den Kritiker, den Antreiber, den Perfektionisten – sichtbar zu machen. Das half Anna, ihre inneren Stimmen besser zu verstehen und in einen harmonischen, zielführenden Dialog zu bringen. Diesen Teil zu erläutern, würde an dieser Stelle den Rahmen sprengen, war aber ein wichtiger Baustein für ihren nachhaltigen Umgang mit Perfektionismus.

Sechs Monate später: vom Reagieren zum Gestalten

Sechs Monate später sahen wir uns wieder und Anna berichtete: „Ich habe so viel verändert, dass es mir fast unwirklich vorkommt. Ich dachte, ich gebe dir mal ein Update." In einer letzten Reflexionssitzung betrachteten wir mit der Outside-In und Inside-Out Methode, was sich verändert hatte und wohin sie als

Nächstes wollte. Mit dieser Methode lassen sich Veränderungen bewusst machen, indem man die Vergangenheit von außen nach innen reflektiert und die Zukunft von innen nach außen plant. Sie hilft, Muster zu erkennen, Prioritäten zu setzen und gezielt zu gestalten.

„Mein Motto war: Das Leben aktiv gestalten. Jetzt lebe ich es wirklich", sagt Anna. Sie hält einen Moment inne, lächelt dann. „Und weißt du was? Ich bin ziemlich stolz auf mich."

Outside-In: Was hat sich im Außen verändert?

„Ich habe mir gesunde Routinen aufgebaut. Das, was wir zu Routinen besprochen haben, hilft mir, Dinge wirklich dauerhaft umzusetzen. Mein Alltag ist klarer. Ich entscheide bewusster, wann ich Kairos nutze und wann Chronos sinnvoll ist. Ich plane mit Augenmaß, verteile meine Energie besser und verliere mich nicht mehr in Perfektionismus."

Inside-Out: Was hat sich in mir verändert?

„Ich achte auf meine Bedürfnisse und äußere sie auch. Mein inneres Team arbeitet zusammen. Ich kann mich auf mich verlassen. Ich weiß, wann ich Struktur brauche und wann ich dem Moment folgen kann. Ich habe verstanden, dass ich nicht noch mehr leisten muss, um wertvoll zu sein."

Ich ließ sie innehalten. „Was wird dein Motto fürs nächste Jahr?", wollte ich abschließend von ihr wissen.

Anna lächelte. „Dranbleiben. Weiterhin wachsen. Noch mehr genießen, was ich schon verändert habe."

Ich nickte ihr zu. „Klingt nach einem Plan."

Dr. Jo Aschenbrenner

Hi, ich bin Dr. Jo Aschenbrenner und Expertin für berufliche Neuausrichtung. Als Karriereberaterin und Coach stehe ich für mehr als einen Jobwechsel: für den Weg in deine erfüllte Karriere und letztlich für den Weg zu dir selbst. Ich möchte dazu beitragen, dass mehr Frauen in einflussreichen Positionen arbeiten und die Balance von Karriere und Kindeswohl gelingt.

Meinen Coaching-Case habe ich ausgewählt, weil er eindrucksvoll zeigt, wie tiefe Selbsterkenntnis und berufliche Veränderung Hand in Hand gehen und zum Erfolg führen.

Case-Übersicht

- Ausgangssituation: Milena suchte einen neuen Führungsjob. Auch privat hatte sie viele Baustellen.

- Zielsetzung: Sie wollte wissen, welcher Job wirklich zu ihr passt und wie sie als Mutter ruhiger und liebevoller für ihre Kinder da sein konnte.

- Methoden: Visionsentwicklung, imaginative Teilearbeit, Emotionsregulation, Ressourcenaktivierung, Rollenanalyse, Kompetenzprofil

- Ergebnis: Neuer Job, liebevollerer Kontakt zu ihren Kindern

Was will ich jenseits von Erwartungen?
Milenas Weg zum neuen Job

Milena entschied sich in wenigen Millisekunden aus dem Bauch heraus, telefonisch ein Coaching mit mir zu beginnen. Etwas, das sie seit Langem nicht mehr gewagt hatte. Normalerweise grübelte sie lange, bevor sie Entscheidungen traf. Dieser spontane Schritt erwies sich als wundervoller Auftakt für einen ganz besonderen Coaching-Prozess. Nach einer Umstrukturierung in ihrer Business Unit war in ihrer gesamten Abteilung kein Platz mehr vorhanden – Milena wurde wie alle anderen gekündigt. Zunächst freigestellt, nutzte sie diese Zeit für eine Weiterbildung, die ihr jedoch nicht zur beruflichen Klarheit verhalf. Als sie ins Coaching kam, stand sie ohne Anstellung da und wollte herausfinden, welcher Job wirklich zu ihr passte und ihr guttat. Vorschnelle Entscheidungen, allein um die äußere Sicherheit eines Jobs zu erlangen, waren für sie keine Option. Zudem lag ihr viel daran, ihre Rolle als Führungskraft mit der Verantwortung als Mutter von drei Kindern unter zehn Jahren in Einklang zu bringen. Über mehrere Wochen hinweg arbeiteten wir intensiv zusammen und Milena erreichte ihr Ziel: Sie fand einen Job, der zu ihr passte, sich gut mit ihrem Familienleben vereinbaren ließ und der ihr vor dem Start eine viermonatige Auszeit ermöglichte.

Das Lebensrad als Spiegel

Milenas Leben war in Aufruhr. Nicht nur ihre Karriere stand auf dem Spiel, auch privat hatte sie viele Baustellen. Im Coaching ist es mir wichtig, den beruflichen Neuanfang und die Karriereambitionen im Kontext der gesamten Lebenssituation meiner Kundinnen zu betrachten. Deshalb starteten Milena und ich mit einer Analyse der verschiedenen Lebensbereiche mithilfe des Lebensrads – einem Instrument, das 1960 von Paul J. Meyer entwickelt wurde. Gemeinsam betrachteten wir den bunten Zettel mit den verschiedenen Lebensbereichen von Beruf über soziale Beziehungen bis zu Gesundheit und Spiritualität. Es wurde deutlich, dass es Milena nicht nur um eine neue Arbeitsstelle ging, in der sie ihre Führungserfahrung einbringen und weiterhin finanziell erfolgreich sein konnte. Sie wollte auch einer sinnvollen Tätigkeit nachgehen und sich bei der Arbeit glücklich fühlen.

Daneben gab es Themen in ihrem Privatleben, in die sie mehr Ruhe bekommen wollte. Sie wollte die Beziehung zu ihrem siebenjährigen Sohn entspannen und sich von seinem Nein-Sagen nicht mehr auf die Palme und an ihre Grenzen bringen lassen. Den ‚kalten Krieg‘ mit den Schwiegereltern wollte sie beenden, auch wenn sie keine Ahnung hatte, wie das gehen sollte. Mit Wehmut erkannte sie, dass sie und ihr Mann im typischen Familienalltag mit drei kleinen Kindern feststeckten und sie sehnte sich nach der einst empfundenen Nähe und Verbundenheit. Obwohl ihre Ehe funktionierte, lief sie oft nebenbei. Außerdem gab es ständig Diskussionen darüber, wann es (aus seiner Sicht) Zeit zum entspannten Sofa-Chillen war und wann es (aus ihrer Sicht) Zeit zum Erledigen von Care-Aufgaben war.

Die größte Sorge bereitete ihr ihre große Tochter. In ihrer Grundschulklasse prallten schwierige Gruppendynamiken mit Mobbingaspekten aufeinander und stürzten Milenas Tochter in tiefe Selbstzweifel und Ängste. Milena wurde oft von der verzweifelten Gefühlswelt ihrer Tochter beeinflusst, sodass sie ihr in dieser inneren Verfassung keine Stütze sein konnte. So sehr sie versuchte, sich mit Meditation und Atemtechniken zu helfen, sobald sie ihre Tochter beim Abholen von der Schule so unendlich traurig auf dem Schulhof entlang trotten sah, war es um ihre Fassung geschehen.

Eine zentrale Kraftquelle war ihre spirituelle Verbindung. Milena erzählte mir, sie ‚bestelle regelmäßig beim Universum‘. Damit meinte sie, das Gesetz der Anziehung zu nutzen, um mit ihren Gedanken und Emotionen positive Signale zu senden, die zusammen mit ihrem Handeln die gewünschten Ergebnisse herbeiführten. Sie konnte für sich formulieren, dass sie „all diese Reibungen" spürte und wusste, dass sie in einem persönlichen Transformationsprozess war und innerlich wuchs. Dafür konnte sie auf das Wissen aus ihrer Coaching-Ausbildung zurückgreifen. Dennoch sah sie aktuell keinen Weg aus ihrem Dilemma.

Was will ich jenseits von Erwartungen?!

Milena wuchs in einem Elternhaus auf, in dem stets Stärke und Durchhaltevermögen gefordert worden waren. Ihre Eltern hatten als Einwanderer ohne Deutschkenntnisse in Deutschland stabile Karrieren, Grundeigentum und ein verlässliches soziales Netzwerk aufgebaut. Leistung und die Anpassung an gesellschaftliche Erwartungen waren zentral.

Bei der Visionsentwicklung für Milenas gesamtes Leben inklusive der beruflichen Neuausrichtung stand ihr der Glaubenssatz des ‚Stark-Sein-Müssens‘ sehr im Weg. Denn wie sollte sie ins Träumen und Imaginieren kommen, wenn nur berufliche Optionen ‚erlaubt‘ waren, die sie als starke Frau in einer Führungsposition darstellten? Außerdem war sie durch ihr Stark-sein-müssen grenzenlos erschöpft und daher schnell genervt von ihrem Sohn, verzweifelt mit ihrer großen Tochter und wütend auf ihren Ehemann. In diesem Zustand empfand sie viel Ärger, Unzufriedenheit und Ohnmacht. Sie hatte Migräne, viele Infekte und war total verspannt. Um sich zu beruhigen, aß sie viel Schokolade und schaute Fernsehen. Am liebsten hätte sie im Stress laut geschrien, doch ihre kontrollierte Art hinderte sie daran.

In dieser turbulenten Lebensphase und vor allem im Kontakt mit ihrer großen Tochter halfen ihr die drei Schritte des Selbstmitgefühls nach Kristin Neff. Diese lauten:

- Unvoreingenommen alle aufkommenden Gedanken, Emotionen und körperlichen Empfindungen beobachten.

- Sich bewusst machen, dass man mit dem inneren Tumult nicht alleine ist, sondern Teil der ‚Common Humanity‘, in der sich viele Menschen ähnlich fühlen.

- Sich einen selbstfreundlichen Satz zusprechen. Für Milena war es: „Das ist gerade schwer für mich. Ich vertraue ins Leben.“

So gelang es Milena schrittweise, in sich selbst eine „bewertungsfreie Zone der Liebe und Weisheit für alle schmerzvollen wie fröhlichen Gefühle zu errichten“. Symbolisiert wurde das für sie durch einen imaginären Rückzugsort, eine Hütte im Wald, begleitet von Schutztieren wie einem Falken, Bären, Wolf und Hund.

Eine neue Vorstellung von Erfolg

Je mehr sich Milena in den nächsten Wochen erholte, desto klarer konnte sie ihre Vision sehen und beschreiben. Sie suchte ein Team, in dem die Zusammenarbeit menschlich war und man sich gegenseitig half. Erfolg bei der Arbeit hieß für sie, dass ihre Arbeit für andere nützlich war. Sie wollte Wertschätzung geben und erhalten. Außerdem war es unerlässlich, sich ehrlich zu begegnen. Machtspiele nervten sie. Geld war ihr wichtig, um den eigenen Lebensstandard zu halten. Darüber hinaus spielte Geld als Statussymbol keine Rolle für sie. Sie erkannte, dass sie gar nicht unbedingt eine angesehene Position als HR Business Partner suchte, sondern ihre Wünsche und Talente viel eher im Bereich Personalentwicklung lagen. Hier konnte sie sich durchaus eine Referentenstelle ohne Führungsverantwortung vorstellen.

Auch für ihr Privatleben konnte Milena vor ihrem inneren Auge sehr genau sehen, wie sich ihr Familienalltag veränderte. Sie wollte wieder mehr kuscheln und lachen mit den Kindern und stellte sich konkret vor, welche lustigen Dinge sie mit ihnen unternahm – von einer eigenen Modenschau bis zum Buddeln im Matsch. Sie sah sich, wie sie ihrer großen Tochter mit innerer Ruhe und Stabilität zur Seite stand und ihr vermittelte, dass sie wunderbar und gut genug war, unabhängig davon, wie blöd sich deren Schulkamerad:innen verhielten. In der Beziehung zu ihrem Mann sah sie sich zusammen mit ihm auf der Couch chillen und das sogar genießen. Die beiden waren sich als Paar wieder nähergekommen und lebten eine fröhlichere Beziehung. Sie stellte sich vor, ihn aus lauter Liebe in ein wunderschönes Restaurant einzuladen.

Innere Stimmen: Schatten und Licht

Kaum hatte Milena aus der größeren Ruhe und Entspannung heraus diese Vision formuliert, regte sich in ihr ein widersprüchlicher innerer Dialog. Eine innere Stimme lehnte die vermeintlich ‚unambitionierten' beruflichen Ziele in der

Personalentwicklung ab. Noch stärker war die Stimme, die ihr suggerierte, es als Mutter falsch zu machen, weil es ihr nicht gelang, ihre Tochter zu stärken.

Daher befassten wir uns intensiv mit diesen inneren Anteilen. Wir entdeckten drei Stammspieler aus dem ‚Team Saboteur'. Den kritischen Perfektionisten, den Antreiber und ein verletztes inneres Kind. Die drei waren sehr geübt darin, gemeinsame Sache zu machen. So hatte das innere Kind Unmengen an Zweifeln in Milenas Körper gespült, vermischt mit Einsamkeit und Traurigkeit. Milena wusste dadurch plötzlich gar nicht mehr, was sie wollte. Der kritische Perfektionist hatte sehr große Angst vor negativer Kritik und bemühte sich daher, alles richtig zu machen und alle Erwartungen zu erfüllen. Er wollte, dass Milena in ihrer Familie und der Schwiegerfamilie akzeptiert wurde. Vor der Meinung anderer hatte er große Angst. Milena wurde an dieser Stelle deutlich, dass sie die – vermeintlichen – äußeren Annahmen über sie, ihren Erfolg und ihre Lebensleistung vollkommen verinnerlicht hatte. Den inneren Antreiber mochte Milena irgendwie, obwohl er ihr das Leben schwermachte. Er gehörte sehr eng zu ihr und hatte dazu beigetragen, dass sie im Job erfolgreich war, viel Geld verdient und zu Hause alles im Griff hatte. Das Team Saboteur wollte also bei ihrer Vision mitreden und die ihr zur Verfügung stehenden Möglichkeiten begrenzen.

Anteile, die uns sabotieren, haben einen guten Grund dafür. Sie wollen uns vor einer erneuten Verletzung beschützen. Meistens sind diese Verletzungen früh in unserer Kindheit entstanden und schützen eine Ur-Wunde. Mit Ur-Wunde sind unbewusste Überzeugungen über uns selbst gemeint wie „Ich bin nicht gut genug.", „Ich komme zu kurz.", „Ich bin es nicht wert, beachtet zu werden.", „Ich brauche niemanden, ich schaffe das allein.", „Ich bin so wenig wert und Dank habe ich nicht verdient." oder „Ich werde geliebt, wenn ich etwas leiste." (nach Lowen, Charakterstrukturen).

Der Antreiber und der Perfektionist im inneren Team von Milena wollten sicherstellen, dass sie über Leistung geliebt wurde und Anerkennung bekam. Das innere Kind wollte endlich bedingungslose Liebe und Schutz.

Diese Anteile waren seit Jahren eingespielt und hielten Milena in alten Mustern gefangen. Doch war das noch zeitgemäß für eine erfolgreiche, erwachsene Frau über 40? Im Coaching erkannte sie, dass sie nicht gegen diese Stimmen kämpfen musste, sondern sie hören und beruhigen durfte. Mit der Zeit gelang es ihr, ihre eigenen Bedürfnisse anzuerkennen, ohne sich von Erwartungen anderer bestimmen zu lassen. Es war an der Zeit, ihrem ‚why‘, ihren wahren Zielen und ihren Talenten im Beruf und im Leben zu folgen.

Innere Widerstände überwinden

Es war Zeit für eine grundlegende Veränderung und nicht nur für oberflächliche Strategien und Methoden. Milena begann, ihr Handeln, Denken und Fühlen zu erweitern. Sie hatte viel mehr Optionen, als es die Saboteure vermuten ließen und als Milena es zeitweise glaubte. Wir stellten dem Team Saboteur in dieser Phase des Coachings das ‚Team Ur-Kraft‘ entgegen. Die Teams standen sich in der Relation 3:1 gegenüber. Ein Saboteur auf drei Ur-Kraft-Spielerinnen.

Diese Relation übernahmen wir aus der positiven Psychologie und den Neurowissenschaften, denn unser Gehirn ist darauf programmiert, das Negative stärker wahrzunehmen und braucht daher ein starkes positives Gegengewicht.

Die Aufstellung des Teams Ur-Kraft nahm einige Zeit in Anspruch, weil in Milenas Innerem viel Widerstand herrschte. Wir gingen zunächst über positive Bilder, Emotionen, Musik und Gerüche, um überhaupt die positive Seite am ängstlichen Verstand vorbei zu erwecken. Der Satz ‚energy flows where attention goes‘ spielte hier eine Rolle. Wenn also Milenas Aufmerksamkeit auf den Saboteuren lag, konnten diese im Unterbewusstsein ungehindert wirken. Lag Milenas Aufmerksamkeit hingegen auf dem Team Ur-Kraft, auf angenehmen Emotionen und Bildern, konnte sie Schritt für Schritt ihr Unterbewusstes zum Positiven hin umprogrammieren.

Wer bin ich in Wahrheit?!

Wer war Milena nun in Wahrheit?! Ihre Saboteure oder ihr Team Ur-Kraft bzw. ihr Ur-Ich? Ich bin überzeugt, dass wir alles gleichermaßen sind. Unsere Wahrheit ist ganzheitlich. Wir sind die Schatten, wie das Licht. Doch wir können uns jede Minute unseres Lebens entscheiden, auf welche Energie und welche Anteile von uns wir den Fokus legen und wo unsere Wahrheit ist.

Milena erkannte als ihre Wahrheit, dass sie in sich eine weise, ältere Person, vielleicht eine Schamanin, trug. Sie erlebte eine innere, liebevolle Instanz, die Milena wie ein Kuschelbär umarmte. Zudem hatte sie ihre Großtante in sich, die immer in Aktion war und dafür sorgte, dass Milenas wahre Ziele – nicht die der Saboteure – umgesetzt wurden. Milena nahm sich Zeit mit ihrer Tochter und erzählte ihr Geschichten über die Ur-Kraft. Das waren unbezahlbare Momente für beide.

Was kann ich?!

Auf dieser Basis schauten wir uns im Coaching nun an, welche Talente Milena hatte und zu welchem Berufsbild sie passten. Hätten wir zu Beginn des Coachings über Talente und Stärken gesprochen, hätte Milena diese nicht oder nur schwerlich benennen können. Nicht nur Milena, viele erfolgreiche Frauen kommen mit der Bitte zu mir ins Coaching, dass ich ihre Stärken benennen soll. Sie haben teilweise jahrelang unter Chefs und mit Kollegen gearbeitet, die sie viel kritisiert und nie anerkannt haben. Gemeinsam mit dem inneren Kritiker haben sie sich dann daran gewöhnt, an sich und ihrem Können zu zweifeln. So war es auch bei Milena gewesen.

Gemeinsam mit dem Team Ur-Kraft gelang es Milena, ihre Talente anzuerkennen und wieder in Worte zu fassen. Zu ihren Talenten gehörten ihre schnelle Auffassungsgabe, ihre analytische Herangehensweise, ihre Lösungsorientierung und Hands-on Mentalität sowie ihre große Empathie und Teamfähigkeit. Außerdem erstellten wir eine längere Liste ihrer Kompetenzen, damit Milena einen guten Überblick über alles hatte, was sie konnte und beherrschte.

Im nächsten Schritt glichen wir ihre Fähigkeiten mit verschiedenen beruflichen Optionen ab. Zur Diskussion standen verschiedene Positionen aus dem Personalmanagement, ebenso wie eine Selbstständigkeit als Coach oder als Personal Trainer. Beim Abgleich kam das Team Saboteur wieder ins Spiel. Als HR Business Partner konnte sie zum Beispiel ihre Verhandlungskompetenz und ihre situationsbezogene Härte einbringen. Das gefiel dem inneren Antreiber. Als HR Generalistin wäre ihr innerer Kritiker befriedigt, weil es eine Rolle war, die eher unter ihren Fähigkeiten lag. Im Bereich Personalentwicklung und Talentmanagement war der größte Match mit dem Team Ur-Kraft, doch der kritische Perfektionist war zunächst nicht überzeugt. Erst recht erlaubte der kritische Perfektionist zum aktuellen Zeitpunkt nicht den Schritt in die Selbstständigkeit.

Wir befragten sodann das Team Ur-Kraft. Es stimmte zu, dass es aktuell nicht der richtige Moment für eine Selbstständigkeit war, weil Milena noch erschöpft war und ihre drei Kinder Aufmerksamkeit brauchten. Für eine Trainertätigkeit gab es aktuell ebenfalls keine Zustimmung. Jedoch gefiel dem Team Ur-Kraft die Rolle der Personalentwicklung.

Als Milena wieder Ordnung in ihr inneres Team gebracht und sich für den Bereich Personalentwicklung/Talentmanagement entschieden hatte, war sie durch die Vorarbeit aus dem Coaching in der Lage, für Bewerbungsgespräche geeignete Geschichten für ihr Storytelling zu entwickeln. Sie führte ihre Talente und Erfolge in ihrem Lebenslauf auf und formulierte souveräne Anschreiben.

Außerdem suchte sie den Kontakt zu Menschen in ihrem Netzwerk und führte produktive Gespräche.

Immer mal wieder meldete sich auf dieser Wegstrecke ihr Saboteur-Team. So schrie der Antreiber: „Du musst fleißig sein!". Er konnte es nicht ertragen, wenn Milena an einem Tag nicht durchgehend an ihrem Bewerbungsprozess gearbeitet hatte. Der kritische Perfektionist war nie zufrieden und wollte sie immer wieder glauben lassen, dass sie nicht gut genug für den neuen Job war. Er war der Meinung, dass in der Stellenanzeige Dinge standen, die sie gewiss nicht konnte. Außerdem waren andere besser als sie. Er mahnte sie, was wohl ihre Eltern denken mochten, wenn sie einen Job annahm, der ‚unter‘ dem vorherigen lag, ihr aber mehr Freude bereitete. „Was sollen denn die Leute von dir denken?!", schrie er ihr entgegen. Dann kam noch der Sparfuchs hinzu, der sie ermahnte, in der Zeit ohne Job bloß nicht zu viel Geld auszugeben. Für kleine Freuden des Alltags, für neue Markenklamotten oder für Urlaub war wirklich nicht der richtige Moment, meinte dieser Anteil. Dann flüsterte plötzlich eine Stimme zu Milena: „Vieles, was dir beruflich gelungen ist, hast du dem Zufall zu verdanken, nicht deiner Leistung. Eigentlich bist du eine Mogelpackung."

Die inneren Saboteure wirkten im Privatleben weiter. Wenn Milena nicht aufpasste, machte ihr der innere Kritiker weiß, dass sie eine miese Mutter war und ihrer Tochter nicht helfen konnte. Außerdem hatte sie den Haushalt nicht im Griff und war eine Versagerin auf ganzer Linie. Milena glitt wieder in eine innere Ohnmacht und Verzweiflung ab.

Das hielt nicht lange an, denn bei diesen Aussagen des Saboteur-Teams nutzte Milena das Gegenmittel des Selbstmitgefühls. Außerdem konnte sie sich inzwischen bewusst in positive Emotionen versetzen. Für Milena waren Annahme, Zuversicht, Geborgenheit, Sicherheit, Freude, Liebe, Kraft und Leichtigkeit wichtig. Von Tag zu Tag gelang es ihr besser, diesen inneren positiven Zustand – trotz aller Gegenwehr aus dem Saboteur-Team – zu erzeugen. Dabei halfen ihr die entdeckten Krafttiere: der Falke, der Bär, der Wolf und der Hund.

Ein neues Kapitel

Sechs Wochen nach Ende des Coachings rief mich Milena an und erzählte mir, dass sie gerade ihren neuen Arbeitsvertrag im Bereich Talentmanagement in einer großen Firma unterschrieben und jetzt noch vier Monate frei hätte, genau wie sie es sich gewünscht hat. Sie arbeitet weiter daran, die Beziehung zu ihrem Sohn ruhiger zu gestalten und ihrer Tochter als Quelle von Liebe und Akzeptanz zur Seite zu stehen – so wie sie es für sich selbst tut. Ihren Mann hat sie zu einem wunderschönen Abendessen eingeladen.

Jasmin Roopra-Pfeffer

Hi, ich bin Jasmin und meine Mission ist es, Menschen den einfachsten Weg zu einem ausgeglichenen und erfolgreichen Leben zu zeigen. In der Einfachheit findet man immer den schnellsten Weg zur Zielerreichung. In meinen Trainings zeige ich meinen Klient:innen, wie sie aus ihrer Alltags-komplexität herauskommen, damit ein stress-freies und erfolgreiches Leben Realität wird.

Meinen Case habe ich ausgewählt, weil er eindrucksvoll zeigt, wie mächtig Strukturen und Routinen bei der täglichen Zielerreichung sind.

Case-Übersicht

- Ausgangssituation: Marie war dreifache Mama und Brand Designerin und fühlte sich zwischen Business und Familie erschöpft.

- Zielsetzung: Sie wollte primär mehr Energie und Struktur, damit sie ihre To-dos abarbeiten konnte, aber auch Deadlines zuverlässig einhielt.

- Methoden: Resilienz-Training in Form von einfachen alltagstauglichen Anti-Stress-Übungen, Etablierung von Routinen und Strukturen

- Ergebnis: Umsatzsteigerung und mehr Zeit für ihre Familie

Wenn aus Struktur im Leben echter Businesserfolg wird

Marie, eine Unternehmerin im Bereich Branding und Mutter von drei Kindern, träumte schon immer davon, ihr Business auf das nächste Level zu heben. Sie hatte sich bereits ein Businesscoaching bei einem anderen Anbieter gebucht, konnte die Inhalte aber nicht ausreichend umsetzen, weil sie im Alltag nicht dazu kam. Und somit sah sie sich täglich mit Herausforderungen konfrontiert, die ihren Fortschritt verhinderten.

Ihre größte Hürde: der Kampf gegen die Zeit. Zwischen der Arbeit mit ihren Kunden, der Verwaltung des Geschäfts und den privaten Herausforderungen, die drei Kinder eben mit sich bringen, blieb kaum Raum für strategische Aufgaben wie Akquise oder Marketing für ihr Business. Zusätzlich erschwerte ihr eine fehlende Struktur, Termine zu halten und gleichzeitig Zeit für sich selbst zu finden.

Als wir uns das erste Mal trafen, war Marie sehr erschöpft und unsicher, wie sie diesen Kreislauf durchbrechen konnte. Sie ärgerte sich über sich selbst und die vielen Fehlinvestitionen, die ihr Business bereits mit sich gebracht hatte. Trotzdem spürte ich ihren Willen, etwas zu verändern. Sie war bereit, neue Wege zu gehen – brauchte jedoch eine klare Struktur und mehr Zeit, um ihre Ziele nicht nur zu definieren, sondern auch konsequent zu verfolgen. Denn eines ihrer Probleme war die Einhaltung von bereits vereinbarten Deadlines. Ihre Kund:innen waren bis zu diesem Zeitpunkt immer sehr verständnisvoll gewesen. Allerdings war Marie innerlich verzweifelt, weil sie immer nur nacharbeitete und keine Zeit mehr für echte Kreativität hatte.

Der Start: Ein klarer Blick auf die Ausgangslage

In der ersten unserer sechs Sessions tauchten wir tief in Maries aktuelle Situation ein. Wir nahmen uns Zeit, ihre täglichen Abläufe, ihre Prioritäten und die Herausforderungen zu analysieren, die sie davon abhielten, nachhaltig erfolgreich zu arbeiten.

Hierbei kristallisierten sich schnell mehrere Schlüsselpunkte heraus:

1. **Unklare Prioritäten:** Marie hatte immer wieder Schwierigkeiten, zwischen dringenden und wichtigen Aufgaben zu unterscheiden. Sie fokussierte sich zu sehr auf die oberflächlichen Tätigkeiten, wie die Optimierung ihrer Landing Page, ein Shooting für neue Fotos oder Netzwerken in Gruppen, in denen kein Austausch mit Mehrwert stattfand. Daher blieb für die erforderliche Kerntätigkeit wie die Akquise keine Zeit. Und somit waren die Monate oft Nullsummenmonate. In dieser Spirale hatte sie ihre eigentliche Priorität, nämlich ihr Business aufzubauen, immer mehr aus den Augen verloren.

2. **Mangel an Routinen:** Ihr Tag war von Spontanität geprägt, was oft zu Stress und ineffizientem Arbeiten führte. Das resultierte oft in eingeschobenen akuten Terminen und parallel laufenden Verpflichtungen. Somit verlor sie immer mehr die Übersicht über die Dinge, die tatsächlich zu tun waren. Jeder Tag war anders. Somit verbrannte Marie sehr viel Energie, um immer an alles zu denken.

3. **Selbstfürsorge als Nebenrolle:** Marie nahm sich kaum Zeit für sich selbst. Dies beeinträchtigte nicht nur ihre Energie und Kreativität, sondern führte auch zu dem Gefühl, ständig im ‚Hamsterrad' zu laufen. Es war bereits so schlimm, dass sie Unruhe sowohl mental als auch körperlich spürte. Sei es in Form von Verdauungsbeschwerden oder in Form von Hautausschlägen. Der

ganze Körper geriet immer mehr in Alarmbereitschaft. Aber Loslassen war keine Option. Denn das hätte ja bedeutet, dass sie aufgab.

Der Prozess: Struktur und Fokus durch gezielte Strategien

Gemeinsam entwickelten wir einen maßgeschneiderten Plan, der sich in fünf Schritten über fünf Wochen entfaltete.

Jede Woche baute auf der vorherigen auf, sodass Marie nicht nur lernte, sondern auch direkt umsetzen konnte. Durch wöchentliche Check-Ins und Rückfragen durch mich, welche Themen bereits etabliert waren, war gesichert, dass sie auf Kurs blieb und nicht durch irgendwelche Ablenkungen den Fokus verlor. Die fünf Schritte waren:

1. Klarheit durch Reflexion und Zielsetzung

Wir begannen mit einer tiefgreifenden Reflexion. Ich stellte ihr die folgenden Fragen:

- Was möchtest du in deinem Business erreichen?
- Was ist dein konkretes Ziel?
- Warum hast du dein Business gestartet?
- Was tust du aktuell täglich für die Zielerreichung?
- Was hält dich davon ab, deine Ziele zu verfolgen?
- Was bedeutet Erfolg für dich persönlich und beruflich?

Die Antworten dazu legten den Grundstein für alles Weitere. Marie erkannte, dass sie nicht nur ein Umsatzwachstum anstrebte, sondern auch eine Lebensqualität, die ihr Raum für Kreativität und persönliche Entwicklung ließ.

Gerade im Kreativbereich sind Pausen besonders wichtig. Sonst strömt die Kreativität nicht mehr. Die alleinige Abhängigkeit von Suchmaschinen, um auf

Ideen zu kommen, macht den kreativen Prozess vielleicht ein wenig einfacher, aber langfristig ist dies keine gute und solide Lösung. Für keines ihrer Lebens- und Businessziele, die sie sich gesetzt hatte.

Kurze, alltagstaugliche Anti-Stress-Übungen gaben ihr eine tägliche Möglichkeit, achtsamer und ruhiger zu werden und somit mehr Raum für ihre Kreativität zu haben.

2. Prioritäten setzen: das Fundament für alles Weitere

In der zweiten und dritten Session arbeiteten wir daran, ihre Aufgaben klar zu priorisieren. Gemeinsam entwickelten wir ein Raster, mit dem sie dringende von langfristig wichtigen Aufgaben unterscheiden konnte.

Das Ergebnis: Marie erkannte, dass sie viel Energie in Tätigkeiten wie dem Basteln an ihrem Außenauftritt steckte, die zwar ‚dringend' erschienen, aber keinen nachhaltigen Wert hatten und vor allem ihrem Einkommen nicht zuträglich waren.

Zum Schluss hatte sie einen klaren Plan, welche Schritte täglich zu tun waren, um die Zielerreichung zu garantieren.

3. Struktur durch Zeitblöcke und Routinen

Marie war skeptisch, als ich ihr vorschlug, ihren Tag in feste Zeitblöcke zu unterteilen. Ich zeigte ihr in kleinen Schritten, wie produktive Zeitblöcke aussehen und was der Unterschied zwischen einfachen To-do-Listen und effektiven Zeitblöcken nach Energielevel war.

Nach nur einer Woche mit dieser Methode war Marie begeistert. Sie konnte klar festlegen, wann sie sich auf Akquise konzentrierte, wann sie kreative Arbeiten erledigte und wann sie sich Zeit für sich selbst nahm. Diese Struktur gab ihr nicht nur Fokus, sondern auch ein Gefühl der Kontrolle über ihren Tag.

Durch das Anhängen an bestehende Routinen wurden Themen wie die Akquise ebenso zu alltäglichen Routinen und somit eine Selbstverständlichkeit im Alltag.

Das Ergebnis war, dass sie durch unsere Zusammenarbeit und die veränderten Tagesstrukturen erstmals wieder nennenswerte Umsätze erzielte, obwohl wir zu keinem Zeitpunkt ihr Business verändert hatten. Lediglich die Zeiteinteilung und Prioritätensetzung hatten sich geändert.

4. Reflexion: Lernen aus jedem Tag

Eine meiner wichtigsten Methoden war ein einfaches Reflexionstool, das Marie ab der vierten Woche nutzte. Jeden Abend beantwortete sie vier Fragen:

- Was habe ich heute für mich getan?
- Was habe ich für mein Business getan?
- Was habe ich für mein Umfeld getan?
- Was ist heute gut gelaufen, und was kann ich verbessern?

Diese Übung half ihr, ihren Fortschritt zu sehen und sich kontinuierlich zu verbessern. Zudem holte sie sich darüber Motivation für die Folgetage. Durch die kleinen Veränderungen in ihrem Alltag konnte sie sich fokussieren und reflektieren, ohne in Angst zu verfallen, ihr Business nicht mehr vorwärtsbringen zu können und Ziele nicht zu erreichen.

5. Geschwindigkeit durch gezielte Umsetzung

Die größte Veränderung geschah, als wir in den letzten Wochen an ihrer kontinuierlichen Umsetzung arbeiteten und somit auch eine langfristig positive Wirkung auf ihr Businesswachstum gesichert war. Im Konkreten beinhaltete dies lediglich einen Fahrplan, um täglich an erarbeiteten Strukturen und Routinen dran zu bleiben.

Marie nutzte unsere Vorlagen und Tools, um neue Gewohnheiten zu entwickeln und somit ihre täglichen Aufgaben gezielter und schneller abzuarbeiten. Durch die Kombination aus Struktur, Routinen und Reflexion schaffte sie es, in nur zehn Wochen das zu erreichen, wofür sie früher Monate gebraucht hätte. Ihr Tag war strukturiert. Sie wusste immer, welche Prioritätensetzung gerade wichtig war und konnte besser mit spontanen Änderungen im Alltag umgehen. Sie hatte durch die Festlegung in Zeitslots einen Überblick über ihren Alltag und die Aufgaben. Sie erkannte die Wichtigkeit von Fokuszeiten, um sich auf die umsatzgenerierenden Tätigkeiten zu konzentrieren. Somit konnte sie auch gedanklich Abstand von ihren Versagensängsten nehmen, die sie zuvor zu sehr geplagt hatten.

Die Ergebnisse: Erfolg auf ganzer Linie

Nach zehn Wochen war Maries Transformation deutlich sichtbar:

1. **Umsatzwachstum:** Obwohl es nicht das primäre Ziel gewesen war, konnte Marie ihren Umsatz in kurzer Zeit steigern. Durch die klare Priorisierung, die Etablierung von Anti-Stress-Übungen in ihren Alltag und die effiziente Zeitnutzung hatte sie mehr Kapazitäten.

2. **Ersten Mitarbeiter einstellen:** Dank der gewonnenen Klarheit stellte sie nach unserer Zusammenarbeit ihren ersten Mitarbeiter ein. Das war nach der Strukturimplementierung gar kein Problem mehr, weil sie genau wusste, wie es effizient funktionierte, welche Tätigkeiten der Mitarbeiter durchführen sollte und in welcher Stundenanzahl. Dadurch konnte sie weitere Aufgaben delegieren und sich auf die Kernbereiche ihres Business konzentrieren. Außerdem konnte Marie nun mehr Zeit mit ihrer Familie verbringen.

3. **Work-Life-Balance:** Marie fand endlich Zeit für sich selbst. Sie integrierte regelmäßige kurze Pausen und persönliche Rituale in ihren Alltag, was zu mehr Energie und Kreativität führte. Die Kundenergebnisse verbesserten sich und so auch ihre Reputation.

4. **Effizienzsteigerung:** Dank ihrer Zeitblöcke und Routinen erledigte sie in einer Woche mehr, als sie früher in einem Monat geschafft hatte.

Ein Blick hinter die Kulissen: Warum es funktionierte

Was diese Veränderung so wirkungsvoll machte, war die Kombination aus klarer Struktur, zielgerichtetem Training und konsequenter Umsetzung. Jede unserer sechs Sessions baute aufeinander auf, sodass Marie nie das Gefühl hatte, überfordert zu sein. Die Vorlagen und Tools boten ihr eine klare Richtung, und ihr eigener Einsatz sorgte dafür, dass sie schnell Fortschritte machte.

Besonders wichtig war dabei die Reflexion: Durch die täglichen Fragen konnte Marie nicht nur ihre Erfolge feiern, sondern auch Schwachstellen identifizieren und anpassen.

Fazit: Vom Chaos zur Klarheit

Maries Geschichte zeigt, dass selbst ambitionierte Unternehmer:innen mit den richtigen Strategien und einem klaren Fokus unglaubliche Erfolge erzielen können. Heute führt sie nicht nur ein florierendes Business, sondern lebt auch das Leben, das sie sich immer gewünscht hat – mit Raum für Kreativität, persönliche Entwicklung und Zeit für die Familie.

Ihr Weg ist ein Beweis dafür, wie viel Potenzial freigesetzt werden kann, wenn man bereit ist, Altes loszulassen und Neues zu wagen.

Tina Lotz

Hallo, ich bin Tina und in der magischen Welt der Emotionen zuhause. Emotionale Blockaden und Selbstzweifel lösen hochintensive Emotionen aus. Als Emotionscoach und Lehrtrainerin unterstütze ich dabei, diese ausbremsenden Blockaden zu lösen und die eigenen Superkräfte zu stärken – für mehr Leichtigkeit, Lebensfreude und Erfolg.

Mein Coaching-Case ist eine besondere und berührende Heldinnenreise. Sie zeigt, wozu wir beruflich fähig sind, wenn wir mutig sind und uns unseren Selbstzweifeln stellen.

Case-Übersicht

- Ausgangssituation: Sylvia war emotional blockiert, als sie ein Produktvideo aufnehmen sollte und fühlte sich handlungsunfähig.

- Zielsetzung: Sie wollte ihr Wissen in Form von Videos und Audios mit Freude und Leichtigkeit an ihre Kund:innen weitergeben.

- Methoden: Imaginative Teilearbeit (Transformation und Stärkung des verletzten inneren Kindes und Integration eines ressourcenreichen Anteils), Emotionsregulation und Ressourcenstärkung

- Ergebnis: Gefühl der Erleichterung, Wiedererlangen der Handlungsfähigkeit

Von der Studienteilnehmerin zur Coachin:
Wie Sylvia ihre Sichtbarkeitsangst überwand

„Wahnsinn! Ich kann es nicht glauben!" Sylvias Stimme klang ungläubig, staunend und gleichzeitig vibrierte sie voller Stolz. „Es ist, als hätte ich einer anderen Frau zugesehen, wie sie diese Schritte gemacht hat. Wie sie die Hürden genommen hat. Dass ich wirklich das Produktvideo gedreht und hochgeladen habe, kommt mir noch immer wie ein Traum vor. Endlich kann ich wieder Gruppenveranstaltungen anbieten, ohne Hemmungen davor zu haben, vor der Menge zu sprechen. Ich bin mega stolz auf mich." Sylvia war den Tränen nahe und strahlte zugleich so viel Selbstvertrauen aus.

Aber von Anfang an: Eine Studie zur Wirksamkeit ausgewählter Interventionen bei Kommunikationsangst[1] brachte mich und Sylvia in Kontakt. Sylvia nahm an der Studie als Coachee teil, ich als Emotionscoachin.

Sylvia betrieb eine ganzheitliche Gesundheitspraxis und verkaufte passend zu dieser Tätigkeit weitere Produkte. Aus der Gruppe, mit der sie sich über diese Produkte austauschte, kam die Bitte, ein Video aufzunehmen, in welchem Sylvia die Produkte näher vorstellen sollte. Sylvias Reaktion war mehr als deutlich gewesen: „Ich habe gemerkt, dass ich unbedingt an der Herausforderung wachsen und mich zeigen möchte, aber sofort war auch wieder diese innere Mauer da. Mit einem riesigen Schild darauf, das mich mahnte „Tu es nicht!".

Aus diesem Grund wollte Sylvia an der Studie teilnehmen und ihre Kommunikationsangst in den Griff bekommen. Sie wurde mir zugeteilt und unsere gemeinsame Reise begann.

---

[1] Eilert, D. (2023). Integratives Ego-State-Coaching mit emTrace: Emotionscoaching mit Persönlichkeitsanteilen. Junfermann Verlag.

Wie die Vergangenheit uns heute noch ausbremst

Das Coaching wurde online durchgeführt. Sylvia wirkte zunächst sehr unsicher, denn die Angst, sich auf Videos zu zeigen, betraf sogar Online-Meetings. Sie überwand sich und kam in die Coaching-Session mit dem Satz „Jetzt oder nie!". Ich nahm ihre Unsicherheit wahr und gab ihr erst einmal Zeit, um anzukommen. Danach bat ich sie, ihr Videofeld kleiner zu machen und meines größer, sodass ihr Fokus nicht mehr so stark auf sich selbst lag. Das nahm den Druck für Sylvia raus und sie entspannte sich.

Wir stiegen ins Gespräch ein und sie erzählte mir von den letzten Jahren, in denen es immer stressiger für sie geworden war, wenn es um das Sprechen vor Menschen, um Sichtbarkeit, gegangen war. Es bremste sie in ihrer Arbeit vollends aus. Diese Videoaufnahme war jetzt für sie die Spitze des Eisbergs.

Sylvia erzählte mir, dass sie sich dieser emotionalen Hürde vorher nicht bewusst gewesen war. Sie hatte das Gefühl, sich jetzt öffnen zu können und war dankbar um den Raum, den sie bekam und fühlte sich nicht mehr als Sonderling, da meine Erklärungen ihr zeigten, dass sie mit diesem Thema nicht alleine war.

Nach der Klärung ihres Themas und nachdem ich sicher war, dass Sylvia emotional stabil durch den Prozess gehen können würde, starteten wir mit dem Coaching. Wir arbeiteten mit Persönlichkeitsanteilen, die sich meistens zeigen, wenn uns Glaubenssätze und emotionale Blockaden daran hindern, etwas zu tun. Diese Anteile können aus den unterschiedlichsten Situationen entstehen.

Bei Sylvia kamen zwei alte Schulgeschichten hoch, die immer in bestimmten Situationen unbewusst triggerten, also Stress auslösten. Die erste Erinnerung betraf die 1x1-Übungen in den Mathestunden der zweiten Klasse. Alle Kinder standen dabei an ihrem Platz und erst, wenn eine Rechenaufgabe beantwortet war, durfte sich das Kind wieder hinsetzen. Sylvia war zu langsam und stand am Schluss als letztes Kind der gesamten Klasse, ohne die richtige Antwort zu wissen. Sie schämte sich in Grund und Boden.

Die zweite Erinnerung spielte sich in der achten Klasse im Englischunterricht ab. Die Lehrerin verbesserte sie andauernd, während sie ein Referat hielt und das hinderte sie daran, flüssig vorzutragen. Auch hier wäre sie am liebsten heulend davongelaufen, weil sie es anscheinend wieder nicht alleine hinbekam. Mit der Vorgeschichte der zweiten Klasse verstärkte sich hier der Stress noch einmal um ein Vielfaches.

Diese beiden Situationen ließen innere Facetten (Persönlichkeitsanteile) entstehen, die Sylvia in ähnlichen Situationen schützen wollten, damit sie sich nicht noch einmal bloßgestellt fühlte.

Jeder Mensch trägt verschiedene Persönlichkeitsanteile in sich. Die Anteile haben eine positive Absicht, selbst wenn es sich anfangs nicht so anfühlt, während sie versuchen, diese Absicht zu bewahren. Der Anteil bemerkt nicht, dass er mit seinem helfenden Verhalten auch Stress auslöst. Anteile reifen nicht mit heran, sondern sind in dem Alter verankert, in dem sie entstanden sind. Die Aufgabe im Emotionscoaching ist es, die Anteile, die sich zeigen, auszugleichen. Sollten es mehrere Anteile sein, so balanciert man sie aus, damit sie als Team einen Weg finden, um ihre positiven Absichten künftig zu wahren, ohne einander zu sabotieren.

Ein wütender Zwerg, ein kecker Jüngling und ein Energiewirbel

Ich ließ Sylvia noch einmal in die Szene aus der Mathematikstunde hineinspüren. Mit dem Nachempfinden der Situation kamen die Emotionen wieder hoch. Ich bat sie, dieses Körpergefühl in den Raum fließen zu lassen und es wie eine Fantasiegestalt wahrzunehmen.

Als Erstes nahm sie einen kleinen traurigen Zwerg wahr, der eine geduckte und bockige, ja sogar wütende Haltung einnahm. Sein Gefühl, das er vermittelte, war: „Ich spreche nie wieder vor Menschen, bin sowieso zu blöd und zu dumm." Sylvia war überrascht, diesen Zwerg kennenzulernen. Auf diese

Weise hatte sie sich bisher noch nicht mit sich auseinandergesetzt. Sie nahm sich einen Moment Zeit. „Gerade kommt so eine tiefe Traurigkeit in mir hoch. Den kleinen bockigen Zwerg zu sehen, der so hilflos und wütend zugleich ist, berührt mich sehr. Eigentlich möchte ich gar nicht so gerne mit ihm in Kontakt gehen, aber andererseits ist er ein Teil von mir."

Sobald Sylvia bereit war, gingen wir im nächsten Schritt auf den Anteil ein, fragten ihn, wann er in Sylvias Leben gekommen war und welche positive Absicht er für sie mitgebracht hatte. Wir sprachen mit ihm und signalisierten dem Zwerg, dass wir ihn hörten und wahrnahmen. Schließlich ging es nicht darum, ihn loszuwerden, sondern diese Emotionen für ihn und Sylvia auszugleichen, damit beide Seiten keinen Stress mehr empfanden. Es war sehr offensichtlich, dass auch er nicht glücklich war. Nach dieser ‚Anerkennung' beruhigte und entspannte sich der kleine zornige Zwerg, blieb aber weiterhin sehr vorsichtig.

Dann gab es da noch ein anderes Gefühl in Sylvia. Es vermittelte ihr einen gewissen Stolz darauf, um das Erklärvideo für ihre Produkte gebeten worden zu sein, das Auslöser dafür gewesen war, sich ihrer Angst zu stellen. Auch dieses Gefühl ließ sie in den Raum fließen. Ein schlaksiger, kecker Jüngling zeigte sich ihr. Mit dem Blick auf diesen Anteil fiel Sylvia ein, wie sie damals in der Schule im Lesewettbewerb gewonnen hatte, wie sie im Ballett aufgetreten war und sogar in der Stadtkapelle in der ersten Reihe Klarinette gespielt hatte. Das waren alles Momente, auf die sie heute noch stolz war. Dieses Gefühl hatte jedoch nur selten die Chance, wahrgenommen zu werden, weil das Gefühl der Angst, also der Zwerg, einfach ‚lauter' war. Jetzt galt es, den ‚lauteren' Anteil mit ins Boot zu holen, damit auch er in Zukunft Sylvia mehr zutrauen würde, ohne gleich die Notbremse zu ziehen.

Eine Fantasiereise kann viel verändern

Wir nahmen den Zwerg und den Jüngling mit auf eine Zeitreise durch Sylvias Leben. Da der Zwerg während der Erlebnisse in der zweiten Klasse entstanden war und nur aktiv wurde, wann immer Sylvia sich in vergleichbaren Situationen befand, kannte er nicht die positiven Momente. Er hatte das Ballett oder den gewonnenen Lesewettbewerb nicht bewusst miterlebt. In diese Situationen versetzte sich Sylvia noch einmal zurück. Ich unterstützte sie, die damalige Umgebung zu visualisieren und tief in die großartigen Gefühle einzutauchen, die sie empfunden hatte. Sie ließ den Zwerg daran teilhaben, damit er von den guten Gefühlen profitieren konnte. Der Jüngling stand an der Seite des Zwergs und machte ihn auf alle Aspekte aufmerksam. Gemeinsam mit ihren Anteilen kehrte Sylvia aus dieser Visualisierung zurück. „Die beiden Anteile stehen jetzt nebeneinander. Sie sehen sich an und sind in Kontakt. Der Zwerg ist sogar gewachsen, ja sogar gereift. Er ist freundlicher und offener", sagte Sylvia erstaunt und glücklich zugleich. Sie hatte zudem den Eindruck, dass der Zwerg erleichtert war, sie nicht mehr auf die bisherige Art und Weise schützen zu müssen, wenn sie künftig in Situationen geraten würde, in denen sie sich früher bloßgestellt gefühlt hätte. Dem Zwerg war nicht bewusst gewesen, was sie in der Zwischenzeit noch erlebt hatte und dass er sie mit seinem Handeln unter Druck gesetzt hatte.

An diesem Punkt gingen wir im Coaching wieder mit beiden Anteilen in Kontakt und fragten, ob sie beide bereit wären, als Team neue Wege für Sylvia zu finden. Ziel war es, auf der einen Seite geschützt zu sein und auf der anderen Seite aber auch stolz und mutig neue Dinge auszuprobieren. Beide waren voller Tatendrang, wollten mehr von diesen schönen Emotionen und Gefühlen, aber etwas fehlte noch. Beide waren sich einig und baten um Unterstützung, um das auch wirklich umsetzen zu können. Sylvia spürte, dass dieser ‚Helfer'-Anteil schon bereit war und ließ das Gefühl in den Raum fließen. Ein wunderschöner Energiewirbel tauchte auf, der über dem Zwerg und dem Jüngling schwebte und sie somit mit allem versorgte, was sie brauchten.

Mit dieser Unterstützung und der Einigkeit zwischen allen drei Anteilen konnten neue Wege gefunden werden. Ich bat Sylvia, sich ein inneres Bild zu schaffen, mit dem sie sich einmal am Tag verbinden konnte, um zu sehen, wie die drei neue Pläne aushecken, um sie zu unterstützen. Mit diesem guten Körpergefühl ließ ich sie ein paar Mal tief durchatmen, um alles Positive, das sie nun wahrnahm, zu verankern und es später jederzeit aktivieren zu können.

Nachhaltige Veränderung schafft Leichtigkeit und Möglichkeiten

Auf meine Frage hin, wie sie sich nun fühlte, antwortete Sylvia mir lächelnd: „Es fühlt sich so leicht an und es ist schön zu wissen, dass ich mich in Zukunft immer mit den Dreien verbinden kann. Es gibt mir Sicherheit, dass es nicht nur im Coaching-Prozess anhält, sondern auch wirklich in der Zukunft Bestand hat."

Diese Nachhaltigkeit ist ein wichtiger Punkt im Emotionscoaching. Die mentale Stärke wird zusätzlich durch diese Ressourcenstärkung, dem Kontakt mit den Anteilen, für herausfordernde Situationen aktiviert und stabilisiert.

Normalerweise bin ich mit meinen Klient:innen zwischen den Coachings in Kontakt, was im Rahmen der Studie nicht vorgesehen war, damit das Ergebnis für alle Teilnehmer gleich blieb. Daher bat ich Sylvia, mir nach dem Ende der Studie Bescheid zu geben, wie es ihr ging und ob sie noch etwas brauchte.

Sie erinnert sich heute noch gut daran: „Ich habe so eine tolle Entlastung gespürt und ich wusste einfach ganz klar, dass es jetzt für mich losgehen kann. Diese neue Leichtigkeit ließ mich direkt handeln. Ich konnte vieles mit Humor sehen und ich habe mich plötzlich ganz anders wahrgenommen."

Sylvia nutzte diese neue Energie und schickte mir das Produktvideo, das sie tatsächlich endlich aufgenommen hatte. Sie sprach darin ganz ruhig, mit einer super Energie und erklärte eines der Produkte, die sie in ihrer Gesundheitspraxis täglich nutzte, mit einer spürbaren Leidenschaft. Ich war sehr berührt und freute mich riesig, dass sie diesen Schritt gemacht hatte. Als sie in der Nachricht außerdem schrieb, dass sie das Video in ihre, noch dazu große, Kunden-Gruppe mit ca. 300 Mitgliedern, gestellt hatte, bekam ich eine Gänsehaut und war kurz sprachlos. Was für eine Entwicklung!

Sie war unglaublich stolz und erinnerte sich an das Feedback auf die Video-Veröffentlichung: „Die meisten schrieben, wie toll sie das Video fanden. Sie wunderten sich, weshalb ich erst abgelehnt hatte, denn das Video wirkte, als hätte ich nie etwas anderes gemacht. Es sei großartig, dass ich mich aus der Komfortzone getraut hätte. Jetzt würden sie sich auch trauen. Mir wurde dadurch bewusst, dass ich sogar anderen Mut gemacht habe."

Diese Erfahrung hat Sylvia wachsen lassen, genau wie ihren kleinen Zwerg.

Sylvias Heldinnenreise nimmt richtig Fahrt auf

In der Studie war kein Nachcoaching vorgesehen, und ich war erst nach dem Studienende, ca. drei Monate später, wieder mit Sylvia in Kontakt. Sie wollte gerne ihren übermäßigen Genuss an Schokolade beleuchtet haben, welchen wir erfolgreich in drei Sessions lösen konnten. Dabei kamen wir weiter ins Gespräch und ich erfuhr, was genau und wie Sylvia in ihrer Gesundheitspraxis arbeitete. Nach unserem Studien-Coaching war es ihr nach zwei Jahren ‚Angstpause' wieder möglich, Klangabende und Gruppenveranstaltungen zu geben und neue Produkte in dieser Richtung anzubieten. Sie war nach unseren Sitzungen fasziniert davon, wie man intensive emotionale Blockaden im Coaching schnell, effektiv und vor allem spürbar nachhaltig regulieren kann und welche Veränderungen dadurch möglich werden.

Wir blieben in Kontakt. Sylvia machte einige weitere Coachings bei mir und als ich wieder eine Ausbildung zum Emotionscoach anbot, schrieb sie mir, ob ich sie ausbilden würde. Da ich der Überzeugung war, dass Sylvia eine großartige ‚Emotionsübersetzerin' sein würde, sprach absolut nichts dagegen und ich freute mich über ihre Teilnahme.

„Tina, ich habe eine Mission, die von einem Satz getragen wird: Was ich kann, können andere auch! Ich möchte Menschen unterstützen, in ihre Leichtigkeit zu kommen. Das war nämlich genau das, was mir hauptsächlich gefehlt hat, als ich zu dir ins Coaching kam", sagte Sylvia zu mir.

Nach der Ausbildung, bei der sie in den aktiven Übungsrunden noch einiges für sich hatte lösen können, kam wieder eine neue strahlende und gestärkte Facette von ihr zum Vorschein.

Die Feedbacks zu ihren eigenen Coachings teilte sie oft mit der Ausbildungsgruppe und mir. Es waren Sätze dabei wie: „Ich mache mich jetzt auf die Reise, alleine mit dem Wohnmobil. Danke dir, dass ich diese Freiheit jetzt erleben darf.", „Ich habe bei dir einen selbstbewussteren Umgang mit

Respektspersonen gelernt." oder „Seitdem ich meine Emotionen annehmen und wahrnehmen kann, gehe ich viel liebevoller mit mir um.".

Wundervolle Transformationen im Nachgang

Auf die Frage hin, was sie heute anders machen würde, antwortete Sylvia: „Ich würde mich heute meinen Themen viel früher stellen!"

Was würde sie Menschen raten, die sich in einer ähnlichen Situation befinden? „Meine Empfehlung an jeden, der von emotionalen Blockaden, Themen oder Glaubenssätzen ausgebremst und gestresst wird, ist, diese nicht wegzuschieben, sondern sie anzugehen. Es steckt so viel Potenzial darin, wenn man seine Angst überwindet und sich den Themen stellt."

Einer Hürde durfte sich Sylvia bei mir dann noch stellen. Ihre Reise, die ich nur kurz skizziert habe, ist eine besondere Heldinnenreise für mich, da ich sie von Anfang an begleiten durfte. Da lag es nahe, Sylvia zu fragen, ob sie Lust hätte, in meinen Podcast zu kommen und ihre Geschichte dort zu teilen, um wiederum Menschen zu inspirieren und ihnen Mut zu machen. Sie war Feuer und Flamme. Als ich ihr kurz vor der Aufnahme sagte, dass wir mit Videobild aufnehmen würden, gestand sie, noch ein kleines Gefühl von Unsicherheit zu haben. Eine Video-Interview-Aufnahme hatte sie bis dahin noch nicht gemacht. Wir fingen einfach an. Das Wissen, dass wir trotz Videoaufzeichnung nur den Ton verwenden würden, gab Sylvia Sicherheit und nach kürzester Zeit war sie im Gespräch eingetaucht und ganz entspannt. Und alle waren mit an Bord. Der Zwerg, der Jüngling und der Energiewirbel. Was für eine Reise!

Mut heißt nicht, keine Angst zu haben. Mut heißt, Schritt für Schritt voranzugehen und sich zu trauen.

Alina Mira Otten

Hi, ich bin Alina, Gründerin von AMO Consulting. Meine Mission ist es, Menschen dabei zu helfen, ein selbstbestimmtes Business zu gründen und nachhaltig erfolgreich aufzubauen. Mein Fokus liegt darauf, Gründer mit einem starken Mindset und einer klaren Strategie auszustatten, damit sie ihre Ziele nachhaltig und mit Leichtigkeit erreichen können.

Ich habe den Case von Max ausgewählt, da er eindrucksvoll zeigt, wie die Verbindung von Mindset und strategischer Planung die Grundlage für langfristigen Erfolg schafft.

Case-Übersicht

- Ausgangssituation: Der angehende Unternehmer Max hatte Unsicherheiten in der Business-Planung und hinderliche Glaubenssätze

- Zielsetzung: Mehr Klarheit über seine Geschäftsidee, ein gestärktes Gründer-Mindset und die Entwicklung eines strategischen Business- sowie Finanzplans als Leitfaden für den Aufbau seines Unternehmens

- Methoden: Positive Annahmen, Stressmanagement-Tools, Visualisierung

- Ergebnis: Max' Unternehmen ist auf Wachstumskurs. Er hat gelernt, groß zu denken, strategisch zu handeln und sich selbst als Unternehmer zu etablieren.

Wie ein Businessplan und das richtige Mindset das Fundament für langfristigen Erfolg legen

Jeder große Erfolg fängt mit deinem Glauben an die eigenen Fähigkeiten und die innere Stärke, die dich durch alle Höhen und Tiefen trägt, an. Er inspiriert dich, groß zu denken, mutig zu handeln und fest an deine Vision zu glauben. Dein Mindset entscheidet darüber, ob du Hindernisse als Stolpersteine oder als Chancen zum Wachsen betrachtest. Genau aus diesem Grund liegt mein Fokus im Coaching von Unternehmern und Gründern nicht nur auf klaren Strategien, sondern insbesondere auf einem starken, selbstbewussten Mindset.

Max, 38 Jahre alt und voller Tatendrang, kam mit einer klaren Vision, aber ohne echten Plan zu mir. Eigentlich ging es ihm anfangs lediglich darum, einen Businessplan für Banken und Investoren zu erstellen. Doch schnell wurde deutlich, dass es tief sitzende Unsicherheiten gab. Er spürte selbst, dass es nicht nur um ein Stück Papier ging, sondern um seinen inneren Glauben daran, seine Ziele wirklich erreichen zu können.

Max fehlte vor allem ein starkes Mindset – der innere Kompass, der ihn sicher und selbstbewusst durch jede Herausforderung führen würde. Denn ein erfolgreiches Business aufzubauen, bedeutet nicht nur, ein tolles Produkt anzubieten, sondern vor allem mutig und sichtbar zu werden, mit Rückschlägen gelassen umzugehen, Preise selbstbewusst zu vertreten und aus vollem Herzen an die eigene Vision zu glauben. Genau hier setzten wir gemeinsam an.

Die Bedeutung eines starken Mindsets

Der langfristige Erfolg eines Business beginnt nicht auf dem Papier, sondern als klares Bild im Kopf. Als Max ins Coaching kam, brachte er viele hinderliche Glaubenssätze wie „Ich bin kein Zahlenmensch." oder „Kundengewinnung ist schwierig." mit, die ihn regelrecht blockierten. Solche Denkmuster wirken oft wie unsichtbare Barrieren, die uns davon abhalten, wirklich durchzustarten.

Um Max von diesen unsichtbaren Grenzen zu befreien, arbeiteten wir intensiv an seinem Mindset. Um ein starkes Mindset aufzubauen, ist es hilfreich, sich die hinderlichen Glaubenssätze anzuschauen und sie auf den Prüfstand zu stellen. Man hinterfragt sie, überlegt, ob sie wirklich zutreffen oder ob man sie unbewusst vom eigenen Umfeld übernommen hat. Dann formuliert man sie in kraftvolle, positive Glaubenssätze um, die sich stimmig für einen selbst anfühlen. So wandelten wir Max blockierende Glaubenssätze gezielt um. Aus „Ich bin kein Zahlenmensch." wurde „Ich wachse jeden Tag im Umgang mit Zahlen." Aus „Kundengewinnung ist schwierig." entstand „Ich ziehe mit Leichtigkeit die richtigen Kunden an." Diese bewussten Umformulierungen eröffneten ihm völlig neue Perspektiven und stärkten sein Selbstvertrauen nachhaltig. Dadurch gelang es Max, Herausforderungen nicht mehr als Hürden, sondern als wertvolle Chancen zu betrachten und mit Überzeugung für sein Business einzustehen.

Ein weiteres entscheidendes Mindset-Tool, das Max besonders inspirierte, war die Visualisierung. Bei dieser Methode taucht man, im besten Fall mit geschlossenen Augen, tief in seine Lebensvision ein. Man malt sich aus, wie sich das eigene Leben entwickeln soll, wie das berufliche Umfeld aussieht, mit welchen Menschen man sich umgibt, wo und wie man leben möchte. Bei dieser Methode sind zunächst keine Grenzen gesetzt, es darf groß geträumt werden, wenn es der individuellen Kreativität hilft, das Bild greifbar zu machen. Max visualisierte detailliert, wie sein Unternehmen in drei Jahren aussehen sollte. Er sah sich selbst als erfolgreichen Unternehmer, führte ein engagiertes, motiviertes Team und hatte zufriedene Kunden. Um diese kraftvolle Vision täglich vor Augen zu haben, erstellte er ein persönliches Visionboard. Dieses kreative Werkzeug half ihm, stets präsent zu haben, warum er gründete: finanzielle

Freiheit, persönliche Erfüllung und ein Unternehmen, das seine Werte widerspiegelt.

Mindset-Arbeit geht allerdings noch viel tiefer. Wir integrierten gezielte Stressmanagement-Techniken, um Max' mentale Stärke nachhaltig zu fördern. Dazu gehörte das Box Breathing, eine Atemübung, die sofort beruhigt und hilft, auch unter Stress klar zu bleiben. Bei dieser Atemtechnik wird mit jeweils vier Sekunden eingeatmet, der Atem angehalten und ausgeatmet. Das kontrollierte Atmen entspannt, verbessert die Konzentration und senkt den Stresslevel. Anfangs empfand Max diese Methode als ungewöhnlich, doch heute gehört sie fest zu seinem Alltag.

Ein weiterer fester Bestandteil wurde das Journaling. Jeden Morgen schrieb Max seine Gedanken auf und filterte so gezielt die Hinderlichen von den Hilfreichen. Dies half ihm, sich jeden Tag klar und fokussiert auszurichten und stets die richtigen Schritte für seinen Erfolg zu erkennen.

Ergänzend nutzte Max regelmäßige Meditationen, um seine Resilienz zu stärken und auch in turbulenten Zeiten entspannt zu bleiben. Diese wertvollen Techniken gaben ihm nicht nur Klarheit, sondern ermöglichten es ihm, sein Unternehmen gelassen, selbstbewusst und kraftvoll zu führen – und damit Tag für Tag näher an seine Ziele zu kommen.

Der Businessplan als strategisches Werkzeug

Nachdem Max sein Mindset gestärkt hatte, begann er den Businessplan nicht mehr als bürokratische Pflicht, sondern als kraftvolles strategisches Instrument zu sehen, das ihm Klarheit, Struktur und Fokus verlieh. Er erkannte, dass der Plan weit mehr als nur Papier war – er wurde zu seinem ganz persönlichen Fahrplan für den langfristigen Erfolg seines Unternehmens.

Da Max ein nachhaltiges E-Commerce-Business im Bereich hochwertigen Heilschmucks aufbauen wollte, betrachteten wir seine Geschäftsidee nicht nur aus Sicht des Produkts, sondern richteten den Fokus intensiv auf eine strategische Markt- und Zielgruppenanalyse. Diese Herangehensweise eröffnete Max völlig neue Perspektiven und gab ihm das Gefühl von Klarheit und Sicherheit.

Wir begannen mit Max' Gründerprofil sowie seiner Vision und Mission – denn das Herzstück eines erfolgreichen Businessplans ist man selbst. Wir erforschten, welche besonderen Stärken, Erfahrungen und Werte er für sein Business mitbrachte. Darüber hinaus schauten wir uns an, welche Probleme Max mit seinem Unternehmen lösen würde und beantworteten die Frage, weshalb er die geeignete Person dafür war, diese Lösung an Menschen heranzutragen. So gelang es Max, ein inspirierendes Gründerprofil zu erstellen, das nicht nur potenzielle Investoren überzeugte, sondern ihn selbst tief in seiner inneren Überzeugung stärkte.

Besonders eindrucksvoll war die tiefgehende Beschäftigung mit seiner Zielgruppe. Max erkannte dabei überraschend, dass die Generation Z großes Interesse an seinen Produkten zeigte. Das war eine Zielgruppe, die er zuvor nicht im Blick gehabt hatte. Diese Erkenntnis veränderte seine Marketingstrategie und bestärkte ihn zusätzlich in der Gewissheit, dass seine Produkte wirklich gebraucht wurden und echtes Potenzial hatten.

Gemeinsam entwickelten wir daraus eine kraftvolle Marketingstrategie mit starkem Fokus auf Personal Branding. Max lernte, seine persönliche Geschichte authentisch zu erzählen und sich selbst als Marke zu etablieren, wodurch er Vertrauen und nachhaltige Kundenbeziehungen aufbauen konnte. Der Claim ‚Innerlich stark - deine Kraftquelle für jeden Tag' brachte Max' Vision klar und emotional auf den Punkt.

Die Finanzplanung, zuvor ein Angstthema für Max, wurde plötzlich greifbar und verständlich. Durch einfache, übersichtliche Schritte gelang es ihm, Klarheit über Kosten, Ziele und die Rentabilität seines Unternehmens zu gewinnen. Mit einer detaillierten Break-Even-Analyse bekam er ein klares Bild, wann sein

Unternehmen profitabel sein würde und wie er flexibel auf Marktveränderungen reagieren könnte.

Durch eine umfassende SWOT-Analyse erkannte Max seine eigenen Stärken (z.B. seine lösungsorientierte Denkweise) und konnte seine Schwächen (z.B. wenig Ahnung von Steuerangelegenheiten) konstruktiv angehen. Diese Analyse half ihm, Chancen klar zu sehen und Risiken souverän zu meistern. Dadurch fühlte er sich zuversichtlich, in Zukunft proaktiv und mutig voranzugehen.

Abschließend strukturierten wir eine klare Implementierungs- und Meilensteinplanung. Diese half Max, jeden einzelnen Schritt – von der Produktentwicklung bis hin zur erfolgreichen Markteinführung – selbstbewusst umzusetzen. Mit diesem strukturierten Plan vor Augen, war Max täglich motiviert, voller Energie und kam seinen Zielen Schritt für Schritt näher.

Wertvolle Symbiose von Mindset und Struktur

Der wahre Schlüssel zum langfristigen Erfolg liegt in der kraftvollen Verbindung eines klar strukturierten Businessplans und einem starken, überzeugten Mindset. Genau das durfte Max in unserem Coaching erfahren. Während der Businessplan ihm die Klarheit und Orientierung gab, konkrete Schritte umzusetzen, verlieh ihm sein gestärktes Mindset die Kraft und den Glauben an sich selbst, um konsequent dran zu bleiben und Hindernisse als wertvolle Wachstumschancen zu sehen.

Eine seiner wertvollsten Erkenntnisse war, Herausforderungen nicht als Probleme, sondern als Chancen zu betrachten, um persönlich und unternehmerisch zu wachsen. Jede Herausforderung war plötzlich eine Möglichkeit, Neues zu lernen, kreative Lösungen zu entwickeln und sich weiterzuentwickeln. Diese Sichtweise war entscheidend für seine persönliche und unternehmerische Transformation.

Ein besonderer Wendepunkt ergab sich auf einer Netzwerkveranstaltung, bei der Max auf einen erfahrenen Marketingberater traf. Aus dieser Begegnung heraus entstand eine wirksame Social-Media-Strategie, die ihm einen neuen Blick auf seine eigene Rolle als Unternehmer und seine Sichtbarkeit ermöglichte. Gemeinsam entwickelten die beiden eine inspirierende Content-Strategie, die Max' authentische Persönlichkeit sichtbar machte und seine Marke kraftvoll in den Fokus rückte. Innerhalb kürzester Zeit erhöhte er dadurch seine Reichweite erheblich, gewann neue Kunden und knüpfte wertvolle Partnerschaften.

Zusätzlich integrierte Max regelmäßige Reflexionsphasen und gezielte Journaling-Techniken in seinen Alltag. So blieb er kontinuierlich mit seiner Vision verbunden. Diese bewusste Praxis half ihm, seine Fortschritte klar wahrzunehmen und seine Ziele nachhaltig zu verfolgen.

Für Max wurde die Kombination aus Mindset und Struktur zum Schlüssel seines Erfolgs. Diese kraftvolle Symbiose ermöglichte es ihm, selbstbewusst zu handeln, authentisch sichtbar zu werden und sein Business weiterzuentwickeln.

Der Schlüssel zu nachhaltigem Erfolg

Max erkannte, dass ein Businessplan ohne das passende Mindset nur Theorie bleibt. Erst als er begann, wirklich an sich, seine Vision und seine Fähigkeit zu glauben, konnte er seine Pläne konsequent und erfolgreich umsetzen. Seine Geschichte verdeutlicht, wie entscheidend es ist, sowohl innerlich stark als auch äußerlich klar strukturiert zu sein.

Unternehmer wie Max, die bereit sind, ihr Denken bewusst auf Erfolg auszurichten und Herausforderungen als Chancen zu betrachten, sind diejenigen, die langfristig wachsen und ihre Ziele erreichen.

Kapitel 4

Souveräne Leader und Teams:
Stärke, Klarheit und Empathie leben

Was bedeutet gute Führung – in einer Welt, die sich ständig verändert? Wie gelingt es, Verantwortung zu übernehmen, ohne sich selbst zu verlieren? Und wie wird aus einer Gruppe ein echtes Team, das gemeinsam wachsen kann?

Im vierten und letzten Teil stehen Führungskräfte und Teams im Mittelpunkt. Menschen, die Strukturen gestalten, Entscheidungen treffen, Konflikte lösen und Beziehungen aktiv prägen. Manche suchen Klarheit für ihre eigene Rolle, andere ringen mit Überforderung oder Unsicherheit. Wieder andere begleiten ihre Teams durch Transformationsprozesse und möchten dabei sowohl kraftvoll als auch menschlich agieren.

Coaching öffnet in diesen Fällen neue Perspektiven – auf sich selbst und auf das Zusammenspiel mit anderen. Es geht um Selbstführung, bewusste Kommunikation, Rollenklarheit, Wertearbeit, Teamdynamiken und Führungskultur. Systemisches Denken, Aufstellungen, Feedbackprozesse, Teamreflexion und Embodiment helfen, Spannungen zu lösen und Vertrauen zu stärken.

Diese Geschichten zeigen: Gute Führung beginnt innen. Wer sich selbst versteht, kann andere sicherer begleiten. Und wo ein Team sich ehrlich begegnet, entstehen echte Verbindung, Klarheit und kreative Lösungen. So wird Zusammenarbeit nicht nur effizient, sondern auch lebendig – und für alle Beteiligten erfüllend.

Marion Mann

Ich bin Marion und ich bringe über 30 Jahre Erfahrung in der Führungsarbeit und der Personalentwicklung mit. Mein Fokus liegt darauf, Menschen und Teams bei ihrer Entwicklung zu unterstützen. Mein Werkzeugkoffer umfasst Coaching-Methoden aus der systemischen Arbeit, Führungs- und Präsentationstechniken, sowie Resilienz-Training.

Mein Case zeigt, dass sich Coaching-Prozesse oft ganz anders entwickeln als erwartet. Was anfangs wie ein klar umrissenes Anliegen erscheint, entfaltet sich oft durch wachsendes Vertrauen zu einem viel tiefer liegenden Thema.

Case-Übersicht

- Ausgangssituation: Peter war unsicher, sehr leistungsorientiert und geprägt von hohen Ansprüchen an sich selbst (Perfektionismus).

- Zielsetzung: Unterstützung einer Präsentationserstellung, Abbau von Unsicherheiten, Entwicklung von Selbstsicherheit und Souveränität

- Methoden: Emotionale und mentale Stabilisierung, Bearbeitung von Glaubenssätzen, Circle of Control, Zukunftspanorama, Changekurve, Zeitmanagement, Führungs- und Kommunikationstechniken

- Ergebnis: Mehr Selbstbewusstsein, verbesserte Führungskompetenzen, Work-Life-Balance

Von PowerPoint zum Power-Mann:
Die überraschende Geschichte eines Beamten

Manchmal beginnt eine große Reise mit einer kleinen Frage. So war es bei Peter, einem technisch versierten Beamten, der mich ansprach: „Können Sie mir helfen, meine Präsentation perfekt zu machen?" Das Wort *perfekt* blieb mir sofort im Gedächtnis hängen. Es klang für mich weniger nach einer Präsentationstechnik und mehr nach einer inneren Lebenshaltung. Ich spürte, dass es hier um mehr als ein paar Folien gehen würde. Aber natürlich: Man muss ja irgendwo anfangen.

Präsentationstechnik trifft Perfektionismus

Wir begannen mit den Grundlagen: Wie baut man eine Präsentation klar und wirkungsvoll auf? Wie strukturiert man Inhalte so, dass sie verständlich und ansprechend bleiben? Ich zeigte Peter Methoden, bei denen die Präsentation von einer Erzählung mit klaren Wendepunkten und einem roten Faden lebt. Dazu kamen Techniken, die helfen, Zuhörer aktiv einzubinden.

Doch wir arbeiteten kaum 15 Minuten, als sich ein anderes Thema zeigte. Peter wollte nicht nur gut präsentieren – er wollte die *beste* Präsentation aller Zeiten abliefern. Der Druck, den er sich dabei machte, war fast greifbar. Sein Perfektionismus drängte ihn, alles bis ins kleinste Detail zu kontrollieren. In diesem Moment wurde mir klar, dass es wenig bringen würde, nur an Techniken zu arbeiten. Der wahre Hebel lag viel tiefer.

Innere Stärke aktivieren

Ich entschied mich dazu, Peter auf eine Reise zu seiner inneren Stärke mitzunehmen. Mithilfe von emTrace®, einer Methode, die neuronale und emotionale Blockaden identifiziert und löst, half ich ihm, mehr Klarheit über seine inneren

Überzeugungen zu gewinnen. Schon in der ersten Sitzung war es, als hätte jemand einen Schalter umgelegt. Peter entspannte sich sichtbar. „Das tut mir gut", sagte er lächelnd. Es war der Moment, in dem er erstmals das Gefühl hatte, loslassen zu können. Doch genau da kam die nächste Herausforderung. „Ich glaube, ich muss noch mehr tun. Ich will besonders super sein." Diese Worte zeigten mir, dass Peter tiefere Glaubenssätze in sich trug, die wir uns ansehen mussten.

Vom Glaubenssatz zum Stolz

In den Wochen danach arbeiteten wir intensiv an Peters inneren Über-zeugungen. Schnell zeigte sich, dass sein Perfektionismus nur ein Symptom für tief verwurzelte Glaubenssätze wie „Ich bin nicht gut genug.", „Ich darf keine Fehler machen." und „Ich muss immer stark sein." war. Diese Überzeugungen begleiteten ihn seit seiner Kindheit und hatten über die Jahre unbewusst sein Handeln geprägt.

Ich führte ihn durch gezielte Reflexionsübungen, bei denen er diese inneren Muster erkannte. Eine Technik, die hier besonders hilfreich war, war das sogenannte Glaubenssatz-Reframing. Dabei untersuchten wir die Ursprünge dieser Überzeugungen und stellten ihnen neue, positive Glaubenssätze entgegen. Statt „Ich darf keine Fehler machen." erarbeitete Peter beispielsweise „Fehler sind Lernchancen.", was ihm erlaubte, entspannter mit sich selbst umzugehen.

Ein weiteres großes Thema war ‚Stolz'. Peter bemerkte, dass er selten stolz auf sich selbst war. Es lag nicht daran, dass er es nicht verdient hätte – er hatte sich einfach nie erlaubt, stolz zu sein. Gemeinsam definierten wir, was Stolz für ihn bedeutete, und er lernte, kleine wie große Erfolge bewusst zu feiern. Eine Übung, die er besonders schätzte, war das Erfolgstagebuch. Jeden Abend schrieb er drei Dinge auf, die ihm an diesem Tag gelungen waren. Diese einfache Praxis stärkte nach und nach seine Selbstwertschätzung.

Führungstechniken und persönliches Wachstum

Zur gleichen Zeit sprach Peter davon, beruflich mehr Verantwortung übernehmen zu wollen. Es war ihm sehr wichtig zu wachsen, allerdings wusste er nicht genau wie. Wir tauchten in das Thema Führung ein und erarbeiteten Grundlagen, die Peter künftig für sich nutzen konnte. Die Methoden zeigten ihm auf, wie Menschen auf Veränderungen reagieren oder wie man Teamentwicklungsphasen besser versteht. Die neu gewonnenen Kompetenzen würden ihm helfen, souveräner mit Führungssituationen umzugehen.

Ein entscheidender Moment kam, als wir das Konzept von Skillset, Toolset, Feelset und Mindset besprachen. Diese Struktur unterstützte Peter dabei, seinen beruflichen und persönlichen Wachstumsschritt zu planen:

- Skillset: Welche Fähigkeiten wollte er sich aneignen? Hierzu gehörten Präsentationskompetenzen, Konfliktmanagement und Zeitmanagement.

- Toolset: Welche Werkzeuge standen ihm zur Verfügung? Etwa Visualisierungstechniken für Präsentationen oder Zeitmanagement-Tools.

- Feelset: Wie wollte er sich fühlen? Peter erkannte, dass Zufriedenheit und Selbstbewusstsein für ihn genauso wichtig waren wie beruflicher Erfolg.

- Mindset: Welche innere Haltung benötigte er, um all das umzusetzen? Hier lag der Schwerpunkt darauf, eine Balance zwischen Ehrgeiz und Gelassenheit zu finden.

Hexenschuss, Ehrfurcht und Ted Lasso

Doch wie es oft so ist, bringt das Leben in Zeiten des Wachstums seine eigenen Herausforderungen mit sich. Mitten im Coaching erlitt Peter einen Hexenschuss. Diese Erfahrung war für ihn ein Weckruf. Wir nahmen den körperlichen Schmerz als Spiegel, um herauszufinden, was sein Körper ihm sagen wollte. Es zeigte sich, dass Stress, Perfektionsdruck und Selbstzweifel ihren Tribut forderten. Peter begann, seine Bedürfnisse ernst zu nehmen und die Verbindung zwischen seinem mentalen Zustand und seiner körperlichen Gesundheit zu verstehen.

Ein weiteres, unerwartetes Thema war ‚Ehrfurcht‘. Peter sprach von einem tiefen Bedürfnis, diesen Wert stärker in sein Leben zu integrieren. Ehrfurcht vor der Natur, vor der Arbeit und vor sich selbst. Gemeinsam entwickelten wir kleine Rituale, die es ihm ermöglichten, diesen Wert im Alltag zu leben – etwa durch bewusste Pausen, Dankbarkeitstagebücher oder inspirierende Lektüre. Als praktisches Beispiel empfahl ich ihm die Serie Ted Lasso, die auf humorvolle

Weise zeigt, wie man durch Empathie und Führungsstärke eine positive Veränderung bewirkt. Peter war begeistert.

Die hohe Kunst des Zeitmanagements

Während wir in den Coachings sehr gut vorankamen, nahm der berufliche Druck auf Peter jedoch weiter zu. Eine anspruchsvolle Weiterbildung brachte ihn an seine Grenzen. Der Perfektionismus meldete sich zurück, diesmal in Form von Überforderung. Bei unserer gemeinsamen Arbeit nutzten wir den Circle of Control, um den Fokus auf das zu richten, was man wirklich beeinflussen kann.

Ziel war es nicht nur, Peter für die verschiedenen Arten des Einflusses und der Kontrolle zu sensibilisieren, sondern ihm im zweiten Schritt Gestaltungsmöglichkeiten für seine Zeiteinteilung an die Hand zu geben. Dies folgte jedoch erst nach dem Einsatz des Circle of Control.

Der Circle of Control – Covey´s Methode, den Fokus zu verändern

Während dieser Coaching-Phase kam der Moment, in dem Peter sich völlig überfordert fühlte. Die Weiterbildungsanforderungen, der Druck, alles perfekt zu machen und die ständig wachsende To-do-Liste führten zu einem Zustand, in dem er nicht mehr wusste, wo er überhaupt anfangen sollte. Der Circle of Control brachte Peter eine echte Wendung. Das Konzept besagt, dass es drei Kreise gibt, die unsere Lebensrealität bestimmen:

- Circle of Control (Kreis der Kontrolle): Alles, was wir direkt beeinflussen können, wie unsere eigenen Gedanken, Entscheidungen, Handlungen und Reaktionen.
- Circle of Influence (Kreis des Einflusses): Dinge, die wir nicht direkt kontrollieren, auf die wir aber einen Einfluss haben können. Wir können

etwa die Einstellung und das Verhalten von Kolleg:innen beeinflussen, aber nicht vollständig kontrollieren.

- Circle of Concern (Kreis der Bedenken): Das, worüber wir uns Sorgen machen, aber was wir weder direkt kontrollieren noch beeinflussen können. Das können externe Ereignisse, das Verhalten anderer Menschen oder weltweite Krisen sein.

Praktische Anwendung des Circle of Control

Im Coaching half ich Peter, den Circle of Control praktisch anzuwenden, um sich auf das Wesentliche zu konzentrieren und die lähmende Überforderung zu überwinden. Wir begannen damit, alle Aufgaben und Herausforderungen, die er hatte, in diese drei Kreise zu schreiben. Das brachte enorme Klarheit.

- Circle of Control: Peter konnte die Art und Weise kontrollieren, in der er seine Zeit einteilte, wie er auf Stress reagierte und welche Prioritäten er setzte. Zum Beispiel konnte er entscheiden, wie er mit seiner Weiterbildung umging, wann er Pausen machte und wie er den Perfektionismus in den Griff bekam.

- Circle of Influence: Peter hatte Einfluss auf die Teamdynamik und konnte seine Kommunikation verbessern, um Konflikte zu reduzieren und bessere Beziehungen zu seinen Kollegen aufzubauen. Hier ging es darum, zu erkennen, dass er nicht alles kontrollieren, aber durch positive Kommunikation viel erreichen konnte.

- Circle of Concern: Dinge wie wirtschaftliche Unsicherheit oder die Meinung anderer, die sich nicht direkt ändern ließen, gehörten in den Circle of Concern.

Wie der Circle of Control Peter half

Als Peter diese Methode anwendete, wurde ihm bewusst, wie viel Energie er auf Dinge verschwendete, die er nicht kontrollieren konnte. Er lernte, sich auf das zu konzentrieren, was er wirklich beeinflussen konnte, wie seine eigenen Reaktionen, seine Arbeitsweise und die Gestaltung seiner Zukunft. Diese Erkenntnis führte zu einer Entspannung, die es ihm leichter machte, den Perfektionismus loszulassen.

Ein praktisches Beispiel: In einer besonders stressigen Woche war Peter besorgt, dass er seine Weiterbildung nicht rechtzeitig abschließen würde, weil er sich durch ständige Meetings und Anfragen von Kollegen abgelenkt fühlte. Mithilfe des Circle of Control konnte er die Situation neu bewerten. Er entschied, dass er an den Wochenenden und in den Abendstunden konzentrierter arbeiten würde, ohne sich für spontane Meeting-Einladungen verantwortlich fühlen zu müssen. Die Erkenntnis, dass er selbst über seine Zeit und seine Prioritäten bestimmen konnte, gab ihm die nötige Kontrolle und den Raum, den er brauchte.

Am Ende half ihm der Circle of Control nicht nur, den Arbeitsdruck zu bewältigen, sondern auch, den Fokus zu schärfen und mit weniger Stress und mehr Klarheit in die Zukunft zu blicken.

Peter gewann mit dieser Methode die Kontrolle über sein Leben zurück, was für seine persönliche Entwicklung von entscheidender Bedeutung war. Dadurch sah er die äußeren Umstände nicht mehr als unkontrollierbare Belastung. „Ich darf auch Dinge loslassen", sagte er. „Es muss nicht immer schwer sein."

Das Thema Zeitmanagement wurde sein nächster Schwerpunkt. Um die Erkenntnisse aus dem Circle of Control noch besser umzusetzen, sprach ich mit Peter über Zeitmanagement-Tools. Indem er seine anstehenden Aufgaben ab sofort notierte und deren jeweilige Länge einschätzte, konnte er seinen Tag viel effektiver planen. Dabei war es wichtig, Zeitpuffer einzuplanen, damit Peter genügend Reserven für Unvorhergesehenes haben würde. Über den Tag hinweg entschied er immer wieder, welche Aufgaben wichtig waren und welche warten konnten. Am Ende des Tages machte er eine Nachkontrolle, reflektierte den Tag und plante die Aufgaben für den nächsten.

Mit dieser strukturierten Herangehensweise setzte Peter nun nicht nur gekonnt Prioritäten, sondern bewältigte die Arbeit viel besser. Besonders wichtig war für ihn, sich bewusst ‚Nein-Sagen' zu erlauben – eine Fähigkeit, die er lange unterschätzt hatte.

Vom Perfektionismus zur Unbekümmertheit

Als wir an den Punkt gelangten, über Peters Zukunft zu sprechen, fügten sich seine Erkenntnisse für ihn zusammen. Gemeinsam erstellten wir ein Bild davon, wie Peter zukünftig leben und arbeiten wollte. Statt nach Perfektion zu streben, definierte er Zufriedenheit und Lebendigkeit als neue Ziele. „Ich darf neugierig sein, ich darf Fehler machen, und ich darf auch einfach mal genießen", sagte er am Ende einer Sitzung.

Nach anderthalb Jahren Coaching stand ein völlig neuer Peter vor mir. Ein Mann, der nicht nur souverän präsentieren konnte, sondern auch zu sich selbst gefunden hatte – mit Mut, Gelassenheit und Klarheit darüber, wer er ist.

Fazit: Von PowerPoint zum Power-Mann

Was mit einer einfachen Frage nach einer besseren Präsentation begann, entwickelte sich zu einer tiefen, transformierenden Reise. Peter lernte nicht nur Präsentationstechniken, sondern hinterfragte alte Glaubenssätze, fand seine Werte und gestaltete sein Leben neu. Sein Weg zeigt: Der Schritt von „Ich muss perfekt sein." zu „Ich bin stolz auf mich." konnte durch Vertrauen und gute Coaching-Methoden umgesetzt werden.

Cordia Ylinen

Wie verstehen wir uns richtig? Diese Frage treibt mich an, denn mein Herz schlägt für die Kommunikationspsychologie! Ich gehe tief und initiiere Veränderungen, wo Prozesse in Unternehmen gären und verkrusten. Im Coaching arbeite ich gern mit Frauen in Führung und begleite diese in die authentische Wirksamkeit – auch bei Gegenwind.

Mit meiner Coaching-Geschichte zeige ich, wie stark eine Frau sein kann, wenn sie zu innerer Klarheit findet und aus der Angst in die Handlungsfähigkeit geht.

Case-Übersicht

- Ausgangssituation: Rosi war gerade Führungskraft geworden und fühlte sich selten auf Augenhöhe zu den männlichen Gesellschaftern.

- Zielsetzung: Sie wollte souveräner kommunizieren und ihre anfängliche Freude und Begeisterung im Job zurückgewinnen.

- Methoden: Beratendes Kommunikationscoaching, The Work of Byron Katie (Auflösung einschränkender Glaubenssätze), angeleitete Perspektivwechsel, Arbeit mit dem inneren Team (Persönlichkeitsanteile)

- Ergebnis: Klare Kommunikation, selbstbewusstes und souveränes Auftreten

Rosi und der Frosch: Die Kraft der Kommunikation

Rosi arbeitete in einem Technologiezentrum, das die Entwicklung und Vernetzung von Start-ups und KMUs in der Region förderte. Ein Jahr vor Beginn des Coachings war sie von der Assistenz der Geschäftsleitung zur Geschäftsführerin befördert worden. Das Unternehmen zählte insgesamt 19 Eigentümer, an die sie berichtete, und Rosi hatte erkannt, dass sie mehr brauchte, um souverän am Gegenwind der männlichen Gesellschafter zu surfen. Mit ihren 37 Jahren war sie deutlich jünger als viele der Herren und empfand es als große Herausforderung, auf Augenhöhe zu kommunizieren. Rosi wünschte sich mehr innere Klarheit und ein wirksameres Auftreten in der Zusammenarbeit mit den Gesellschaftern. Sie wollte sich nicht mehr verunsichern lassen, sondern zeigen, was sie konnte und wie viel Freude sie an diesem Job hatte. Rosi wünschte sich eine nachhaltige Veränderung und buchte eine Coaching-Begleitung bei mir, die auf ein Jahr ausgelegt war.

Ohne dass wir es beide ahnen konnten, durfte ich sie in diesem Jahr auf einer unglaublichen Achterbahnfahrt durchs Leben begleiten, die uns beide staunend, mit klopfenden Herzen und unglaublich stolz zurückließ.

Reden ist Silber. Schweigen ist oll.

Zu Beginn des Coachings fanden wir schnell heraus, dass Rosi zu wenig kommunizierte. Ich war mit ihr verschiedene Gesprächssituationen durchgegangen, die sie selbst als herausfordernd empfunden hatte. Sie fühlte sich oft nicht richtig verstanden, ärgerte sich darüber und zweifelte teilweise an sich selbst. Wir schauten ins Detail. Wer sagte was? Ganz konkret. Wie konnte die andere Person wissen, was Rosi dachte? Woher wusste Rosi, was mit den Worten des anderen Menschen tatsächlich gemeint war? Wie konnte es zu Missverständnissen kommen? Passierte so etwas immer oder nur bei einzelnen Personen?

Mit einem bestimmten Gesellschafter tat sich Rosi besonders schwer. Bernd war ihr immer wohlgesonnen gewesen, solange sie noch die Assistenz der Geschäftsleitung gewesen war. Nach ihrer Beförderung gehörte er zu den Ersten, die sie informierte. Er war sehr einflussreich, sie vertraute ihm und sie wollte ihn dringend auf ihrer Seite haben. Bernd reagierte auf diese Mitteilung mit den Worten: „Na, da ist das letzte Wort noch nicht gesprochen!" Damit hatte sie nicht gerechnet. In der Reflexion erkannte Rosi, dass sie durch diese eine   Aussage von damals dermaßen verunsichert war, dass sie nicht mehr wusste, wie sie mit Bernd sprechen sollte. „Ich war plötzlich so klein mit Hut", sagte sie. Um Rosi die Situation deutlicher zu machen, zog ich das Modell der Transaktionsanalyse heran. Die Transaktionsanalyse ist ein Kommunikations-modell, das zwischenmenschliche Interaktionen anhand drei innerer Ich-Zustände (Eltern-Ich, Erwachsenen-Ich und Kindheits-Ich) analysiert. Sie hilft, Muster in Gesprächen zu erkennen und bewusst zu steuern, um Missverständ-nisse zu vermeiden und Beziehungen zu verbessern. Wir ordneten Bernds Ver-halten dem Eltern-Ich zu, also eher kritisierend, mahnend, von oben herab. Rosi reagierte darauf aus dem Kindheits-Ich. Sie fühlte sich machtlos, klein und kon-trolliert. Eine Begegnung auf Augenhöhe war so nicht mehr möglich. Er war ständig in der Kritik und im Misstrauen, sie im Verstecken und Rechtfertigen. Die Selbstzweifel, die nach einem langen Bewerbungsprozess für die Stelle längst in Rosi schmorten, waren durch Bernds Aussage bestärkt worden. „Die wollen mich hier nicht wirklich!" Dabei fokussierte sie sich überwiegend auf Bernd und wenig auf die anderen Gesellschafter, die ihr meist wohlgesonnen und unterstützend begegneten. Rosi traute sich nicht, mit Bernd über ihre Arbeit zu sprechen, weil sie Angst hatte. „Der wartet doch nur darauf, dass ich einen Fehler mache!", dachte sie sich. Die beiden konnten sich nie richtig verstehen, denn die Kommunikation war aufs Nötigste reduziert.

Gemeinsam arbeiteten wir an Strategien, wie Rosi mehr auf Augenhöhe kommunizieren konnte. Ich begleitete Rosi dabei, in sich hineinzuspüren, ihre Unsicherheiten und auch ihre Erwartungen zu reflektieren. Wir sprachen über das Kommunikationsquadrat von Schulz von Thun. Sie lernte, dass jede Nachricht vier Ebenen hat (Sachinhalt, Selbstoffenbarung, Beziehung und Appell) und dass Missverständnisse entstehen, wenn Sender und Empfänger unterschiedliche Ebenen fokussieren. Mithilfe des Modells wurde ihr klar, dass Bernd und sie auf unterschiedlichen Ebenen ‚funkten‘. Sie hatte viele Aussagen von Bernd auf dem Beziehungsohr gehört, persönlich genommen und sich dadurch verunsichern lassen. Das brachte weitere Probleme mit sich, weil sie an einem Projekt arbeitete, das für Bernd sehr wichtig war.

Das Unternehmen hatte den Auftrag, die Vernetzung von Jugendlichen über die nahegelegene deutsch-österreichische Grenze hinweg zu fördern. Dazu war eine Werkstatt in Planung, in der sich Jugendliche aus beiden Ländern treffen, gegenseitig beraten und zusammen an Projekten arbeiten konnten. Bernd hatte ein besonderes Auge auf dieses Projekt, weil es in der Politik und der regionalen Presse großes Interesse geweckt hatte. Er hinterfragte alles, was Rosi tat. Diese Kontrolle ging so weit, dass Rosi sich in ihrer Arbeit blockiert fühlte. Nichts konnte sie tun, ohne dass er es in Frage stellte.

Durch das neue Verständnis der unterschiedlichen Kommunikationsebenen begriff Rosi, dass sie Bernd oft gar nicht die Möglichkeit gab, sie richtig zu verstehen. In ihrer Unsicherheit erzählte sie ihm immer möglichst wenig, was dazu führte, dass er selbst nachbohrte. Außerdem setzte sie bei ihm viel zu viel Hintergrundwissen voraus. Sie erzählte gewisse Dinge gar nicht, weil sie es für selbstverständlich hielt. „Das ist doch klar wie Kloßbrühe!" Allerdings nicht für Bernd und deshalb fragte er auch gleich noch einmal ganz genau nach. Und zack, waren sie wieder im Teufelskreis. Er im Misstrauen, sie in der Rechtfertigung. Rosi erkannte: „Ich muss mehr mit ihm reden!"

Call the frog first

Es war das dritte Coaching. Rosi war im Stress mit der Umsetzung des neuen Projekts und wir sprachen über Zeitmanagementstrategien. ‚Eat the frog first' ist eine meiner Lieblingsstrategien. Sie besagt, dass man die wichtigste oder unangenehmste Aufgabe des Tages zuerst erledigen sollte, um Prokrastination zu vermeiden und produktiver zu sein. Die Methode ist so einfach wie wirksam und brachte Rosi eine Erleuchtung. „Was, wenn ich nicht eine Aufgabe, sondern einen Menschen zu meinem Frosch mache?" So wurde Bernd zum Frosch.

Rosi hatte für sich erkannt, dass sie ohne Bernd und seinen Einfluss nicht gut arbeiten konnte. Sie brauchte seine Kontakte und damit sein Wohlwollen. Also war Bernd nun der Frosch, der jeden Morgen als Erstes geschluckt wurde. Bernd bekam über jeden Projektfortschritt Updates und Fotos, manchmal sogar mehrmals am Tag. Ehrenamtliche Personen, mit denen Rosi zusammenarbeitete, ermutigte sie ebenfalls dazu, ohne Scheu auf Bernd zuzugehen. Alle schrieben nun E-Mails, schickten Fotos, Fragen und Feedback. „Wahrscheinlich haben wir ihn sogar ein wenig zugemüllt mit all den Infos", meinte sie später.

Ab dann ging es bergauf. Rosi wurde verstanden. Bernd nahm sie ernst. Sie begegneten sich auf Augenhöhe. Freunde wurden sie nie, aber das Projekt lief grandios. Kurz nach unserem fünften Coaching hatte Rosi mit ihrem Team den Zukunftsraum für grenzüberschreitende Zusammenarbeit eröffnet. Jugendliche aus Deutschland und Österreich trafen sich in der offenen Werkstatt, und die Idee ging auf. Die Presse war begeistert und auch Bernd war zufrieden. Rosi konnte durchatmen und dachte schon an ihren verdienten Sommerurlaub, als ein Anruf plötzlich alles auf den Kopf stellte.

Wie mies kann es laufen? Ja.

Es war ein wunderschöner Sommervormittag, Anfang Juni. Rosi saß mit ihrem Rechner auf der Terrasse und erzählte voller Begeisterung von der feierlichen Eröffnung des Zukunftsraums, als im Hintergrund das Telefon klingelte. „Die

Nummer kenne ich nicht, das kann warten", meinte Rosi. Die Nummer rief jedoch erneut an und dieses Mal ging sie dran, denn sie hatte ein ungutes Gefühl, wie sie mir sagte. Dafür stellte Rosi kurz den Ton unseres Gesprächs aus. Dann war sie weg. Ohne ein weiteres Wort. Raus aus dem Call. Keine weitere Nachricht. Ich wunderte mich natürlich. Wartete kurz. Sie kam nicht zurück. Telefonisch erreichte ich sie nicht. Ich begann, mir Sorgen zu machen.

Mehrere Stunden danach bekam ich eine Nachricht von Rosi. Ihr Mann lag im Krankenhaus. Sie würde sich später melden.

Rosis Mann hatte an diesem Vormittag einen sehr schweren Motorradunfall gehabt. Sie beschrieb die Situation im Krankenhaus später so: „Ich saß da und fragte mich, was jetzt alles erledigt werden muss." Der kleine Sohn sollte unbekümmert bei den Großeltern sein und nicht gleich alles mitbekommen. Der Hund musste irgendwann raus. Das Projekt auf der Arbeit lief erst einmal allein. Aber was war mit dem Geschäft ihres Mannes? Er war selbstständig und führte ein Installations-Unternehmen mit vielen Mitarbeiter:innen. Wie sollte das weitergehen, wenn er nicht ansprechbar war?

Rosis Mann verbrachte insgesamt dreieinhalb Wochen im Krankenhaus. Sie nahm Urlaub, führte seine Firma weiter und ging jeden Nachmittag gemeinsam mit dem Sohn in die Klinik. Als er dann im Rollstuhl entlassen wurde, war alles anders als vorher.

Nach einem Monat ging Rosi wieder in ihren eigenen Job. Die gute Vorarbeit der letzten Monate hatte sich ausgezahlt und das Team funktionierte. Man hielt ihr meistens den Rücken frei, aber das Leben blieb weiterhin anstrengend.

Wie war das mit der Sauerstoffmaske im Flugzeug?

Rosi blieb im Coaching. Das war ihr wichtig. Wir bewegten uns vorübergehend weg von den kommunikativen Führungsthemen hin zur Selbstfürsorge. Rosi war sehr erschöpft von den Anstrengungen dieser Lebensphase. Zwischen zwei Jobs,

Kind, Hund und Haushalt sollte sie selbst nicht auf der Strecke bleiben. Sie wollte immer unabhängig bleiben und hatte bis dahin versucht, möglichst viel selbst zu erledigen. Ich begleitete Rosi in verschiedene Perspektivwechsel und sie erkannte dabei, dass sie nicht für ihre Familie da sein konnte, wenn sie selbst am Boden lag. Im Flugzeug würde sie auch erst sich selbst und dann dem Kind die Sauerstoffmaske aufsetzen. Mit der Methode ‚The Work' bearbeiteten wir ihren Glaubenssatz „Ich muss das allein schaffen.". ‚The Work' von Byron Katie ist eine Selbstbefragungsmethode, die hilft, belastende Gedanken zu hinterfragen und innere Klarheit sowie mehr Gelassenheit zu gewinnen. Ziel ist es, eine Umkehrung des einschränkenden Glaubenssatzes zu finden, die Freiheit und Wachstum ermöglicht. Die Umkehrung, mit der sich Rosi am Ende identifizierte, war „Ich darf Hilfe annehmen.". Ohne die Hilfe von Familie, Freunden und Kolleg:innen war es unmöglich, alles unter einen Hut zu bekommen. Rosi war sehr erleichtert über die innere Erlaubnis, dass es okay war, sich unterstützen zu lassen und sie hatte Glück, denn es gab viele Menschen, die helfen konnten. Gleichzeitig tat sie sich anfangs weiterhin schwer, die Hilfe offenen Herzens anzunehmen.

Ich begleitete Rosi in einen weiteren Perspektivwechsel, durch den sie verstehen konnte, wie gut sich Menschen fühlen, wenn sie anderen einen Gefallen tun können. „Mein Mann ist auch immer für alle da. Vielleicht wollen die uns einfach etwas zurückgeben", stellte Rosi fest. Ein guter Freund der Familie kündigte sogar seinen Job, um die Leitung der Firma zu übernehmen, solange Rosis Mann krank war. Sie verspürte nun Dankbarkeit anstatt Beklemmung bei dem Gedanken, Hilfe anzunehmen. Rosi konnte sich dadurch wieder mehr auf ihren eigenen Job und die Familie konzentrieren. Das war auch notwendig, denn ihr Mann saß noch drei Monate im Rollstuhl und hatte dadurch mit einer Depression zu kämpfen. Das gesamte Leben der Familie war auf den Kopf gestellt worden.

In all dem Chaos nahm Rosi sich immer wieder Zeit, mit dem Hund große Runden zu gehen und einfach nur für sich zu sein. „Auch ich darf mich als Person nicht vergessen", war eine wichtige Erkenntnis, die sie in dieser Zeit gewonnen hatte.

Grenzen setzen leicht gemacht

Rosis Umfeld tat alles, um sie so gut wie möglich zu unterstützen. Sie war dankbar und fand es gleichzeitig sehr anstrengend, dass jede Person, die ihr half, auch viele Fragen zum Befinden ihres Mannes stellte. Sie war es leid, ständig darüber sprechen zu müssen und wollte gleichzeitig nicht unhöflich wirken.

Ich erinnerte Rosi an Bernd, den Frosch. Welche Strategien hatte sie sich dort erarbeitet, um klar zu kommunizieren und richtig verstanden zu werden? Sie hatte transparent kommuniziert, proaktiv Informationen gegeben und ihn immer mit ins Boot geholt, wenn es Neuigkeiten gab. So hatte sie verhindert, dass Bernd ständig nachfragte.

Gemeinsam erarbeiteten wir verschiedene Wege, wie sie Grenzen setzen konnte, ohne sich unhöflich zu fühlen. Sie verstand, dass sie vielleicht auch mit dem privaten Umfeld zu wenig kommunizierte. Wenn sie regelmäßig Infos gab, konnte sie verhindern, ständig gefragt zu werden. Außerdem konnte sie viele Menschen gleichzeitig informieren und so viel Zeit sparen. Sie machte es also wie mit Bernd und versicherte den Helfern, dass sie ihnen Bescheid geben würde, sobald es Neuigkeiten zum Gesundheitszustand ihres Mannes gab. Das konnten die Menschen erstaunlich gut hinnehmen, und seitdem lief es wunderbar.

Zwischen Zweifel und Ehrgeiz: Eine Teamsitzung im Kopf

Nachdem das Schlimmste überstanden war, brachte der Herbst die nächste Herausforderung in Rosis Job. Bernd war kein Thema mehr, dafür die Frage:

„Bewerben wir uns mit unserem Projekt auf einen Award für Vernetzung und Nachhaltigkeit?" Rosi war sehr unsicher. Einerseits war sie überzeugt davon, dass ihr Projekt wichtig war und sie wollte besonders für all die ehrenamtlichen Helfer ein Highlight schaffen. Gleichzeitig hatte sie eine kritische Stimme in sich, die den Gewinn für unwahrscheinlich hielt, vom hohen bürokratischen Aufwand der Beteiligung an so einem Verfahren mal ganz zu schweigen. Rosi befand sich in einem inneren Patt. Award – ja oder nein?

Die Antwort auf diese Frage fanden wir in der Aufstellung ihres inneren Teams. Die Methode ‚Das innere Team' von Friedemann Schulz von Thun hilft, innere Stimmen und widersprüchliche Gedanken sichtbar zu machen, um diese in einen konstruktiven Dialog zu bringen. Ich begleitete Rosi dabei, einmal alle Stimmen zu hören und zu visualisieren, die dazu in ihr eine Meinung hatten. Es meldeten sich insgesamt neun Stimmen zu Wort. Rosi war überrascht über die Vielfalt der Meinungen in ihrem eigenen Kopf. In einer inneren Ratsversammlung befragten wir das Team, unter welchen Umständen die Bewerbung für den Award denkbar wäre. Es gab Anteile, die vollkommen begeistert von der Idee waren, zum Beispiel Rosis innere Powerfrau, die das als ‚Mega-Chance' betrachtete und unbedingt dabei sein wollte. Andere Anteile brauchten noch Unterstützung, bevor sie zustimmen wollten. Der kritische Anteil wünschte sich, dass seine Bedenken ernst genommen wurden und er mitreden konnte. Er durfte folglich alles prüfen und bekam eine Berater-Rolle im Team. Ein bürokratie-scheuer Anteil, der sich vor dem hohen Aufwand fürchtete, bekam Rosis neue Fähigkeit, Hilfe anzunehmen, an die Seite gestellt. Sie erinnerte sich daran, nicht alles allein machen zu müssen. Der Perfektionismus-Anteil in Rosi war der Meinung, dass sie auch gewinnen müsste, wenn sie es versuchte. Das verursachte unangenehmen Druck in Rosi, weshalb wir diesen Glaubenssatz auflösten. Danach konnte sich Rosis inneres Team auf eine einfache Formel zum Gelingen des Award-Projektes einigen. „Entweder es wird was oder es wird nix. Egal wie, wir wollen es wenigstens probiert haben. Das ist uns das Projekt und das Team wert." Rosi war sehr erleichtert, die innere Uneinigkeit geklärt zu haben und startete mit neuer Energie in die Bewerbung für den Award.

Shine bright like a diamond

Die Arbeit sollte sich lohnen. Rosi gewann den Award und später sogar noch einen zweiten für die grenzüberschreitende Vernetzung des Projektes. Am Tag der Award-Verleihung stand Rosi auf der Bühne. Mit ihr zusammen waren noch zwei Kolleg:innen aus anderen Regionen und Bernd dort. Alle drei waren über fünfzig Jahre alt. Die Zielgruppe des Projektes waren Jugendliche, und Bernd erwähnte deshalb in seiner Rede, dass es vielleicht etwas merkwürdig erschien, dass die Alten etwas für die jungen Menschen machen wollten. Daraufhin meldete sich Rosi spontan am Mikrofon zu Wort und sagte: „Nicht alle von uns sind älter..." Im Publikum saßen 500 Menschen. Alle lachten. Die Verleihung wurde im Fernsehen übertragen. Rosi meinte später zu mir: „Vor unserem Coaching hätte ich mich sowas niemals getraut! In dem Moment erkannte ich, ich werde freier, sicherer und klarer!"

Als das Jahr vorbei war und wir gemeinsam auf die Zeit zurückschauten, waren wir beide stolz auf Rosi. Sie konnte jetzt selbstbewusst und bestimmt reagieren, wenn es wirklich um etwas ging. Sie hatte gelernt, sich selbst zu reflektieren, Hilfe anzunehmen und Grenzen zu setzen. Rosi staunte über die Kräfte, die sie freisetzen konnte, wenn es um die eigenen Herzensthemen geht.

„Ohne das Coaching hätte ich spätestens im Sommer meinen Job gekündigt. Stattdessen habe ich zwei Awards gewonnen."

Nadine Härtinger

Hi, ich bin Nadine. Als Ex-Profisportlerin und Coach unterstütze ich Führungskräfte und Teams bei der Entwicklung wirksamer Führung, echter Teamarbeit und gesunder Leistungsfähigkeit. Meine Mission: Menschen in Bewegung bringen – mental, emotional und physisch. Als Pionierin für Neuro-Breathwork als Business-Tool nutze ich die Atmung für Stressregulation und kreative Innovation.

Mein Case zeigt, wie die systematische Arbeit auf verschiedenen Coaching-Ebenen nicht nur eine wirksame persönliche Transformation bewirken kann, sondern auch das Potenzial hat, eine gesamte Unternehmenskultur zu prägen.

Case-Übersicht

- Ausgangssituation: Elena litt darunter, dass ihre Meinung nicht gehört und ihre Sensibilität als Schwäche in der Führungsrolle ausgelegt wurde.

- Zielsetzung: Sie wollte lernen, sich von den Gefühlen anderer abzugrenzen und ihre Meinung überzeugend zu vertreten und durchzusetzen.

- Methoden: Analytische Ebene (solution-focused Interventionen), emotionale Ebene (Emotionscoaching) und unbewusste Ebene (Neuro-Breathwork)

- Ergebnis: Authentische Führung, Sensibilität als Stärke und Selbstwirksamkeit

Führung und Feinfühligkeit:
Wie eine vermeintliche Schwäche zur Stärke wurde

Elena, eine 42-jährige Führungskraft in einem dynamischen IT-Unternehmen, saß mir gegenüber und rang nach Worten. „In manchen Nächten liege ich wach und grüble darüber nach, ob meine Stimme in Meetings überhaupt zählt", gestand sie mir in unserer ersten Sitzung. Als Teamleiterin von fünf Mitarbeitern kämpfte sie mit einem Feedback, das sie nicht losließ: „Sie müssen an Ihrer Sensibilität als Führungskraft arbeiten." Das war die ernüchternde Rückmeldung aus dem letzten Performance-Dialog. Ihre ausgeprägte Empathie erschien Elena selbst fehl am Platz und wurde im harten Geschäftsalltag zunehmend zur Belastung. In Meetings nahm sie die Emotionen und unterschwelligen Spannungen so intensiv wahr, dass es sofort auf ihre eigene Stimmung schlug und es ihr schwerfiel, ihre eigene Position zu vertreten.

Eine Umstrukturierung im Unternehmen hatte die Situation verschärft. Konflikte häuften sich, und der nagende Gedanke „Ich bin nicht gut, so wie ich bin und nicht tough genug für diese Position." wurde zu ihrem ständigen Begleiter. Nach einem besonders herausfordernden Meeting, in dem Elena sich von dominanteren Kollegen hatte überrumpeln lassen, erkannte sie, dass sich etwas ändern musste. Mit einem klaren Wunsch kam sie zu mir ins Coaching. Sie wollte ihre Sensibilität ‚wegcoachen' und lernen, wie sie sich in Konfliktsituationen anders verhalten konnte, um ihre Sichtweise zu vertreten und durchzusetzen. Ihr Ziel war es, ihre Rolle als Frau innerhalb des Unternehmens zu stärken und für ihre Arbeit gesehen zu werden. Was als fünfstündiger Coaching-Prozess geplant war, entwickelte sich zu einer fünfzehnstündigen Reise der Transformation auf verschiedenen Ebenen.

Der Tanz mit der Sensibilität

Gleich in unseren ersten Sitzungen offenbarte sich ein faszinierender Zwiespalt. Die männlichen Kollegen erwarteten von Elena, ihre ‚übermäßige Sensibilität in den Griff zu bekommen'. Elena empfand diese Erwartung jedoch insgeheim als Vorgabe und Eingriff in ihre Persönlichkeit und leistete innerlich Widerstand dagegen. Bevor wir ein übergeordnetes Ziel festlegen konnten, mussten wir zunächst erkunden, was Sensibilität für Elena überhaupt bedeutete und welche Assoziationen sie mit diesem Begriff verband.

„Es ist wie ein Radar, das ständig auf Empfang ist", antwortete sie nach einer Weile des Nachdenkens, die Augen geschlossen. „Ich nehme die kleinsten Schwingungen wahr – wenn jemand unzufrieden ist, wenn sich Widerstand aufbaut, wenn Menschen sich unverstanden fühlen. Ich versuche die verschiedenen Positionen nachzuvollziehen und das große Ganze zu betrachten." Sie beschrieb eindringlich, wie sie genau spüren konnte, wie es anderen ging, wie sie deren Stimmungen mit nach Hause nahm und wie die schlechte Laune anderer auf sie übergriff. In ihrer Beschreibung wurde deutlich, dass sie hauptsächlich negative Assoziationen mit ihrer Sensibilität verband. Sie sah darin vor allem ein Hindernis, das es ihr erschwerte, unpopuläre Entscheidungen durchzusetzen.

In meiner Arbeit als Coach beginne ich gerne auf der *systemisch-analytischen* Ebene, um schnelle Perspektivenwechsel und erste Aha-Momente anzustoßen. Dabei ist es mir wichtig, meinen Coachees auch das psychologische und neurowissenschaftliche Fundament zu vermitteln. Sie sollen verstehen, warum wir bestimmte Methoden wählen und wie diese wirken. So auch bei Elena: Ich ließ sie jede ihrer notierten Assoziationen zum Begriff der Sensibilität analysieren und nach den positiven Eigenschaften dieser Aspekte suchen. Dieser erste Perspektivwechsel bewirkte bereits eine bedeutsame Veränderung. Ihr ursprünglicher Wunsch, die Sensibilität ‚wegzucoachen', verwandelte sich in ein neues, klareres Ziel. „Ich möchte lernen, mich von den Gefühlen anderer abzugrenzen und meine Position überzeugend vertreten und durchsetzen zu können." Als ich sie fragte, woran sie merken würde, dass sie ihr Ziel erreicht hatte, antwortete sie: „Wenn ich in Meetings ruhig und selbstbewusst meine Meinung äußern kann, ohne von den Emotionen anderer verunsichert zu werden und wenn ich das Gefühl habe, dass meine Stimme wirklich zählt."

Wir begannen, anhand konkreter Situationen zu analysieren, welche Emotionen tatsächlich bei Elena selbst entstanden und welche Gefühle den anderen Personen im Raum gehörten. Eine besonders hilfreiche Übung etablierte sich schnell. Vor wichtigen Gesprächen sollte Elena einen Moment innehalten und sich fragen: „Wie geht es mir damit?" – noch bevor sie sich in die Emotionen ihres Gegenübers einfühlte. Für Momente, in denen die Emotionen besonders überhandnahmen, führte ich sie in die ‚Käseglocken-Intervention‘ ein. Bei dieser Visualisierungsübung stellte sich Elena eine durchsichtige Käseglocke über sich vor, an der die Emotionen anderer abprallen konnten. Durch die Käseglocke konnte sie weiterhin alles hören und sehen, aber die Emotionen wurden systematisch abgeschirmt. Parallel dazu arbeiteten wir an wertschätzenden Formulierungen, um wahrgenommene Emotionen gezielt anzusprechen und gleichzeitig die eigenen Bedürfnisse klar zu kommunizieren.

Die Wirkung dieser Techniken zeigte sich bereits nach zwei Wochen. Elena kam mit einer bemerkenswerten Erfahrung in unsere nächste Sitzung. „Manchmal stelle ich fest, dass ich wütend bin, wenn jemand Termine nicht einhält", berichtete sie. „Früher hätte ich nur die Überforderung des anderen gesehen und Verständnis gezeigt. Jetzt kann ich sagen: ‚Ich sehe, Sie haben viel um die Ohren. Trotzdem brauche ich verlässliche Zusagen, weil ich von Ihren Informationen abhängig bin, um mit meinem Team weiterarbeiten zu können.‘."

Als nächsten Schritt lud ich Elena zu dem ungewöhnlichen Experiment ein, bewusst Momente des Genuss in ihr Leben einzubauen. Ihre spontane Reaktion war Skepsis. „Was hat Genuss mit meiner Führungsrolle zu tun?", fragte sie. Diese Frage bot mir die Gelegenheit, ihr die wissenschaftlichen Zusammenhänge zwischen Selbsterlaubnis und Selbstbehauptung zu erläutern. Ich teilte die Erkenntnisse aus Kristin Neffs Forschung zur Self-Compassion mit ihr, die zeigt, dass Menschen, die sich selbst Güte und Fürsorge erlauben, auch besser für ihre Bedürfnisse einstehen können. Wir sprachen über die neurowissenschaftliche Perspektive, wie genussvolle Erfahrungen das Belohnungssystem im Gehirn aktivieren und zur Ausschüttung von Neurotransmittern wie Dopamin und Serotonin führen. ‚Wohlfühlhormone', die das Selbstvertrauen stärken und Angst reduzieren.

Elenas Reaktion auf diese Hausaufgabe war überraschend ehrlich und enthüllend: „Es fällt mir verdammt schwer, mir selbst etwas Gutes zu tun, mir etwas zu gönnen und Genuss aktiv in mein Leben einzuladen", gestand sie. Eine Erfahrung, die ich häufig bei Führungskräften beobachte. „Ich fühle mich total schlecht, weil ich nicht mal das kann", fügte sie hinzu. Diese Aussage war wie ein Fenster zu einer tieferen Ebene unserer Arbeit, und es wurde deutlich, dass wir nicht nur an Gesprächsstrategien oder dem Umgang mit Emotionen arbeiten mussten.

Tief verwurzelte Muster

Je tiefer wir in unsere Arbeit eintauchten, desto klarer wurden die Glaubenssätze, die Elena seit ihrer Kindheit begleiteten. „Du bist nicht gut, so, wie du bist." und „Sei nicht so empfindlich.". Diese Erkenntnis führte uns zu einer neuen Phase unserer Zusammenarbeit. Ich schlug eine Methode vor, die uns von der systemisch-analytischen Ebene zu einer tieferen emotionalen Schicht führen würde. Einer Ebene, die ich gerne als *emotionale Wahrnehmungsebene* bezeichne. Sie spielt eine entscheidende Rolle, wenn es darum geht, echte Veränderung zu ermöglichen, anstatt nur an der Oberfläche zu bleiben.

Bevor wir diesen Schritt wagten, erklärte ich Elena detailliert die neurowissenschaftlichen Grundlagen der geplanten Intervention. Um ihr ein Gefühl für die Methode zu geben, führte ich sie durch eine kurze Ressourcenaktivierung der Dankbarkeit – eine Erfahrung, die sich in einem tief berührten Schluchzen äußerte. Elena entschloss sich dazu, sich mit meiner Unterstützung die emotionalen Hintergründe ihrer Herausforderung anzuschauen.

In zwei intensiven Emotions-Coaching-Sitzungen zur Glaubenssatzarbeit und mit Persönlichkeitsanteilen begleitete ich Elena durch einen Prozess, der sie zeitweise sehr forderte und in dem sie emotionale Abreaktionen kennenlernte. Besonders aufschlussreich waren die Momente, in denen sie beschreiben sollte, wo sie die Glaubenssätze „Sei nicht so empfindlich." und „Du bist nicht gut, so, wie du bist." körperlich spürte. Die Reaktionen waren so stark, dass ich sowohl in ihrer Mimik als auch in ihrer Körperhaltung deutlich die damit verbundene Anspannung erkennen konnte. In dieser Arbeit enthüllte sich die Wurzel ihrer Sensibilität, denn die hatte sich in ihrer Jugend als Überlebensstrategie entwickelt. Als einziges Kind zwischen einer zurückhaltenden Mutter und einem sehr autoritären Vater hatte Elena früh gelernt, Stimmungen zu lesen, Konflikte sowohl zwischen den Eltern wahrzunehmen als auch den strengen Ansagen des Vaters auszuweichen, indem sie sich ‚anpasste' und Situationen damit entschärfte.

Diese Erkenntnis war schmerzhaft, aber befreiend. „Kein Wunder, dass ich in Meetings sofort in den Vermittler-Modus schalte und alle Emotionen wie Warnsignale in mich aufsauge", reflektierte Elena. In der Nachreflexion zu den Emotions-Coaching-Prozessen teilte Elena mit, dass sie einerseits wertvolle Erkenntnisse gewonnen und lang angestaute Gefühle der Wut, Scham und Schuld verarbeiten konnte. Andererseits sei aber das Gefühl, in ihrer Führungsrolle nicht richtig zu sein, zwar leiser geworden, aber noch nicht verschwunden.

Der Atem als Türöffner

„Es ist wie in den Wellen zu sein", beschrieb Elena ihren Zustand, „ein ständiges Auf und Ab. Mal habe ich das Gefühl, ich bin total vorangekommen, dann denke ich wieder viel nach und im nächsten Augenblick kommt es mir vor wie ein Stillstand." Als Coach konnte ich von außen die enormen Fortschritte sehen, die sie bereits gemacht hatte, besonders in ihrer Art zu denken und in ihren

Reaktionen auf alltägliche Berufssituationen. Doch Elena selbst konnte diese Veränderungen noch nicht wahrnehmen.

Es war an der Zeit, einen mutigen Schritt zu wagen und Elena einzuladen, das analytische Denken und Fühlen für einen Moment loszulassen. Ich schlug vor, auf die tiefste Coaching-Ebene zu gehen. Hinein ins *Unbewusste und in unseren Körper.* Dafür nutzte ich einen wissenschaftlich erprobten Neuro-Breathwork-Ansatz, eine spezielle Form der Atemarbeit, die darauf abzielt, tief verankerte Verhaltensmuster neu zu programmieren. Elena erzählte, dass sie bereits eine Erfahrung mit Atemarbeit gemacht hatte, die ihr zwar gutgetan, aber nur mäßige Auswirkungen gezeigt hatte. Als ich ihr meinen spezifischen Ansatz vorstellte, war sie dennoch neugierig und offen, es zu versuchen.

Meine Methode NeuroBreathX kombiniert eine gezielte zyklische Atemtechnik mit bineuralen Sounds, die bestimmte Gehirn- und Frequenzbereiche aktivieren, sowie begleitenden, auf das Thema des Coachees angepassten hypnotischen Coaching-Impulsen. Ich erklärte Elena den Prozess mit einer eingängigen Metapher. „Stell dir vor, dein präfrontaler Cortex, das Denker-Hirn, ist wie ein übereifriger Assistent, der ständig alte PowerPoint-Präsentationen rausholt. ‚So haben wir das immer gemacht!‘, sagt er. Durch die Atmung schicken wir ihn kurz in die Kaffeepause. Das gibt uns die Chance, für einen Moment auf das sonst verborgene Unbewusste zuzugreifen und hier neue synaptische Verbindungen und damit neue Verhaltensmuster zu verankern."

Die Session wurde zu einem Wendepunkt im gesamten Coaching-Prozess. In dem veränderten Bewusstseinszustand erlebte Elena einen Moment tiefer Klarheit, wie sie mir später berichtete. Gleichzeitig verfolgte ich, wie sehr sie arbeitete. Ihre Muskeln in den Armen waren angespannt, geballte Fäuste, die Wut war deutlich sichtbar. In dieser Journey war ein Moment eingebaut, der Luft anhalten und dann einen Schrei ausstoßen beinhaltet. Als ich Elena dort hinführte, konnte ich wahrlich sehen, wie sich etwas in ihr löste und die jahrzehntelang angestaute Wut aus ‚nicht so angenommen worden zu sein, wie sie war', aus ihren Armen floss und sich aus ihrem Körper verabschiedete.

„Es war, als würde ich mich zum ersten Mal wirklich sehen", beschrieb Elena später. „Nicht als die Überempfindliche, die alles zu persönlich nimmt, sondern als jemand mit einer besonderen Gabe, Menschen und Situationen zu lesen und dass ich so sein darf, wie ich bin und es genau so richtig ist."

Nach der Session herrschte eine bedeutungsvolle Stille. Ich kenne die bewegende Wirkung dieser Journeys und ließ den Raum bewusst still, aber gleichzeitig präsent und offen. Nach einigen Minuten kam von Elena nur ein einziges Wort: „Wow". Tränen der Berührung stiegen ihr in die Augen, und auch ich spürte Gänsehaut aus Dankbarkeit, diesen Moment miterleben zu dürfen. Ich bat Elena, noch eine Weile in ihrem ‚Raum' zu bleiben und bewusst wahrzunehmen, was sich in ihr getan hatte.

In den folgenden Tagen berichtete Elena von einer merkwürdigen Erfahrung. Sie konnte nicht genau benennen, was sich verändert hatte, aber sie fühlte sich gelöster, in sich ruhend und nahm diffus eine Veränderung wahr, ein neues Gefühl von ‚ich gehe jetzt meinen Weg und der ist für mich wichtig'.

Neue Wege, neue Wirkung

Als Coach war es faszinierend zu beobachten, wie das Pendel der Veränderung zunächst in die Gegenrichtung ausschlug. Elena entwickelte plötzlich ein fast forderndes Auftreten: „Ich fordere jetzt XY von meiner Firma ein.", „Ich will die Gehaltserhöhung, die mir zusteht.". Solche Ausschläge auf die Gegenseite sind häufig in intensiven Coaching-Prozessen und Prozessen persönlicher Veränderung. Ich teilte Elena meine Beobachtung mit und lud sie zu einer besonderen Perspektive ein. „Stell dir vor, du beobachtest dich selbst von einem Balkon aus. Wie wirkt Elena in diesem Moment auf dich, wenn Nadine ihr diese Außenperspektive spiegelt?" Ich spürte ihre innere Zerrissenheit, denn ein Teil von ihr, die Elena die dort unten stand, wollte laut protestieren und sich wehren, aber ich führte sie immer wieder sanft auf ihren Beobachtungsposten auf dem Balkon zurück. Von dort oben sah sie etwas anderes: eine Elena, die sich verändert hatte, aber noch nicht in ihrer Mitte war.

Nach der Arbeit mit dem Unbewussten war es nun wichtig, den Fokus wieder auf die Zukunft zu richten und zur analytischen Ebene zurückzukehren, um konkrete, nächste Schritte zu entwickeln. Mit Elena erarbeitete ich, wie sie ihre Gabe, Stimmungen und Beobachtungen wahrzunehmen, in Meetings als das zu präsentieren, was sie waren: wertvolle Einblicke in die Gruppendynamik. „Mir fällt auf, dass wir seit zehn Minuten im Kreis diskutieren", konnte sie nun sagen. „Ich vermute, es gibt noch Vorbehalte, die wir nicht ausgesprochen haben." Sie begann, ihr Talent als Führungsinstrument zu nutzen und so die Gruppe dorthin zu führen, wo auch ihre persönliche Meinung Platz und Gehör fand.

Durchbruch zur Authentizität

In unserer vorletzten Session überraschte mich Elena mit einer tiefgreifenden Reflexion. Sie teilte mir mit, dass sie sich aufgrund ihrer Veränderung unsicher sei, ob sie noch weiter in ihrem Unternehmen arbeiten könne. Ihr war nun klar geworden, was ihr im Umgang miteinander auf der Arbeit wichtig war, aber bezweifelte, dies in diesem Unternehmen vorzufinden. Wir setzten unsere Arbeit auf der analytischen Ebene fort und spielten verschiedene Szenarien und neue Möglichkeiten durch. Eine der Ideen – die schließlich in einem Voting die Mehrheit fand – war, dass Elena ihren Abteilungsleiter um eine Versetzung innerhalb des Unternehmens bat. Gemeinsam entwickelten wir eine präzise Strategie für das Gespräch mit ihm.

In unserer letzten Session berichtete Elena, dass sie ihren Abteilungsleiter hatte überzeugen können, sie mit ihrem Team zu einem neuen Vorgesetzten wechseln zu lassen. Für diesen Erfolg feierte ich Elena, die ihn selbst noch nicht richtig wahrnehmen konnte. Deshalb gab ich ihr erneut eine Hausaufgabe, nämlich sich selbst etwas Gutes zu tun, um diesen Erfolg anzuerkennen. Wie bereits zu Beginn beschrieben, fiel es Elena schwer, doch sie versprach mir, sich etwas für sich selbst zu überlegen.

Der neue Vorgesetzte hörte Elena wirklich zu und ging auf ihre klaren Wünsche ein. Er schlug ihr vor, 20% ihrer Arbeitszeit in einem neuen Projekt im Bereich der Organisationsentwicklung mitzuarbeiten. „Früher hätte ich gezweifelt, ob ich hart genug dafür bin oder das wirklich kann", reflektierte sie. „Jetzt weiß ich, dass gerade meine Fähigkeit, Menschen zu lesen und mitzunehmen, mich zur idealen Besetzung macht."

Wie echte Veränderung Wellen schlägt

In meiner Coaching-Praxis verfolge ich stets den Ansatz, nicht nur oberflächliche Symptome zu behandeln. Ich beschreibe es gerne so: nicht einfach nur ein Pflaster auf die Wunde kleben, Hauptsache es ist vorübergehend verarztet. Stattdessen gilt es, die wahren Ursachen zu beleuchten und eine nachhaltige Verbesserung zu erzielen. Genau das passierte bei Elena. Die Früchte dieser Arbeit zeigten sich, als Elena mich einige Zeit später kontaktierte. Ihr authentischer Führungsstil und ihr Engagement in der Organisationsentwicklung hatten Wellen geschlagen. Jüngere Kolleginnen suchten ihren Rat, wie sie authentisch führen konnten. „Neulich sagte eine Teamleiterin zu mir: ‚Du zeigst, dass man erfolgreich sein kann, ohne sich zu verbiegen.‘ Das hat mich sehr berührt", schrieb sie. Diese Rückmeldung war nicht nur eine Bestätigung für Elenas persönliche Transformation, sondern auch ein Zeichen dafür, wie eine einzelne Führungskraft neue Impulse für die Unternehmenskultur setzen kann.

Peter Rumszauer

Hi, ich bin Peter und meine Mission ist es, Führungskräfte zu inspirieren, ihre Werte zu leben und den Wandel vom ‚Macher im Tagesgeschäft' zur visionären Führungspersönlichkeit zu gestalten. In meinen Werte-Coachings erleben sie, wie Vertrauen Wachstum, Klarheit und Zusammenarbeit fördert und eine inspirierende Umgebung für selbstverantwortliche Teams und Erfolge schafft.

Meine Fallstudie zeigt, dass wahre Führung aus Vertrauen entsteht – und welche tiefgreifende Transformation möglich wird, wenn Führungskräfte den Mut haben, Führung neu zu denken und Verantwortung konsequent zu übertragen.

Case-Übersicht

- Ausgangssituation: In einem Familienunternehmen herrschten Kontrolle und mangelndes Vertrauen seitens der Gründer sowie fehlende Kommunikation.

- Zielsetzung: Die Führungskräfte in ihrer Rolle zu stärken und die Zusammenarbeit zu ermöglichen, um eine neue Abteilung zu integrieren

- Methoden: Prozessbegleitung, Coaching zur Entwicklung neuer Denk- und Handlungsmuster, Stärkung von Vertrauen und Delegationskompetenz

- Ergebnis: Vertrauenskultur etabliert, Kommunikationsbarrieren abgebaut, Eigenverantwortung und Zusammenarbeit im Team gestärkt

Von der Frustration zur Eigenverantwortung:
Wie Vertrauen ein Unternehmen wiederbelebt

Ich erinnere mich noch genau an den Moment, als ich zum ersten Mal die Tür zu Georgs Büro öffnete. Es war der Beginn eines neuen Projekts und zugleich einer Herausforderung, die mich reizte und inspirierte. Eine neue technische Beratungsabteilung sollte in die bestehende Unternehmensstruktur integriert werden.

Georg führte das Familienunternehmen als Teilinhaber und Geschäftsführer seit vielen Jahren erfolgreich mit einer klaren Linie. Sein Büro war schlicht und funktional eingerichtet.

Ein Detail überraschte mich gleich am ersten Tag: Mein neuer Arbeitsplatz war direkt gegenüber von Georgs Schreibtisch eingerichtet. Genau dort, wo zuvor seine Frau Clara als zweite Geschäftsführerin gesessen hatte. Ich fragte mich, ob das nur eine praktische Entscheidung war oder sich darin eine tiefere Dynamik der Unternehmensführung widerspiegelte.

„Setz dich hierhin", sagte Georg mit einem Lächeln und zeigte auf den Platz gegenüber. „So bekommst du den besten Überblick, wie es im Chefbüro läuft."

Ich erwiderte sein freundliches Lächeln, doch ich spürte eine unsichtbare Spannung im Raum. Nach einer Weile lud er mich zu einem Firmenrundgang ein, um mich den Mitarbeitenden vorzustellen.

Die ersten Begegnungen – stille Spannung im Raum

Als er mich den Kolleg:innen vorstellte, begegneten mir fragende, teils skeptische Blicke. Vielleicht überlegten einige, ob ich ein neuer Berater war, der ‚aufräumen' sollte, während andere mich schlicht ignorierten.

In dieser angespannten Situation stellte schließlich ein Bereichsleiter eine spitze Frage: „Sind Sie hier, um uns zu bewerten oder um wirklich zu helfen?"

„Veränderungen bedeuten hier meist mehr Arbeit für uns und selten echte Verbesserungen", äußerte sich ein anderer Mitarbeiter frustriert.

Diese Haltung war nicht nur ein klassisches Muster mangelnder Kommunikation, sondern deutete auf eine riesige Portion Resignation hin. Ich spürte, dass es nicht nur um Prozesse und die Organisation einer neuen Abteilung ging, sondern um Menschen, Machtverhältnisse und vielleicht auch um alte Wunden.

Oftmals entsteht automatisch ein gewisses Misstrauen, wenn ein externer Coach oder Berater ins Unternehmen kommt, ohne dass die Belegschaft eingebunden wird. Veränderung bedeutet Unsicherheit für viele Menschen, was instinktiven Widerstand weckt.

Bevor ich überhaupt an den eigentlichen Auftrag der Integration denken konnte, war meine erste Aufgabe, das Eis zu brechen und Vertrauen aufzubauen. Nicht nur zu den Führungskräften, sondern zu allen Beteiligten.

Die Erfahrungen aus den ersten Begegnungen waren eine Einladung zur Reflexion für mich. Ich stellte mir Fragen, die mir halfen, die Dynamik besser zu verstehen. Welche Befürchtungen oder Einwände könnte meine Rolle bei den Mitarbeitern auslösen? Welche unausgesprochenen Regeln herrschen hier? Wie kann ich eine sichere Atmosphäre gestalten? Wie bringe ich neue Sichtweisen und Mindset in die bestehenden Muster?

Dies sind typische Herausforderungen für einen Coach. In der Praxis ist oft das, was zwischen den Zeilen verborgen bleibt, wichtiger als das, was klar ersichtlich ist.

Die verborgene Dynamik – Kontrolle als unsichtbare Barriere

Das Ehepaar Georg und Clara hatte das Unternehmen aufgebaut und führte es gemeinsam mit seinem Sohn Thomas. Auf den ersten Blick war es ein erfolgreiches mittelständisches Unternehmen mit 35 Mitarbeitenden, seit 30 Jahren etabliert, spezialisiert auf den Handel mit Industriearmaturen. Bewährte

Strukturen, erfahrenes Team mit eingespielten Abläufen, loyale Kunden, wachsender Umsatz.

Doch unter der Oberfläche brodelte es. Meetings waren formal und oberflächlich, schwierige Themen wurden vermieden. Sobald eine kritische Frage aufkam, wurde die Stimmung kühler. Heikle Themen fanden keinen Raum und versickerten leise. Und die Verantwortung? Jeder ging davon aus, dass Veränderung kompliziert war und zog sich lieber zurück.

Eingefahrene Strukturen, wie sie in vielen Familienunternehmen über Jahre hinweg gewachsen sind, werden oftmals als selbstverständlich angesehen und selten hinterfragt. Dies ist eine Herausforderung für die Weiterentwicklung, welche sich in mehreren strukturellen und kulturellen Mustern widerspiegelt.

In diesem Unternehmen wirkte es sich folgenderweise aus:

- **Starke Kontrolle durch die Gründer:** Das Ehepaar führte das Unternehmen mit einer Mischung aus Detailverliebtheit und eiserner Kontrolle. Von den Bestellungen beim Lieferanten, Kundenangeboten und Auftragsbestätigung bis zu den IT-Prozessen war immer ein Geschäftsführer involviert.

- **Generationskonflikte:** Der Sohn hatte sich als technischer Leiter etabliert und versuchte, das Unternehmen mit neuen Impulsen zu modernisieren. Doch seine Eltern behandelten ihn weiterhin wie einen Junior. Seine Ideen wurden oft mit einem „Das haben wir immer so gemacht." abgetan.

- **Unsichtbare Machtstrukturen:** Offiziell gab es klare Hierarchien, doch in Wahrheit entschied oft die persönliche Nähe zu den Eigentümern.

- **Mangelnde Fehlerkultur:** Fehler wurden nicht als Lernchance gesehen, stattdessen suchte man nach Schuldigen.

Die Frustration wird laut, die Mauer beginnt zu bröckeln

Mein erster Schritt war, individuelle Gespräche mit den Führungskräften und leitenden Mitarbeitenden zu führen. Ich wollte verstehen, mit welchen Herausforderungen sie im Alltag konfrontiert waren und wie sie über den Plan der Geschäftsleitung, eine neue Abteilung zu etablieren, dachten.

Bereits nach den ersten Gesprächen stieß ich auf eine Mauer des Widerstands. „Warum analysierst du uns jetzt? Ist unser Job in Gefahr?", fragte der Leiter der Logistik misstrauisch. Ein anderer Mitarbeiter ergänzte: „Man hat uns gar nicht gefragt, ob wir diese neue Abteilung überhaupt benötigen." Die Sales-Mitarbeiter sahen unterdessen ihre Interessen gefährdet und stellten die Frage in den Raum, wie die neue Abteilung überhaupt zu den bestehenden Strukturen und Verkaufsprozessen passen sollte. Wer würde die Verkaufsprovision bekommen?

Ich hätte den Plan der Geschäftsleitung und mein Dasein rechtfertigen können. Doch stattdessen stellte ich eine andere Frage: „Was bräuchte euer Team, damit ihr weniger Stress habt und effizienter arbeiten könnt?"

Zunächst herrschte eine nachdenkliche Stille. Dann sagte jemand leise: „Das hat uns bislang niemand gefragt." Nach und nach öffnete sich das Gespräch. Die Mitarbeitenden sprachen darüber, was sie wirklich frustrierte: „Es gibt keine klaren Verantwortlichkeiten", meinte einer kopfschüttelnd. „Wir erfahren als Letzte, wenn sich etwas ändert", fügte ein anderer hinzu. „Die meisten Entscheidungen werden über unseren Kopf hinweg getroffen", seufzte einer und verschränkte die Arme. „Wichtige Informationen bekommen wir beim Vorbeilaufen auf dem Gang", sagte ein Mitarbeiter und verdrehte die Augen.

Diese Sätze waren mehr als bloße Beschwerden. Je mehr ich zuhörte, desto klarer wurde mir, dass das Problem nicht an der neuen Abteilung lag. Es war vielmehr die Art und Weise, wie das Unternehmen geführt und wie mit Veränderungen umgegangen wurde. Fachkompetenz und Engagement waren vorhanden, den Mitarbeitern fehlte es an entgegengebrachtem Vertrauen und klarer Kommunikation der Verantwortlichkeiten.

Widerstand ist keine Verweigerung, sondern Ausdruck von Unsicherheit, Angst oder mangelnder Information. Statt den Widerstand als Hindernis zu sehen, kann er als wertvolle Quelle für echtes Verständnis genutzt werden. Denn nachhaltiger Wandel geschieht nicht durch Druck, sondern durch Verständnis.

Wenn keine Kontrolle, was dann?

In den nächsten Wochen nach dem Projektstart begleitete ich Georg. Ziel war es, ihn in seiner Führungsrolle besser zu verstehen und Vertrauen aufzubauen.

Ich erlebte ihn in seinem Führungsalltag. Im Gespräch mit Kunden, bei der Durchsicht von E-Mails, bei der Prüfung von Angeboten und dabei, wie er Entscheidungen traf und Anweisungen erteilte. Nichts verließ das Haus ohne seine Freigabe. Kein Dokument, keine Entscheidung, nicht einmal die Auswahl eines Ersatzteils. Er war überall involviert. Alles lief über seinen Tisch. Seine Tage waren somit mit operativen Aufgaben und Mikromanagement gefüllt, sodass für echte Führung kaum Raum blieb, den er dringend gebraucht hätte.

Eines Tages stellte ich ihm die direkte Frage: „Glaubst du, dass dein Unternehmen ohne deine ständige Kontrolle funktionieren würde?" Seine Antwort kam ohne Zögern: „Nein. Ich traue niemandem so sehr, dass ich die Kontrolle abgeben könnte."

Ich ließ die Stille für einen Moment wirken, dann hakte ich vorsichtig, aber neugierig nach. „Was, glaubst du, würde passieren, wenn du die Kontrolle loslässt und die Entscheidungen samt der Verantwortung an deine Mitarbeitenden delegierst?" Georg zögerte. Er runzelte die Stirn, sein Blick wanderte zur Decke. Schließlich lehnte er sich zurück, fuhr mit seiner Hand übers Kinn, atmete tief durch und begann zu sprechen. Von seiner tiefen Angst, Kontrolle aus der Hand zu geben und damit an Bedeutung in seiner Führungsrolle und an Ansehen zu verlieren.

Er war besorgt, nicht mehr alles bestimmen zu können und vielleicht gar nicht mehr gebraucht zu werden. Die Vorstellung, dass andere bessere Entscheidungen treffen könnten als er selbst, berührte ihn spürbar.

Dennoch hatte er mich als externen Berater beauftragt und mir die Integration der neuen Abteilung anvertraut. Ein Widerspruch? Nur auf den ersten Blick. Diese scheinbare Ambivalenz war kein Gegensatz zu seinem Kontrollbedürfnis, sondern ein Ausdruck davon.

Georg versuchte, die Verantwortung für den Wandel auszulagern, ohne selbst Teil der Veränderung zu sein – in der Hoffnung, sich nicht verändern zu müssen. So blieb die Kontrolle, was und wie es sich verändern durfte und vor allem, was nicht, bei ihm.

Damit wurde meine bislang verdeckte Rolle im Projekt sichtbar. Es ging nicht nur um Strukturen oder Teamentwicklung. Meine eigentliche Aufgabe war es, Georgs Einfluss auf den Wandel sichtbar zu machen und ihn zu stärken, selbst Fahnenträger der Veränderung zu werden. Denn echte Transformation lässt sich nicht delegieren. Sie beginnt dort, wo jemand bereit ist, sich selbst zu bewegen.

Ein paar Tage später lud ich Georg zu einem Spaziergang über eine nahegelegene Wiese ein, um Abstand vom Tagesgeschäft zu gewinnen. Nur Bewegung, Sonnenschein und unser Gespräch – kein Schreibtisch zwischen uns. Wortwörtlich entstand ein freier Raum für neue Gedanken.

Unser Coaching-Thema war seine Führungsrolle mitten im Wandel. Nach einer Weile fragte ich ihn: „Was wäre, wenn dein stärkstes Führungsinstrument nicht die Kontrolle, sondern die Inspiration wäre?"

Er blieb stehen. Erst schwieg er, dann ließ er den Blick über die offene Wiese schweifen. „Ich habe noch nie darüber nachgedacht, meine Mitarbeiter zu inspirieren", sagte er leise. Er schwieg erneut kurz und fügte hinzu: „Ich war schon immer derjenige, der sicherstellt, dass alles richtig läuft."

Es war kein Bekenntnis, kein radikaler Wandel. Vielmehr eine ehrliche Reflexion und ein leiser Impuls zum Perspektivwechsel. Ein Moment, in dem sich eine Tür öffnete. Nicht nach außen zur Welt, sondern in einen Raum nach innen, den er selbst vielleicht lange gemieden hatte.

Es war klar, dass eine tiefgreifende Veränderung nicht durch eine einzige Entscheidung oder Anweisung entstand. Vertrauen ließ sich nicht verordnen, es musste wachsen. Schritt für Schritt arbeiteten wir daran, die Kontrolle durch Vertrauen und Inspiration zu ersetzen.

Die ersten Zeichen des neuen Führungsstils zeigten sich in den wöchentlichen Führungskräfte-Meetings. Die Kommunikation wurde kooperativer, Vorschläge wurden im gemeinsamen Austausch besprochen, Entscheidungen fielen nicht mehr im Alleingang, sondern im Konsens – anschließend klar an die Mitarbeitenden kommuniziert.

Für Georg war das eine Umstellung. Anfangs begegnete er dem neuen Format mit Skepsis, doch allmählich begann er Aufgaben zu delegieren. Zunächst zögerlich, dann mit wachsendem Mut.

Was Vertrauen in Bewegung bringt – Ein Schritt mit großer Wirkung

Als ein Kunde einige Zeit später nach einer Sonderanfertigung fragte, zeigten sich die ersten Veränderungen. Früher hätte Georg jeden Schritt persönlich überwacht. Doch dieses Mal hielt er inne. Statt selbst zu bestimmen, wandte er sich an seinen Sohn Thomas, den technischen Leiter: „Du kennst das Produkt am besten. Triff die Entscheidung und führe den Auftrag durch." Georg wagte, die Kontrolle abzugeben. Nicht, weil er musste, sondern weil er sich bewusst dazu entschied. Statt zu kontrollieren, gab er dem Team die Chance, eigenständig zu handeln. Es war mehr als die Übergabe einer Aufgabe. Es war ein Signal des Vertrauens – ein echter Wandel im Führungsstil.

Der Auftrag mit der Sonderanfertigung war samt Verantwortung übergeben, und Thomas hatte ihn gewissenhaft angenommen. Sein engagiertes Team stand geschlossen hinter ihm. Was früher Unsicherheit ausgelöst hätte, lief nun überraschend reibungslos. Entscheidungen wurden eigenverantwortlich getroffen, notwendige Schritte wurden abgestimmt. Kein Drama. Kein Kontrollverlust, nur spürbare Souveränität.

Die Veränderung durchdrang langsam alle Bereiche der Organisation. Auch das Miteinander gewann an spürbarer Tiefe. Aus nüchternem Teilen von Informationen wurden lebendige, ehrliche Begegnungen. Mitarbeitende fühlten sich gehört und eingebunden – und damit ernst genommen. Einige Aufgaben wurden noch mit Zögern angepackt, manche Rückfragen spiegelten alte Muster wider. Sie wurden aber allmählich eigenverantwortlich übernommen. Die neue Ausrichtung war klar erkennbar, obwohl es manchmal noch holperte.

Die neue Beratungsabteilung wurde nicht als Fremdkörper betrachtet, sondern als wertvolle Ergänzung. Im Unternehmen herrschte eine kooperative, von Verständnis und Dialog geprägte Atmosphäre. Eine neue Vertrauenskultur war entstanden – nicht auf dem Papier, sondern im Miteinander.

Und Georg? Was hatte sich für ihn verändert? Nach Jahren gönnte er sich endlich das erste Mal zwei Wochen sorglosen Urlaub, ohne ständig aufs Handy zu blicken, ohne Kontrollanrufe. Nicht, weil alles perfekt war, sondern weil er das Vertrauen hatte, dass sein Unternehmen auch ohne seine Kontrolle, durch sein Team, getragen wurde.

Wo Kontrolle endet, blüht Vertrauen auf

Die tiefste Veränderung geschah nicht im Organigramm, viel mehr im Inneren eines jeden Mitarbeitenden. Nicht das System oder eingefahrene Strukturen waren die größte Hürde, sondern die Angst, alte Muster loszulassen und neuen Sichtweisen Raum zu geben. Der eigentliche Wandel begann dort, wo Georg den Mut aufbrachte, Kontrolle loszulassen und Vertrauen aufblühen zu lassen. Und dort, wo seine Mitarbeitenden bereit waren, die Verantwortung zu übernehmen. Somit entstanden ein Freiraum für Entfaltung und der Wille, ihn mit Leben zu füllen.

Ich erinnere mich an den Moment, als Georg seinem Sohn Thomas erstmals eine Entscheidung überließ. Ein unscheinbarer Augenblick und doch ein Schlüsselereignis für den Wandel. Denn was früher Unsicherheit und Konflikte ausgelöst hätte, wurde zur neuen Normalität.

Der eigentliche Erfolg lag nicht in der strategischen Begleitung des Unternehmens, sondern in der Fähigkeit, einen Wandel im Denken der Menschen zu ermöglichen. Meine Rolle als Coach war es, aufmerksam hinzuhören, Resonanz spürbar zu machen und Entwicklungen achtsam zu begleiten, ohne sie zu erzwingen. Denn echte Transformation beginnt im Inneren. Sie zeigt sich im Alltag, in klaren Entscheidungen, im gelebten Vertrauen und Werten und in einem kooperativen Miteinander, das trägt.

Georgs Geschichte zeigt: Kontrolle schafft Misstrauen und kann Wachstum und Eigenverantwortung ersticken. Sie schafft eine Atmosphäre der Unsicherheit, in der Angst vor Fehlern und Frustration dominiert. Vertrauen hingegen ermöglicht Entwicklung. Es fördert Sicherheit, Offenheit und Eigenverantwortung – die Grundlage für eine gesunde Unternehmenskultur.

Wenn Vertrauen das größte Kapital wird

Am letzten Coaching-Tag sah mich Georg an und sagte leise: „Ich dachte immer, Kontrolle sei mein wichtigstes Führungsinstrument. Jetzt weiß ich, Vertrauen ist mein größtes Kapital." Diese Worte fassten den inneren Wandel zusammen, der aus tiefer Erkenntnis und neuer Überzeugung gewachsen war. Ein Wandel, der sich nicht herbeiführen oder verordnen lässt, jedoch durch einfühlsame Begleitung im geschützten Raum entdecken lässt. Genau das hat der Coaching-Prozess in Georgs Unternehmen bewirkt.

Als Georg nach Abschluss des Coachings sein Büro verließ, blieb er einen Moment in der Tür stehen. Er schaute von der Chefetage auf sein Team hinunter und stellte beruhigt fest, dass sie konzentriert und selbstständig arbeiteten. Jetzt fühlte er wirklich, dass sie seine Kontrolle nicht mehr brauchten. Was sie brauchten, war sein Vertrauen, und genau das hatte er ihnen gegeben.

Er hatte nicht nur eine Aufgabe abgegeben, er hatte eine neue Ära der Führungskultur eingeläutet.

Dr. Sylvia Zebrowski

Moin, ich bin Sylvia und ich stehe für Führungs-kompetenz, die verbindet. Meine Kundinnen unter-stütze ich dabei, Selbstzweifel loszulassen und zu einer selbstbewussten, empathischen Teamleiterin zu werden. Von innen heraus. Individuell. Authentisch. Klar. Der Weg dahin beginnt immer bei der Kundin selbst und der Suche nach der Antwort zu „Wer bin ich und wer will ich für wen sein?".

Mein Fall von Klara zeigt, wie bedürfnisorientierte Kommunikation, Mut zur Veränderung sowie die Priorisierung der eigenen Werte zu einem erfüllten Leben führen – in Balance mit sich selbst, der Familie und dem Beruf.

Case-Übersicht

- Ausgangssituation: Klara hatte Selbstzweifel in ihrer neuen Position als Teamleiterin. Egal was sie tat, es schien nicht genug zu sein. Nicht nur ihre mentale Gesundheit litt darunter, sondern auch ihre Familie.

- Zielsetzung: Sie wünschte sich wieder Balance in ihrem Leben, damit Arbeit und ein erfülltes Familienleben möglich waren. Sie suchte nach einer Lösung, mit der sie ihren Job, den sie so sehr liebte, behalten konnte.

- Methoden: Kopfstandmethode, bedürfnisorientierte Kommunikation, Reflektion der eigenen Emotionen und Glaubenssätze, Werte-Ermittlung

- Ergebnis: Mehr Lebensfreude, innere Balance und Selbstfürsorge

Neu in der Führung:
Ein Balanceakt zwischen Privatleben und Arbeit

Klara war eine Frau, die funktionierte. Jeden Tag, jede Stunde, jede Minute. Sie war 35 Jahre alt und Teamleiterin in einem wachsenden IT-Unternehmen. Von außen wirkte es, als hätte sie alles im Griff. Ein Multitasking-Profi. Sie hatte sich von der Kollegin zur Führungskraft hochgearbeitet, doch die Anerkennung, die sie sich erhofft hatte, blieb aus. Die vielen Aufgaben spannten sie extrem ein, sodass sie permanent am Arbeiten war, selbst an den Wochenenden. Genau genommen umfasste ihre Tätigkeit sogar mehrere Positionen. Klaras gesamter Tag war geprägt von endlosen To-do-Listen, knappen Timelines und einem ständigen Druck – vor allem sich selbst gegenüber, da sie alles perfekt machen wollte.

Neben ihrem Beruf und ihrem Mann war ihr eine Person besonders wichtig: Ihr kleiner Sohn Till. Klara wusste, dass sie ihm nicht die volle Aufmerksamkeit und Liebe schenken konnte, die er brauchte. Das Gefühl, Till nicht gerecht zu werden, zerriss sie täglich. Ihr gelang die Balance zwischen Arbeit und Familie nicht – egal, wie sehr sie sich bemühte.

Klaras typischer Tag begann bereits morgens mit viel Stress. Schnell klappte sie noch kurz ihren Laptop auf, während sie hastig den ersten Schluck Kaffee trank. Die E-Mails stapelten sich bereits – Feedback zu fehlerhaften Projekten, technische Probleme und eskalierte Anfragen von Kunden. Klara hatte das Gefühl, auf alles schnellstmöglich reagieren zu müssen und sie fühlte sich allein mit diesen Herausforderungen. Es war einfach kein Ende in Sicht. Das Handy war immer dabei und auf dem Weg zur Kita begann bereits das erste Kundengespräch. Auch für Till war das bereits Alltag.

Klara sah nur eine Möglichkeit: Noch schneller, noch mehr, noch länger zu arbeiten. Sie erlaubte sich keine Pausen mehr. Aus Scham- und Schuldgefühlen, nicht gut genug zu sein, erzählte sie ihrem Mann nicht, dass sie in jeder freien Minute arbeitete. Selbst nachts, während ihr Mann zur Nachtschicht ging und wenn es ganz still um sie herum wurde, saß sie wieder an ihrem Firmenlaptop. Schlaf? Damit klappte es schon länger nicht mehr. Und am nächsten Tag ging alles wieder von vorne los. Sie begann, sich täglich selbst zu belügen. Das ist doch normal. Ich muss es halt machen. Wer sollte es sonst übernehmen?

Diese Lügen dauerten fast zwölf Monate an. Bis dahin gab sie alles. Ging täglich über ihre eigenen Grenzen hinaus. Bis zu einem Punkt, an dem sie körperlich und mental zu spüren bekam, was es ihr abverlangte, dem Leistungs- und Erwartungsdruck gerecht werden zu wollen. Sie konnte nicht mehr. Klara erlitt einen Zusammenbruch.

Ihr Mann stand ihr in dieser Zeit liebevoll zur Seite. Derweil bekam sie von anderen Personen gut gemeinte Ratschläge wie ihren Job zu kündigen. Doch das wollte Klara nicht hören. Sie hatte nämlich einen Wunsch: „Ich möchte die Balance in meinem Leben zurück! Und ich möchte meinen Job behalten. Ich will das schaffen – für Till."

Die Gedanken an ihre Familie gaben Klara Mut und Kraft. Beide Lebensbereiche – Familie und Arbeit – lagen ihr sehr am Herzen, sonst hätte sie sich nicht all die Mühe gemacht. Genau hier begann ihre persönliche Entdeckungsreise zur Balance.

Die ersten Coachings

Als Klara mir von ihrem Leben erzählte, beschrieb sie verschiedene Emotionen, die sich auch auf ihrem Gesicht widerspiegelten. Wut, vor allem auf sich selbst. Verzweiflung und Angst, alles aufgeben zu müssen. Traurigkeit und Schuld, es nicht geschafft zu haben, obwohl sie doch alles gegeben hatte. Coaching war für Klara bisher eine unbekannte Welt gewesen. Schon der Gedanke, sich helfen zu lassen, fühlte sich an, wie ein Eingeständnis, versagt zu haben. Doch bereits während unseres Vorgesprächs zur Coaching-Begleitung empfand sie eine unerwartete Erleichterung. Hier musste sie nichts leisten, niemandem etwas beweisen. Sie durfte einfach sie selbst sein, ohne Erwartungen, ohne Druck.

Um Klara eine völlig neue Perspektive zu geben, stellte ich ihr gleich im ersten Coaching eine provokante Frage: „Was könntest du tun, damit die nächsten zwölf Monate so richtig scheiße für dich werden?" Zunächst schaute sie mich verdutzt an, doch dann sprudelten die Antworten nur so aus ihr heraus, denn sie wusste genau, was ihr nicht guttat.

Diese Fragetechnik, auch bekannt als Kopfstandmethode, kann dabei helfen, festgefahrene Denkmuster auf einfache Weise zu durchbrechen. Statt direkt nach Lösungen zu suchen, hatte Klara zunächst die Aufgabe, Verhaltensweisen aufzulisten, die ihr Problem verschlimmern würden. Interessanterweise lenkte sie den Fokus dabei unbewusst auf die Ursachen ihrer aktuellen Situation. Nun saß sie also vor einer Liste mit all den Gründen, die ihr in den letzten Monaten wortwörtlich den Schlaf geraubt hatten. Klaras nächster Schritt bestand darin, ihre persönlichen Top 5 zu identifizieren: ‚negativ kommunizieren‘, ‚unrealistische Erwartungen stellen‘, ‚unstrukturiert sein‘, ‚nicht authentisch agieren‘ und ‚zu viel auf einmal machen‘.

Der letzte Schritt – und für mich die wahre Magie der Kopfstandmethode – ist die Umkehrung der destruktiven Verhaltensweisen. Und das ist gar nicht so einfach wie vielleicht vermutet. Aus ‚negativ kommunizieren‘ wurde zum Beispiel ‚positiv und konstruktiv kommunizieren‘. Damit Klara eine nachhaltige Veränderung erzielen konnte, reichte das alleine aber natürlich nicht aus. Wir gingen jede Umkehrung systematisch durch, damit Klara zu jeder positiven Aussage auch konkrete Beispiele und Maßnahmen definieren konnte. Woran würde sie bemerken, dass ihre Kommunikation positiv und konstruktiv war? Was wäre sie bereit dafür zu tun oder loszulassen? Was müsste sie an ihrer Kommunikation ändern, um ihr Ziel zu erreichen?

Klara erkannte, dass sie oft zu kritisch und wertend sprach, was zu Missverständnissen führte. Sie fokussierte sich bisher unbewusst nur auf ihre eigene Sichtweise sowie mögliche Konsequenzen und Probleme. Als ihr das klar wurde, erkannte sie plötzlich, warum sämtliche Gespräche nicht zu den erhofften Lösungen geführt hatten. Wenn Klara hingegen mit positiven Gedanken in Meetings ging, verliefen die Gespräche lösungsorientierter.

Mit jeder weiteren Umkehrung und den entsprechenden Beispielen hinterfragte Klara ihre bisherigen Verhaltensmuster und den Umgang mit anderen Menschen. Sie erkannte bei all den Fragen, warum es sie so viel Energie koste-te, jemanden zu überzeugen, der vielleicht ganz andere Erwartungen und Bedürfnisse hatte und wie entscheidend die richtige Kommunikation war, um zu motivieren statt zu demotivieren.

Vor herausfordernden Gesprächen wollte Klara sich nun als erstes der positiven Aspekte bewusst werden, indem sie sich z.B. die Fragen stellte: „Was ist das Gute an dieser Situation? Welche Ängste oder Bedürfnisse könnte mein Gegenüber bei dem Thema haben?" Zudem nahm sie sich vor, gezielt Ich-Botschaften zu nutzen, um wertfreie und lösungsorientierte Gespräche zu füh-ren. Durch die neuen Ansätze entstanden für Klara individuelle und praxisnahe Lösungen, die völlig neue Möglichkeiten eröffneten. Kombiniert mit etwas Rhetorik war es plötzlich ein Kinderspiel, die Resultate zu erhalten, die Klara sich so sehr wünschte. „Ich gehe viel positiver durchs Leben, kommuniziere jetzt ganz anders und es klappt!", erzählte sie mir stolz in einer unserer Coaching-Sessions.

Mut zur Grenze: Wie Klara lernte, ihre Ängste zu hinterfragen

In unseren Coachings wurden Klara ihre Ängste bewusster. Am meisten hatte sie Angst, Fehler zu machen und kritisiert zu werden. Eine weitere Angst, von der Klara unbewusst gesteuert wurde, war, abgelehnt zu werden. „Ich bin ein unglaublich harmoniebedürftiger Mensch und ich hasse es zu streiten." Die Folgen dieser Ängste zeigten sich z.B. in fehlender Delegation. Eine Aufforderung ihres Chefs wie „Kannst du das mal übernehmen?" überraschte Klara nicht. Auch nicht nach Feierabend. Grenzen zu setzen oder Aufgaben zu delegieren, gehörte bisher nicht zu ihren Stärken. Es war ihr unangenehm, Auf-gaben abzulehnen, und sie machte diese ohnehin lieber selbst. Dann wusste sie, dass die Qualität stimmte und sie alles unter Kontrolle hatte. Schließlich hatten ihre Kollegen auch mehr als genug zu tun und auf Diskussionen hatte sie wirklich keine Lust.

Wenn es um andere Personen ging, waren diese Ängste wie verflogen. Ganz selbstverständlich setzte sie sich für jede Person auf der Arbeit oder im Privaten ein, die aus ihrer Sicht kritisiert oder unfair behandelt worden waren. Bereits in ihrer Schulzeit hätte sie sich so sehr jemanden gewünscht, der ihr zur Seite gestanden hätte. Unbewusst nahm Klara genau diese Position immer wieder ein, ging für andere in den Kampfmodus – und das ungefragt.

Ich nenne diesen Verhaltenstyp liebevoll den ‚Harmonie-Hüter‘. Sie ertragen kaum Diskussionen und jede Meinungsverschiedenheit ist bereits ein Streit, den es zu verhindern gilt. Meist stellt sich der Harmonie-Hüter auf die Seite des vermeintlich Schwächeren. Will ihn retten. Das geht teilweise so weit, dass eigene Bedürfnisse ignoriert werden. Der Harmonie-Hüter opfert sich wortwörtlich für andere und damit auch den Arbeitgeber auf. So tat es auch Klara. Tatsächlich hatte Klara nie nachgefragt, ob ihre Unterstützung überhaupt gewollt war oder ob jemand anderes eine geforderte Aufgabe hätte übernehmen können.

„Nicht jede Person, die ich retten will, möchte auch gerettet werden. Das muss ich erst einmal sacken lassen." Diese Erkenntnis brachte Klara enorm viel Entspannung in ihr gesamtes Nervensystem. Nicht mehr die Verpflichtung zu haben, alles und jeden retten zu müssen. Eine tief sitzende Überzeugung, die wie eine Verpflichtung auf ihr lastete, loszulassen. Plötzlich war es leichter. Sie konnte durchatmen und fragte sich selbst immer öfter: „Warum will ich hier eigentlich helfen? Gehört diese Aufgabe wirklich in meinen Verantwortungsbereich?" Oft lautete die Antwort: Nein. Sie durfte jetzt erstmal auf sich selbst achten. Und damit auf die Person, der sie bisher am wenigsten Beachtung geschenkt hatte.

So schnell wie in Siebenmeilenstiefeln kamen Klara die nächsten Erkenntnisse. Wir schauten uns an, warum sie eigentlich das Gefühl hatte, Tag und Nacht arbeiten zu müssen. Ich fragte sie auch hier, was ihre größte Angst dabei war. „Ich dachte immer, ich hätte Angst, die Kontrolle zu verlieren. Das alles gegen die Wand fährt, wenn ich nicht dran bleibe, bei jedem Meeting dabei bin und auf jede E-Mail sofort antworte. Aber wenn ich ehrlich bin, habe ich eher Angst, etwas zu verpassen."

Was wäre denn das Schlimmste daran, etwas zu verpassen, wollte ich von ihr wissen. „Nichts. Es würde nicht mal was passieren. Ich kann ja alles auch später nachlesen, wenn es nötig ist. Es ist ja nicht weg."

Das Bewusstsein für die bisherigen Verhaltensweisen war der erste Schritt zur Veränderung. Damit Klara ihr Verhalten nachhaltig ändern konnte, waren jedoch weitere vier Schritte nötig. Im zweiten Schritt durfte Klara erkennen, warum es ihr schwerfiel, Grenzen zu setzen und ihr die Bedürfnisse anderer Personen wichtiger erschienen als ihre eigenen. Dieser Schritt bedurfte den Blick in Klaras Vergangenheit. Denn bereits in ihrer Kindheit und Schulzeit hatte Klara Überzeugungen und Glaubenssätze übernommen, die ihr bisheriges Verhalten bestimmt hatten. Als drittes folgte Klaras Bereitschaft, ihr altes Verhalten loszulassen, um im vierten Schritt eine Neuausrichtung vorzunehmen. Hierbei war es wichtig, genau zu definieren, was Klara sich wünschte und wie sie sich dabei fühlen wollte. Der fünfte Schritt war schließlich entscheidend für die Veränderung. Hier ging es darum, in die Umsetzung zu kommen. Alle fünf Schritte setzte Klara mutig um und nur wenige Wochen später nahm sie die Veränderung bereits ganz deutlich während ihres Urlaubs wahr.

„Es tut so gut, dass ich mich auf andere Dinge konzentrieren kann und nicht ständig aufs Handy gucken muss, ob alles auf der Arbeit funktioniert. Ich habe die Aufgaben rechtzeitig delegiert. Früher hätte ich zu 100% versucht, sie in meinem Urlaub selbst zu machen. Jetzt habe ich die Aufgaben ganz klar abgegeben. Das sind meine neuen Grenzen."

Die Kraft der Werte: Warum wir uns oft selbst im Weg stehen

Jeder hat seine eigenen Werte und wir agieren ständig nach ihnen. Ob bewusst oder unbewusst. Klara erlebte am eigenen Körper, was geschieht, wenn man über einen längeren Zeitraum nicht nach seinen Werten handelt. Sie arbeitete unbewusst gegen ihre eigenen Werte, fühlte sich energie- und kraftlos und erlitt letztlich einen körperlichen und emotionalen Zusammenbruch.

Spätestens zu diesem Zeitpunkt fangen die meisten Menschen an, Gründe bzw. die Schuldigen im Außen zu suchen: Der Arbeitgeber. Der Chef. Der Kollege. Der Partner. Man trennt sich vom Arbeitgeber, vom Team oder vom Partner und sucht einen neuen Job oder geht eine neue Beziehung ein. Doch dann geht das Drama höchstwahrscheinlich wieder von vorne los. Es gibt nämlich eine Konstante, die oft vergessen wird und die wir überall mit hinnehmen: uns selbst. Wenn wir also etwas ändern wollen, sollten wir immer bei uns selbst anfangen.

Jeder Wert ist eine Art Konto. Zahle ich mit meiner Handlung oder Entscheidung auf das Konto ein oder hebe ich ab? Haben wir einen wichtigen Wert, auf welchen wir im Leben jedoch nicht achten, heben wir von diesem Konto ständig ab und kommen irgendwann ins Minus. Wir überziehen unser inneres Konto, bis es nicht mehr geht und eine innere Erschöpfung zum Vorschein kommt.

Nicht immer werden wir es schaffen, 100 % nach unseren Werten zu agieren. Doch je mehr wir uns unseren Werten bewusst sind, desto eher spüren wir, wenn etwas gegen uns läuft. Das gilt sowohl für den beruflichen als auch den privaten Bereich. Die unzähligen Möglichkeiten im Leben lassen uns bei Entscheidungen hadern und uns manchmal sogar verzweifeln. Unsere Werte helfen, Antworten auf all die Fragen zu finden und die richtige Wahl zu treffen. Wir spüren deutlich, wenn etwas unseren Werten entspricht und wir uns dadurch wohl fühlen.

Es gibt unterschiedliche Methoden, um den eigenen Werten näherzukommen. In meinen Coachings kombiniere ich einige davon, um den Weg zu den wirklich tief liegenden Werten zu finden. Zur Wertefindung hatte Klara zwei intensive Coachings, die sie in ihrer Entwicklung noch einmal weit nach vorne brachten.

In einer dieser Sessions nutzten wir Musik, um in die Entspannung zu kommen und einfach nach Gefühl alle Werte niederzuschreiben, die sich stimmig für sie anfühlten. Zur Hilfestellung las ich ihr eine ganze Liste an möglichen Werten vor, die sie nach Belieben ergänzen konnte. Die für Klara wichtigsten zwölf Werte nahmen wir in die nächste Runde. Dabei stellte ich ihr immer zwei der Werte gegenüber, woraufhin sie sich für einen der beiden entscheiden musste. Im besten Fall entscheidet das Gefühl. Am Ende standen drei Worte auf Klaras Zettel: Treue, Harmonie, Gerechtigkeit. „Jetzt, wo ich es sehe, ist es ganz klar. Das sind die Werte, die mein Leben bestimmen! Bis gerade war mir das noch nie so bewusst."

Wir sprachen über Beispiele aus dem Leben, wie z.B. Treue in der Beziehung oder in beruflichen Situationen, in denen Klara aus dem Harmoniebedürfnis heraus Ja sagte, aber eigentlich Nein meinte. Ganz nebenbei fiel unbewusst ein Satz von mir, der Klara sehr zum Nachdenken anregte. Sie war anschließend stiller als sonst. Ich sagte: „Eine Person, die Treue als Wert besitzt, ist meist auch sehr treu dem Arbeitgeber gegenüber. Es könnte demnach sein, dass du dort Dinge nicht ansprichst, weil du treu und loyal sein möchtest und auf gar keinen Fall die Harmonie, also die Beziehung zum Arbeitgeber, zerstören möchtest."

Eine Woche später. Klara strahlte mich im Coaching an: „Ich habe gekündigt!"
Mir fiel alles aus dem Gesicht. Klara hatte das Coaching doch mit dem Ziel
gestartet, den Job zu behalten! Was war geschehen?

Klara hatte plötzlich so viel Stärke in der Stimme: „Mir ist nach unserem
letzten Coaching klar geworden, dass mein aktueller Job nicht zu meinen
Werten passt. Ich habe gelernt, welche Ängste mein Verhalten bisher bestimmt
haben und warum es mir als ‚Harmonie-Hüter' schwerfiel, Grenzen zu setzen.
Sylvia, ich habe keine Lust, dass es mir nochmal so schlecht ergeht, wie vor
unserer Zusammenarbeit. Also habe ich meine Kündigung eingereicht." Und es
ging ihr verdammt gut damit!

Das Spannendste daran war die Tatsache, dass sie bereits einen neuen Job
hatte. Als sie ihrem Arbeitgeber mitgeteilt hatte, dass sie gehen wollte, geschah
etwas Unerwartetes: Man wollte sie nicht verlieren. Es wurde eine neue Position
für sie geschaffen. Eine Stelle, die genau ihren Stärken und Werten entsprach.
Einfach so. Zufall? Glück? Nein, es war die pure Klarheit, die sie ausstrahlte.
Kein Wenn und Aber, kein Verbiegen. Dafür eine Außenwelt, die auf ihre
Entscheidung positiv reagierte.

In ihrer neuen Rolle fühlt sich Klara zum ersten Mal wirklich gesehen. Sie
hat gelernt, für sich einzustehen. Pünktlicher Feierabend ist nun zu einer Selbstverständlichkeit geworden. Abends spielt sie mit ihrem Sohn und liest ihm
Geschichten vor, ohne mit den Gedanken bei der Arbeit zu sein. „Ich bin endlich ich selbst", sagt sie mit einem entspannten Lächeln, das von innen kommt.
Klara hat es geschafft, weil sie den Mut hatte, Hilfe anzunehmen. Sie hat ihre
Muster erkannt, sich ihren Ängsten gestellt und ihre Werte zur Priorität
gemacht.

Sandra Giebelstein

Moin, ich bin Sandra, Coachin für Führungs-persönlichkeiten, die mit Leichtigkeit, Authentizität und Exzellenz führen wollen. Mit praxisnahem Coaching, einem geschärften Blick für individuelle Stärken und einem tiefen Verständnis für moderne Führungskultur unter-stütze ich Führungskräfte dabei, Unsicherheiten zu überwinden, Vertrauen aufzubauen und echte Leader zu werden.

Mein Coaching-Case zeigt, wie eine talentierte Fachkraft durch gezielte Reflexion, praxisnahe Übungen und kontinuierliche Begleitung zu einer souveränen und empathischen Führungskraft heranwuchs.

Case-Übersicht

- Ausgangssituation: Daniel war eine anerkannte Fachkraft, wurde aber von seinem Umfeld noch als ‚ewiger Azubi' wahrgenommen.

- Zielsetzung: Daniel sollte seine Führungsrolle klarer definieren und eine souveräne, wertschätzende Kommunikation aufbauen.

- Methoden: SMARTe Ziele, Reflexionsfragen, Gesprächsleitfäden und Gesprächssimulation,, kontinuierliches Feedback, Führungstagebuch

- Ergebnis: Daniel entwickelte sich zu einer selbstbewussten Führungspersön-lichkeit, die als solche anerkannt wurde und Vertrauen schaffte.

Vom ‚ewigen Azubi' zur Führungskraft:
Ein Sprung ins kalte Wasser

Als Coachin begegne ich immer wieder Menschen, die vor der Herausforderung stehen, plötzlich führen zu müssen – ohne darauf vorbereitet zu sein. Eine Geschichte, die mich besonders bewegt hat, ist die von Daniel.

In den letzten zehn Jahren hatte er sich zur Top-Fachkraft in seinem Unternehmen entwickelt, doch für seine Kollegen war er der ‚ewige Azubi' geblieben. Als er plötzlich zum Abteilungsleiter befördert wurde, änderte sich alles. Ich erinnere mich noch genau an das erste Gespräch mit dem Geschäftsführer des mittelständischen Unternehmens, in dem Daniel arbeitet. Offen und reflektiert erzählte dieser mir von einer Herausforderung, die ich nur zu gut kenne: Die besten Fachkräfte werden zu Führungskräften ernannt, ohne dass sie auf ihre neue Rolle vorbereitet werden. „Das war schon immer so bei uns", erzählte er mir, „aber ich habe erkannt, dass das nicht reicht. Fachliche Exzellenz bedeutet nicht automatisch Führungskompetenz." Sein klarer Wunsch war, dass aus bewährten Mitarbeitern echte Führungspersönlichkeiten werden sollten. Daniel war einer von ihnen. Engagiert, fachlich exzellent, aber ohne Erfahrung in Mitarbeiterführung. Die neue Position brachte nicht nur Verantwortung für ein Team von neuen und bekannten Mitarbeitern mit sich, sondern stellte auch seine eigene Identität auf die Probe. War er bereit, sich aus der Rolle des Kollegen und Experten in die eines Leaders zu entwickeln? Mir war sofort klar, dass Daniel für diesen Weg keine Standardlösung brauchte. In meinen Coachings arbeite ich niemals nach Schema F. Jeder Mensch ist anders, jede Führungspersönlichkeit entwickelt sich auf ihre eigene Weise. Mein Ziel ist es, individuell auf die Bedürfnisse meiner Coachees einzugehen und mit ihnen gemeinsam ihren ganz eigenen Führungsstil zu finden. So begann Daniels Reise. Eine Reise, die ihn herausfordern, verändern und wachsen lassen würde.

„Wie lange dauert das?" – Der Start in unbekanntes Terrain

Nach dem Gespräch mit dem Geschäftsführer war mir klar, dass Daniels Weg zur Führungskraft keine Schulung sein würde, nach der er ein Zertifikat in der Hand halten würde und fertig war. Führung entwickelt sich durch Erfahrung, Reflexion und persönliches Wachstum – und das braucht Zeit. Als Daniel und ich uns zu unserer ersten Coaching-Sitzung trafen, spürte ich seine Unsicherheit. Kaum hatten wir uns gesetzt, stellte er mir die Frage, die alles auf den Punkt brachte: „Sandra, wann bin ich eigentlich fertig als Führungskraft? Wie lange brauche ich denn in Summe, um das wirklich zu können?" Diese Fragen zeigten, wo Daniel derzeit stand. Er war ein Top-Fachmann, aber als Führungskraft noch völlig unerfahren. Ihm fehlte nicht nur das Wissen über Führung, sondern auch das Gefühl, überhaupt eine Führungskraft zu sein. Ich lehnte mich zurück und lächelte verständnisvoll. „Daniel, Führung ist kein Ziel, das du einfach erreichst und dann abhaken kannst. Es ist ein fortlaufender Lernprozess. Aber wir können gemeinsam herausfinden, was für dich gute Führung bedeutet und wie du sie mit Leben füllst." Daniel nickte nachdenklich. Ich wusste, dass es zu früh war, um diese Frage abschließend zu beantworten. Also beschlossen wir, sie vorerst beiseitezulegen. Stattdessen begannen wir mit dem Hier und Jetzt. Was bedeutete es für ihn, nicht mehr nur Kollege, sondern auch Vorgesetzter zu sein? Wo lagen seine Stärken? Welche Unsicherheiten begleiteten ihn? Sein Coaching begann mit einer ehrlichen Bestandsaufnahme.

Vom Titel zur echten Anerkennung – Die erste Lektion in Führung

Daniel war fest entschlossen, seine neue Rolle anzunehmen, doch schnell wurde ihm klar, dass ein neuer Titel allein noch keine Führungskraft macht. Sein Team bestand aus neun Mitarbeitenden mit unterschiedlichen Wissensständen und Erfahrungen. Die neue Verantwortung fühlte sich für Daniel schwer an, und anfangs war er überzeugt, dass er erst dann wirklich als Führungskraft anerkannt sein würde, wenn seine Beförderung offiziell verkündet war. Immer wieder drängte er darauf, dass der Geschäftsführer eine schriftliche Mitteilung an alle Mitarbeitenden schicken solle. Doch als Daniel dieses Anliegen seinem Chef vortrug, bekam er eine ernüchternde Antwort: „Daniel, du bist nicht Führungskraft, weil dein Titel in einer Signatur steht, sondern wegen dem, was du tust." Diese Worte trafen ihn tief – und waren zugleich eine wertvolle Lektion. Denn echte Führung entsteht nicht durch äußere Bestätigung, sondern durch das eigene Handeln. Genau an diesem Punkt setzte unser Coaching an. Ich half Daniel, sich mit der Frage auseinanderzusetzen, was Führung für ihn bedeutete.

Wir sprachen darüber, welche Art von Führungspersönlichkeit er sein wollte. Es ging nicht darum, eine Rolle zu spielen, sondern eine innere Haltung zu entwickeln, mit der er sein Team wirklich führen konnte.

Vom inneren Kompass – Wie Werte den Weg zur Führung weisen

Nachdem Daniel erkannt hatte, dass ein Titel allein keine Führungspersönlichkeit ausmacht, stellte sich die nächste entscheidende Frage. Was für eine Führungskraft wollte er überhaupt sein? Es reichte nicht aus, Techniken zu erlernen oder sich Wissen anzueignen. Daniel musste erst verstehen, was ihn als Mensch und als Leader ausmacht. Deshalb widmeten wir eine unserer Sitzungen der Selbstreflexion. Ich legte ihm ein Set Wertekarten vor – Karten, die helfen, persönliche Werte sichtbar zu machen und zu priorisieren – und bat ihn, die Karten auszuwählen, die ihn am meisten ansprachen, um so Klarheit über seine Identität und Zielsetzung zu gewinnen. Anfangs war er skeptisch. „Sandra, ich weiß doch, wofür ich stehe", sagte er. Doch als er sich intensiver mit den Begriffen auseinandersetzte, merkte er, dass es viel mehr zu entdecken gab. Plötzlich war es nicht mehr nur eine Übung, es wurde zu einer Schatzsuche nach seinem inneren Kompass. Am Ende filterten wir seine Top-10-Werte heraus und konzentrierten uns schließlich auf die drei, die ihm am wichtigsten waren:

Verantwortung, Selbstvertrauen und Kommunikation. Daniel sah mich nachdenklich an und sagte: „Ich dachte immer, ich wüsste, wofür ich stehe. Aber diese intensive Auseinandersetzung hat mir erst gezeigt, was in mir steckt und wie ich wahrgenommen werden möchte." Diese Phase war entscheidend. Sie gab ihm nicht nur Klarheit über seine Identität als Führungskraft, sondern auch den Mut, authentisch in seine neue Rolle hineinzuwachsen, ohne sich hinter einem Titel zu verstecken. Genau hieraus entwickelte sich sein klares Ziel. Damit Daniel einen konkreten Weg vor sich hatte, hielten wir das Ziel nach der SMART-Methode fest.

„Ich werde innerhalb der nächsten sechs Monate meine Führungskompetenzen gezielt verbessern, indem ich mindestens drei Führungstrainings absolviere, regelmäßiges Feedback von meinem Team und Vorgesetzten einhole und meine Fortschritte in einem Führungstagebuch dokumentiere. Mein Ziel ist es, sicherer in meiner Rolle zu werden, mein Team motivierend zu führen und eine positive Teamkultur zu schaffen. Nach sechs Monaten werde ich meine Entwicklung durch eine Selbstbewertung und eine Feedbackrunde überprüfen." Daniel lehnte sich zurück, ließ seine Worte einen Moment wirken und schmunzelte dann. „Und nicht mehr der ewige Azubi bei meinen Kollegen sein." Das war der Moment, in dem sich sein Blick veränderte. Zum ersten Mal schien er seine neue Rolle nicht mehr als Bürde, sondern als Chance zu sehen.

Die Herausforderung annehmen – Führung durch echte Gespräche

Kaum hatte Daniel seine Werte und Ziele definiert, stellte ihn die Realität der Führungsverantwortung auf die Probe. Einer seiner Mitarbeiter kam immer wieder zu spät. Die Leistung stimmte grundsätzlich, aber die Unzuverlässigkeit störte den Arbeitsablauf und belastete das Team. Daniel war unsicher, wie er damit umgehen sollte. Bisher hatte er das Thema nur beiläufig angesprochen – per E-Mail, in kurzen Telefonaten oder zwischen Tür und Angel. Doch das

Verhalten änderte sich nicht. „Ich habe ihm schon gesagt, dass das so nicht weitergeht", erzählte Daniel mir. „Weißt du, warum er zu spät kommt?", fragte ich ihn. Er schüttelte den Kopf. „Nein, eigentlich nicht." „Vielleicht steckt etwas dahinter. Hast du ihn mal gefragt?", hakte ich nach. Daniel überlegte. „Ehrlich gesagt nicht. Ich wollte nicht zu tief bohren." Ich antwortete ihm: „Als Führungskraft geht es nicht nur darum, Anweisungen zu geben, sondern auch echtes Interesse zu zeigen. Zuhören, verstehen, dann handeln." Daniel nickte nachdenklich. „Aber wie genau führe ich so ein Gespräch?"

Das war ein entscheidender Moment. Führung bedeutet nicht nur, Lösungen zu präsentieren, sondern einen Rahmen zu schaffen, in dem ein offenes Gespräch überhaupt möglich wird. Gemeinsam erarbeiteten wir eine Struktur für das Gespräch. Nicht als starres Skript, sondern als Orientierungshilfe. Zunächst sollte Daniel den richtigen Rahmen setzen: ein ruhiger Ort, ausreichend Zeit, eine wertschätzende Einladung. Die Atmosphäre war entscheidend, damit sich sein Mitarbeiter öffnete. Dann ging es um aktives Zuhören. Was bewegte den Mitarbeiter? Gab es äußere Faktoren, die sich auf seine Pünktlichkeit auswirkten? Erst wenn Daniel die Perspektive des anderen wirklich verstanden hatte, konnte er seinen eigenen Standpunkt klar formulieren: Warum Verlässlichkeit für das Team wichtig war und welche Auswirkungen das   wiederholte Zuspätkommen hatte. Gemeinsam mit dem Mitarbeiter sollte er dann eine Lösung erarbeiten. Eine, die für beide Seiten tragfähig war. Zum Abschluss war es wichtig, Verbindlichkeit zu schaffen und sich auf ein Follow-up zu einigen.

Daniel hatte mir aufmerksam zugehört. Plötzlich leuchteten seine Augen auf. „Also bin ich in dem Moment so etwas wie ein guter Gastgeber?" Ich lächelte. „Das ist ein toller Vergleich. Ja, schaffe eine Atmosphäre, in der ein offenes Gespräch möglich ist. Schaffe Klarheit für euch beide."

Trotzdem hatte er noch Zweifel. „Ich weiß nicht, ob ich das schaffe. Was, wenn ich mich verhasple oder das Gespräch aus dem Ruder läuft?" „Was brauchst du, um dich sicherer zu fühlen?", fragte ich. Nach kurzem Nachdenken sagte er: „Ich denke, ich muss es einmal wirklich aussprechen. Ich brauche Übung." Dadurch stand fest, dass wir ein praktisches Training für ihn machen würden. Wir simulierten das Gespräch, spielten verschiedene Szenarien durch. Mit jeder Wiederholung gewann Daniel an Sicherheit.

Als er das Gespräch schließlich mit seinem Mitarbeiter führte, geschah etwas, das ihn überraschte. Sein Mitarbeiter bedankte sich bei ihm. „Ich hätte nie gedacht, dass das Gespräch so wertschätzend wird", erzählte Daniel später. „Ich fühle mich, als hätte ich wirklich etwas bewirkt." Doch das Wichtigste war sein eigenes Learning. „Ich werde mit meinem Team regelmäßig Gespräche führen. Nicht erst, wenn es Herausforderungen gibt. So kann ich frühzeitig Probleme erkennen und gemeinsam Lösungen finden." Zum ersten Mal spürte Daniel, dass Führung nicht aus Ankündigungen oder Titeln bestand, sondern aus echtem Austausch und Vertrauen.

Der Alltag einer Führungskraft – Von der Entwicklung zum echten Leader

Die Monate vergingen, und mit jeder Woche wuchs Daniel mehr in seiner Rolle als Führungskraft. Er hatte nun regelmäßig Feedbackgespräche mit seinem Team und dokumentierte seine Fortschritte in seinem Führungstagebuch. Diese konsequente Selbstreflexion half ihm dabei, seine Stärken besser zu erkennen und an den Bereichen zu arbeiten, in denen er noch Potenzial sah. Besonders prägend war der Moment, als ihm ein Kollege, der ihn jahrelang als den ‚ewigen Azubi' wahrgenommen hatte, während eines Mittagessens sagte: „Du hast dich wirklich verändert. Dein Wandel ist beeindruckend!" Diese Rückmeldung war ein Aha-Moment für Daniel. Er begann zu begreifen, dass wahre Führung nicht bloß aus Fachwissen besteht, sondern vor allem aus der Fähigkeit, empathisch zu kommunizieren, Verantwortung zu übernehmen und sich selbst immer wieder zu hinterfragen. Der Wandel war nicht nur für ihn spürbar, sondern auch für sein Umfeld sichtbar geworden. Daniel war auf dem besten Weg, ein echter Leader zu werden.

Am Ende unserer gemeinsamen Reise saßen Daniel und ich noch einmal zu einem Abschlussgespräch zusammen. Dieses Mal stellte ich ihm die Frage, die uns von Anfang an begleitet hatte: „Daniel, wann bist du eigentlich fertig als Führungskraft?" Wir beide lachten herzlich, und er antwortete mir mit strahlenden Augen: „Nie – und das ist auch gut so." Daniel hatte verstanden, dass Führung ein fortlaufender Prozess des Lernens und Wachsens war. Jede Herausforderung, die auf ihn zukam, sah er jetzt als Chance, sich weiterzuentwickeln und neue Fähigkeiten zu erlangen. Es war der Moment, in dem Daniel erkannte, dass der Weg der Führung nie wirklich ein Ziel erreichen würde. Es war ein kontinuierlicher Lernprozess, der ihn immer wieder fordern und wachsen lassen würde.

Ein bewegendes Fazit – Wachstum, das bleibt

Am Ende dieser intensiven Reise wollte Daniel mir noch ein persönliches Feedback geben. Worte, die mich als Coachin zutiefst berührt haben:

„Sandra hat mich von Anfang an in meiner neuen Rolle als Führungskraft begleitet und mir nicht nur fachlich, sondern auch persönlich enorm weitergeholfen. Ihre offene und praxisnahe Art hat mir gezeigt, wie ich in schwierigen Situationen einen kühlen Kopf bewahren und klare Entscheidungen treffen kann. Dank ihres Coachings fühle ich mich nicht länger als der ewige Azubi, sondern als jemand, der mit Herz und Verstand führen kann. Ich bin dankbar für die kontinuierliche Unterstützung und freue mich auf alles, was noch kommt."

Diese Worte haben mir gezeigt, warum ich meinen Beruf so liebe. Es lohnt sich, in Menschen zu investieren, sie zu begleiten und zu erleben, wie sie über sich hinauswachsen.

Nina Hölzl

Hi, ich bin Nina und meine Mission ist es, gleiche Chancen für Frauen im beruflichen Umfeld zu schaffen, sie zu stärken und damit insgesamt mehr Frauen in Führungspositionen zu bringen und Geschlechterparität herzustellen. In meinen Coachings zeige ich meinen Klientinnen, wie sie ihr Selbstbewusstsein stärken, sichtbar werden und mit der notwendigen Klarheit und Souveränität führen.

Meinen Coaching-Case habe ich ausgewählt, weil er uns vor Augen führt, wie schnell und wirkungsvoll positive Veränderungen im Team durch gezielte Coaching-Interventionen herbeigeführt werden können.

Case-Übersicht

- Ausgangssituation: Ein pädagogisches Team, das bereits seit vielen Jahren vermeintlich sehr harmonisch zusammenarbeitete, hatte Herausforderungen in der Kommunikation.

- Zielsetzung: Die Leitung wünschte sich einerseits eine Stärkung des Teams und andererseits Unterstützung beim Aufdecken und Lösen von Konflikten.

- Eingesetzte Methode: Soziometrische Aufstellung

- Ergebnis: Gefühl von Stolz und Stärke, Anstoßen von Reflexion, Bewusstseinsbildung für die Wichtigkeit des Ansprechens von Konflikten

Eine Zahl, die verbindet:
Wie ein Team seine eigene Stärke entdeckte

Als ich an diesem Morgen den Kindergarten betrat, spürte ich sofort die besondere Atmosphäre. Aus einem Vorgespräch mit der Leiterin dieses Kindergartens wusste ich, dass das pädagogische Team bereits seit Jahren zusammenarbeitete und daher ein eingespieltes, fast familiäres Miteinander herrschte. Und doch – wie mir die Leiterin ebenfalls im Vorgespräch erzählt hatte – gab es unterschwellige Spannungen. „Wir verstehen uns gut, aber manchmal bleiben Dinge unausgesprochen. Manches hängt vielleicht zu lange in der Luft", meinte sie nachdenklich. „Ich würde mir wünschen, dass wir einmal genauer hinsehen und offener miteinander sprechen, wenn uns etwas beschäftigt oder nicht gut läuft. Und dass wir endlich die schwelenden Konflikte an- und aussprechen können."

Für unseren ersten gemeinsamen Termin im Rahmen einer Teamentwicklung hatte ich mich auf die besprochenen Themen wie das Aufbrechen alter Gewohnheiten, das Aufdecken von Konflikten und die Verbesserung der Kommunikation gut vorbereitet. Ich hatte ein kreatives Interventionstool mitgebracht, das verborgene oder unbewusste Strukturen, Beziehungen oder Muster sichtbar machen konnte: eine soziometrische Aufstellung. Innere konkrete Strukturen einer Gruppe sind nur in seltenen Augenblicken an der Oberfläche sichtbar. Aus diesem Grund nutzt man Methoden und Tools, um diese greifbar und verständlich zu machen.

Bei der soziometrischen Aufstellung handelt es sich um eine Technik, die nicht nur Worte, sondern auch Bewegungen und Positionen im Raum nutzt, um Dynamiken in Gruppen aufzuzeigen. Sie eignet sich besonders als Einstieg in Workshops. Hier kann man mit einfachen Fragen die Kommunikation der Teilnehmenden untereinander anregen. Das gilt auch und vor allem für Teams, die schon sehr lange zusammenarbeiten. Diese Intervention hilft dabei, die Kommunikation auf eine andere Ebene zu heben und unterstützt die Teilnehmenden dabei, die Perspektive zu verändern. In diesem konkreten Fall war es mein Ziel, Beziehungen und Interaktionen zu visualisieren und dadurch die Selbsterkenntnis über die eigene Position in der Gruppe zu fördern. Ich erhoffte mir durch das Sichtbarmachen der unbewussten Strukturen einen Anhaltspunkt, um im Nachgang mit dem Team sinnvoll an seinen Themen weiterarbeiten zu können. Gleichzeitig sollte es die Teamdynamik, Kommunikation und das Arbeitsklima nachhaltig verbessern. Ich war überzeugt davon, dass die Durchführung einer solchen soziometrischen Aufstellung eine aufschlussreiche Erfahrung für das Team werden könnte und ging mit diesen Überlegungen sehr gespannt in unseren ersten gemeinsamen Termin.

Nach einer kurzen Begrüßung begann ich, die Aufstellung anzuleiten und bat das Team dafür aufzustehen. Zuerst bekamen sie folgende Anweisung: „Wie lange arbeitet ihr schon an diesem Kindergartenstandort? Bitte positioniert euch entlang einer Linie im Raum, die eurer Zugehörigkeitsdauer entspricht – von der Person, die am kürzesten hier arbeitet, bis zu der Person mit der längsten Zugehörigkeit."

Die Mitarbeitenden begannen zunächst einmal zu rechnen, was einen Moment dauerte. Dann stimmten sie sich miteinander ab, um die richtige Reihenfolge einzuhalten und ihre Position zu finden. Schließlich fanden alle ihren Platz. Ich blickte in neugierige Gesichter. Die Person, die am kürzesten dort arbeitete, machte den Anfang und beantwortete mir die Frage, wie lange sie bereits Teil des Teams war. So ging ich die gesamte Reihe durch.

Während ich das tat, erfuhr ich, dass die Zugehörigkeitsdauer sowohl individuell als auch insgesamt sehr hoch war und sich somit viele Jahre Erfahrung in diesem Raum befanden.

Einer spontanen Eingebung folgend, wollte ich diese unglaubliche Zahl für die Teilnehmer:innen sichtbar machen. Ich sah die Gruppe an und fragte: „Was glaubt ihr, wie lange ihr insgesamt schon hier seid? Rechnet doch mal zusammen." Die Teilnehmer:innen blickten mich zwar erstaunt an, begannen jedoch zu rechnen. Eine nach der anderen zählte laut ihre Jahre auf. Fünf Jahre, zwölf Jahre, acht Jahre, ... die wir alle addierten, bis wir am Ende eine beeindruckende Zahl vor uns hatten. Ganze 108 Jahre, und das bei nur elf Personen.

Wow – ich war beeindruckt!

Und es wurde still im Raum. Alle sahen sich fast ehrfürchtig an. Ich ließ dem Team die Möglichkeit, die Zahl sacken zu lassen. „Lasst euch das mal auf der Zunge zergehen – 108 Jahre Erfahrung, Wissen, gemeinsames Arbeiten, Durchhalten und Leistung. Was bedeutet das für euch?"

Ein leises Staunen machte sich breit. „Das ist ja fast unser ganzes Leben", murmelte eine Kollegin. Eine andere nickte: „Ich habe nie so darüber nachgedacht. Aber ja, wir haben wirklich schon viel zusammen geschafft." „Uns kann wirklich nichts umhauen", hörte ich da aus einer anderen Ecke.

Mit jedem weiteren Moment sank die Erkenntnis beim Team tiefer sein. Anhand der Reaktionen wurde deutlich, dass die Teilnehmer:innen erkannten, dass eine solch lange Zugehörigkeit, diese geballte Ladung an Erfahrung und Wissen und auch das Durchhaltevermögen in der heutigen Zeit und im gegenwärtigen Umfeld keine Selbstverständlichkeit waren. Der Stolz, in einem doch sehr anspruchsvollen Arbeitsumfeld über viele Jahre hinweg zu arbeiten, zeigte sich auf den Gesichtern und an der Haltung der Teilnehmenden.

Wir begannen zu reflektieren, was diese Jahre an Wissen, an Entwicklung, aber auch an Routinen und Herausforderungen mit sich brachten. Eine Teilnehmerin erzählte, wie sehr sie die Zahl berührte: „Ich war mir gar nicht bewusst, dass wir zusammen so viele Jahre auf dem Buckel haben. Dennoch fühlt es sich manchmal so leicht an, als hätten wir gerade erst begonnen." „Wir sind hier wie eine große Familie", hörte ich von einer anderen Kollegin.

Weil ich diesen schönen, bedeutsamen Moment bewahren wollte, fragte ich die Teilnehmer:innen, ob sie eine Idee hätten, was sie mit dieser Zahl anfangen könnten. Was sie tun könnten, um sich zum Beispiel in schwierigen Situationen an sie zu erinnern. Ob und wie diese Zahl den Zusammenhalt stärken könnte.

Die Teilnehmer:innen griffen diesen Vorschlag auf. Da die lange Zugehörigkeitsdauer letztlich eine Anerkennung ihrer Leistung war, beschlossen sie gemeinsam, dass diese Zahl sichtbar bleiben sollte. Wir schrieben die Zahl daher mit einem dicken Stift ganz groß auf ein Flipchart. Seitdem hängt die Zahl ‚108' im gemeinsamen Team-Raum – als Erinnerung an die eigene Stärke und insbesondere auch als ‚Rettungsanker', der das Team und jede einzelne Person im Team in schwierigen Momenten stärkt.

Harmonie oder Konflikt? – Eine neue Perspektive auf Reibung

Nach dieser ersten Erkenntnis spürte ich, dass die Gruppe für die nächste Aufgabe bereit war. Diese würde das Team auf das Thema, dessen Bearbeitung sich die Kindergartenleitung im Vorgespräch gewünscht hatte, vorbereiten. Das Aufdecken schwelender oder unbewusster Konflikte sowie der Umgang mit ihnen. Ich fragte die Gruppe daher im Rahmen einer weiteren soziometrischen Aufstellung: „Würdet ihr euch eher als eine Person einschätzen, der Harmonie besonders wichtig ist oder als Person, die Konflikte und Reibung gerne hat? Stellt euch dafür doch bitte im Verhältnis zu diesen beiden Polen in einer Linie auf, je nachdem zu welchem Pol ihr euch mehr hingezogen fühlt."

Erwartungsgemäß versammelten sich fast alle Mitarbeitenden auf der ‚Harmonie'-Seite und bildeten gemeinsam eine große Traube. Auf die Frage hin, was ihnen auffallen und ob sie eine gewisse Dynamik erkennen würden, meinten die Teilnehmer:innen, dass es sich um eine sehr ‚einseitige‘ Aufstellung handelte und begannen ihre Einschätzung zu erklären.

Konflikte? „Nein, lieber nicht", sagte eine Teilnehmerin. „Wir wollen ja gut zusammenarbeiten." „Streiten ist mir viel zu anstrengend. Da sage ich lieber nichts", war die Meinung einer anderen Teilnehmerin. Wir diskutierten über die Bedeutung des Begriffs ‚Konflikt‘ und erkannten, dass der Begriff bei allen Personen im Raum ausschließlich negativ besetzt war. Ich versuchte daher einen Perspektivenwechsel anzuleiten und stellte gezielte Fragen zum Beleuchten der positiven Eigenschaften von Konflikten. Die Teilnehmer:innen waren zunächst skeptisch, doch nach und nach kamen zaghafte Vorschläge, was denn Konflikte Positives an sich haben könnten. „So habe ich das noch nie gesehen", war die verwunderte Aussage einer Teilnehmerin.

Ich ließ nicht locker. „Was bedeutet es denn, wenn ein Team zu harmonisch ist? Ist es wirklich immer ein Vorteil, wenn alles (vermeintlich) harmonisch abläuft?", fragte ich in die Runde und setzte eine Diskussion in Gang. Gemeinsam erörterten wir, was die Folgen sein könnten, wenn ein Team zu harmonisch ist. Wir erarbeiteten unter anderem, dass in einem allzu eingespielten Team Fehler manchmal gar nicht mehr bemerkt werden. Dass Dinge aus Gewohnheit so bleiben, wie sie sind, auch wenn sie vielleicht nicht mehr sinnvoll sind, und dadurch Fortschritt und Weiterentwicklung komplett verhindert werden. Dass unausgesprochene Meinungen langfristig unterschwellige Spannungen erzeugen können und am Ende irgendwann irgendwo ein Ventil aufplatzt, welches dann viel größeren Schaden anrichtet, als wenn diese Spannungen rechtzeitig offen auf den Tisch gelegt worden wären.

Eine Teilnehmerin erzählte: „Ich habe manchmal das Gefühl, dass ich lieber nichts sage, weil ich die Stimmung nicht belasten will. Aber dann ärgere ich mich insgeheim darüber." Eine andere ergänzte: „Ich denke mir oft: Ach, es wird sich schon von selbst lösen. Aber tut es das je wirklich?" Nach und nach wuchs das Verständnis dafür, dass Konflikte nicht negativ sein müssen. Sie können ein Team sogar stärker machen – wenn man lernt, sie richtig zu führen.

Dann stellte ich die nächste Frage: „Was denkt ihr, passiert, wenn ihr Probleme ansprecht?" Die Antworten waren gemischt. Einige fürchteten, dass es zu Streit führen könnte. Andere hatten Sorge, als unbequem zu gelten. Ich bat sie, gemeinsam mögliche Wege zu finden, Konflikte konstruktiv anzugehen. Die Gruppe erkannte, dass eine klare und wertschätzende Kommunikation entscheidend ist, um Probleme frühzeitig zu lösen, bevor sie zu echten Spannungen werden.

Eine Teilnehmerin fasste es gut zusammen: „Wir haben so lange zusammengearbeitet, dass wir manchmal vergessen, dass es auch wichtig ist, neue Perspektiven zuzulassen. Vielleicht sollten wir öfter bewusst nachfragen, statt stillschweigend zu hoffen, dass sich Dinge von allein klären." „Wir sollten einfach viel mehr miteinander reden", war die Aussage einer weiteren Teilnehmerin. Genau das war auch mein Ziel gewesen. Dass die Gruppe sich bewusst wird, wie wichtig offene, wertschätzende Kommunikation ist und dass diese auch das Ansprechen von oftmals als unangenehm empfundenen Themen umfasst.

In der Zusammenfassung am Ende des ersten Workshops wünschte sich das Team für die weitere Zusammenarbeit konkrete Kommunikationshilfen, um schwierige Themen besser anzusprechen. Ein erster Schritt war getan. Ihr Blick auf die Dinge hatte sich verändert.

Dieser Vormittag im Kindergarten ist ein perfektes Beispiel dafür, wie viel Kraft in der Reflexion steckt. Mithilfe einer tollen Intervention, nämlich einer soziometrischen Aufstellung, hat die Gruppe einerseits erkannt, was sie bereits alles leistet und wo sie andererseits noch wachsen kann. Manchmal reicht also offenbar eine Zahl oder eine einfache Frage, um verborgene Dynamiken ans Licht zu bringen oder den Blick zu verändern. Es sind nicht immer große Konflikte oder offensichtliche Probleme, die Teams herausfordern. Manchmal sind es die kleinen, alltäglichen Dinge, die sich über Jahre hinweg aufbauen und irgendwann schwerer wiegen als gedacht.

Nach dem Workshop sagte eine Teilnehmerin zu mir: „Ich habe echt das Gefühl, dass wir heute etwas über uns gelernt haben. Es war gar nicht so, dass wir große Streitigkeiten hatten, aber wir haben erkannt, dass wir uns noch bewusster zuhören und Dinge ansprechen müssen. Das nimmt mir eine große Last."

Es ist unglaublich wertvoll, Räume zu schaffen, in denen Teams erkennen, was in ihnen steckt und sie zu ermutigen, diese Stärken bewusst zu nutzen.

Daniela Schmidt

Hallo, ich bin Daniela. Ich unterstütze Menschen dabei, das Beste aus ihren Stärken herauszuholen. Als systemische Coachin glaube ich fest daran, dass wir alle auf wunderbare Ressourcen zurückgreifen können. Ich begleite diesen Weg in Einzel-Coachings, im Team und in Konfliktsituationen.

Ich habe diesen Case ausgewählt, weil er die starken Dynamiken in Teams aufzeigt, wenn unterschiedliche Persönlichkeiten aufeinanderprallen und Gefühle verletzt werden. Durch gezieltes Team-Coaching kann einiges in Bewegung gebracht und eine Plattform geschaffen werden, um über Themen zu sprechen.

Case-Übersicht

- Ausgangssituation: Zwei Teams, die eng zusammenarbeiten mussten, hatten knallharte Differenzen aufgrund starker, heterogener Persönlichkeiten.

- Zielsetzung: Die Teams in eine gute und effiziente Zusammenarbeit bringen.

- Methoden: Einzelgespräche, Erwartungshaltungen, Moving Motivators, COIN Feedback

- Ergebnis: Die Teammitglieder begegneten sich wertschätzend und konnten erstmals wieder sachlich über fachliche Themen sprechen.

Moving Teams: Wie bewusste Kommunikation Motivation und Zusammenhalt erzeugt

Unternehmen, Branchen und Prozesse können noch so unterschiedlich sein, Teamdynamiken sind es nicht. Die Menschen innerhalb dieser Teamdynamiken unterscheiden sich auch nicht aufgrund der Größe des Unternehmens oder dem, was es produziert. Sie unterscheiden sich aufgrund ihrer Persönlichkeit. Wenn Persönlichkeiten aufeinandertreffen, die sehr unterschiedlich sind, dann kann es knallen. So richtig. Wenn zwei Teams beteiligt sind, tut es manchmal richtig weh.

Erster Schritt: Den Blick auf das Positive lenken

Zwei Teams eines Unternehmens im Bereich Consumer Goods mussten zusammenarbeiten, um ein gemeinsames Produkt zu entwickeln. Sie hingen disziplinarisch an unterschiedlichen Bereichen und jedes Team hatte seine eigenen Routinen, Ziele und Vorgehensweisen. Zwischen den Teams war es in der Vergangenheit schon häufiger zu Unstimmigkeiten und Missverständnissen bezüglich Schnelligkeit und Fokus bei der Arbeit, insbesondere aber des Kommunikationsverhaltens gekommen.

Eines der Teams, aus dem Bereich Marketing, kam auf mich zu: „Daniela, kannst du uns helfen? Die Zusammenarbeit mit dem Operations-Team, mit dem du schon länger zusammenarbeitest, funktioniert einfach nicht."

Ich führte daraufhin ein paar Einzelgespräche. Mit Luisa aus dem Marketing, mit ihren Hauptansprechpartnern aus dem Operations-Team (Peter und Faith) und mit weiteren Kolleg:innen aus Peters Team. Mir wurde klar, dass die Gemüter auf beiden Seiten ganz schön erhitzt waren. Niemand arbeitete gerne mit dem jeweils anderen Team zusammen. Wir beschlossen, eine gemeinsame Retrospektive zu machen, also zu betrachten, was in der Zusammenarbeit bereits gut lief und was gemeinsam verbessert werden sollte. Mit einer ‚Komplimente-Dusche' als Einstieg in den Retrospektive-Termin konnten die Gemüter schon einmal ein wenig abkühlen, denn jeder durfte über die anderen nur Positives sagen. Da kam überraschend einiges zusammen: „Du bist immer super strukturiert, das bewundere ich an dir." oder „Ich finde großartig, dass du ganz ruhig an Dinge herangehst." und „Du schaffst es, Gemüter zu beruhigen.". Das tat dem Ego richtig gut und zauberte ein Lächeln auf jedes Gesicht. Die komplette Retrospektive war ausgeglichen und auf gemeinsame, bessere, zukünftige Zusammenarbeit ausgelegt. Die Beteiligten aus den Teams konnten herausarbeiten, dass sie mit ihren Zielen gar nicht so weit voneinander entfernt lagen, nur die Wege dorthin bisher nicht kongruent waren. Am Ende hatten sie einen gemeinsamen Fahrplan entwickelt und alles schien in die richtige Richtung zu laufen.

Eskalation

Dann kam das Unerwartete: Luisa aus dem Marketing bekam einen neuen Teamleiter und dieser kam nicht mit Peter und Faith zurecht.

Ab diesem Zeitpunkt ging es rund: Peter kam zu mir, Faith kam zu mir. Mit Luisa war ich im Daueraustausch und Mark, der neue Teamleiter, bat mich um Unterstützung, weil insbesondere Peter nicht das leisten würde, was nötig sei. „Mit dem kann ich nicht arbeiten, das geht doch so nicht!"

Um den Auftrag für mich zu schärfen, bezog ich die jeweiligen Manager aus beiden Teams ein und erhielt von ihnen die Aufgabe, eine Konfliktmoderation durchzuführen. Dafür wurde ein ganzer Workshop-Tag vorgesehen. Wenn das nicht funktionierte, würde es personelle Konsequenzen geben.

Der Konflikt-Workshop

Um sicherzugehen, dass alle Beteiligten nicht nur physisch, sondern auch emotional an Bord waren, führte ich im Vorfeld Einzelgespräche. Die Wünsche waren so heterogen wie die Persönlichkeiten und kulturellen Hintergründe. Der Deutsche bat mich um klares Offenlegen der Missstände und strukturierte Fahrpläne, die Portugiesen um klare Worte und die Kolleg:innen von den Philippinen um eine Werte-Diskussion. Alle sprachen mit mir, aber teilweise nicht mehr miteinander. Jedem war klar: Der/Die andere muss weg.

Als Einstieg in den Workshop wiederholte ich für alle Teilnehmenden, weshalb es zu diesem Termin gekommen war und was wir gemeinsam erreichen wollten. Um alle Anwesenden abzuholen, machte ich eine kleine Abfrage, mit der ich in Erfahrung bringen wollte, wie jeder von ihnen gestimmt war und auf den bevorstehenden Tag blickte. Die Energie war durchweg positiv, denn alle waren froh, dass die Themen endlich offen und mit Unterstützung angegangen wurden.

Auf einem Flipchart sammelten wir die Erwartungen aller und stellten Regeln für die zukünftige Zusammenarbeit auf.

Die Themen

Als vorbereitende Aufgabe für den Tag hatte ich alle Teilnehmer gebeten, ihre Konfliktthemen zu sammeln. So konnte sich jeder vorab Gedanken darüber machen, was uns am Workshop-Tag Zeit sparte. Außerdem hatten alle die Möglichkeit, sich ihre Themen ‚von der Seele‘ zu schreiben, ohne sie offen aussprechen zu müssen. Einige dieser gesammelten Themen waren: Unzufriedenheit mit der fachlichen Leistung und der Arbeitsgeschwindigkeit, Uneinigkeit über Fokusthemen, fehlender Kommunikationsrahmen, Schlechtreden hinter dem Rücken der anderen und Eskalation von Themen, unter anderem an die Geschäftsleitung, ohne die anderen einzubeziehen.

Gefühlsebene vor Sachebene

Durch die Einzelgespräche, die ich vor dem Workshop-Tag geführt hatte, war mir klar, dass über Sachthemen nicht wertvoll diskutiert werden konnte, ohne zuvor eine Basis für Gefühle und Bedürfnisse geschaffen zu haben. Um auf die Gefühls- und Bedürfnis-Ebene zu kommen, setzte ich das Tool Moving Motivators ein.

Moving Motivators ist eine Methode, die die Motivationen einer Person im Arbeitsumfeld beleuchtet. Die zehn Karten, die vom Management 3.0 Gründer Jurgen Appelo entwickelt wurden, werden dabei nach der individuellen Priorität sortiert. Die zehn Motivatoren sind Neugier, Ehre, Anerkennung, Kompetenz, Macht, Freiheit, Verbundenheit, Ordnung, Ziel und Status. Die Methode liefert Teams und Führungskräften neue Erkenntnisse für die Zusammenarbeit, da die individuellen Bedürfnisse der Mitarbeiter verstanden und im nächsten Schritt dazu verwendet werden können, die Arbeitszufriedenheit sowie die -motivation zu steigern.

Im Workshop legten also alle Teilnehmer ihr Kartenset von ‚besonders wichtig' zu ‚nicht wichtig' vor sich hin. Danach bat ich sie darum, jene Karten ein Stück nach oben zu schieben, die in der aktuellen Team-Konstellation gefördert wurden und die Karten nach unten zu verschieben, die in der aktuellen Team-Konstellation vernachlässigt wurden.

Ergebnis

Die Haupt-Konfliktparteien (Peter, Faith und Mark) hatten als wichtigsten Motivator ‚Ehre' gewählt, dessen Bedeutung besagte: „Menschen um mich herum schätzen wert, was ich tue und wer ich bin." Alle drei hatten diese Karte in der aktuellen Team-Konstellation nach unten verschoben. Als sie das sahen, kehrte Stille im Raum ein.

Wir sprachen nicht darüber, welche Werte bei den einzelnen Personen tatsächlich in der Tiefe dahinterstanden. Es reichte, dass alle erkannten: „Das, was ich empfinde, wenn der andere mit mir spricht, tue ich ihm an, wenn ich spreche und handle. Er hat das Gefühl, dass ich seine Werte mit Füßen trete."
Diese Übung bewirkte einen kompletten Perspektivwechsel bei allen Beteiligten.

„Jetzt brauche ich eine Pause. Wollen wir zusammen rausgehen?" fragte Peter. „Ja gerne!" antwortete Mark. Die Pause war wirklich nötig zum Durchatmen. Es war das erste Mal seit Wochen, dass die beiden beim Kaffee miteinander sprachen, ohne sich über fachliche Themen zu streiten.

Im weiteren Verlauf war nach wie vor nötig, dass ich die Teilnehmer immer wieder auf die Feedback-Regeln hinwies. Wir nutzten das Prinzip COIN, ein vier-Stufen-Modell des Feedbackgebens.

- **Context:** Beschreibe, auf welche Situation du dich beziehst.
- **Observation:** Beschreibe, was du wahrgenommen, gesehen oder gehört hast.
- **Impact:** Beschreibe, welche Auswirkung das Erlebte auf dich oder andere hatte.
- **Next Steps:** Beschreibe, was du dir beim nächsten Mal in einer ähnlichen Situation wünschst.

Zielsetzung eines solchen Modells ist es, dass die Beteiligten wertschätzend miteinander umgehen. Immer wieder gab es rückversichernde Blicke in meine Richtung. „Formuliere ich das gerade richtig und wertschätzend?" „Moment, ich formuliere das nochmal anders, also *ich* habe das so wahrgenommen..."

Ich bemerkte, wie besonders Mark und Peter innerlich sehr an sich arbeiteten und sich bemühten, sich anders zu verhalten als sonst. Alle hatten nach den Erkenntnissen aus den Moving Motivators den Wunsch und die absolute Bereitschaft, sich als Menschen zu begegnen. Für mich sind das Gänsehautmomente.

Am Ende des Workshops hatte das gemeinsame Team, denn so konnte man es mittlerweile nennen, konkrete Maßnahmen für die vorab gesammelten Konfliktthemen wie Eskalationsstufen oder gegenseitige Transparenz festgelegt und weitere nächste Schritte besprochen. Eine Absprache war es zum Beispiel, die anfangs vereinbarten Verhaltensregeln zu Beginn jedes weiteren gemeinsamen Termins laut vorzulesen.

Mein Fazit

Der Workshop und die Konfliktmediation waren nötig, um das Team überhaupt handlungsfähig zu halten, aber natürlich ist ein einmaliger Workshop nicht ausreichend für eine nachhaltige Verhaltensänderung. Der Termin hat einen Perspektivwechsel hervorgerufen, auf dem in den nächsten Schritten aufgebaut werden musste. Er hat klargemacht, wie stark (verletzte) Gefühle das Miteinander und gemeinsame Arbeiten beeinflussen. Allerdings brauchen Haltungsänderungen ständige Wiederholung und Training, am besten mit einer professionellen Begleitung.

Erleichterte, überraschte und dankbare Gesichter im ganzen Team und Sätze wie „Können wir das bitte weiterführen?" und „Ich finde, wir sollten ein Kommunikationstraining machen. Kannst du das für uns machen?" machen Hoffnung auf nachhaltigen Erfolg. Es erinnert mich jedes Mal aufs Neue daran, warum ich meinen Job so sehr liebe.

Lisa Kujawa

Hi, ich bin Lisa. Mein Ziel ist es, Menschen und Teams dabei zu unterstützen, ihre eigene Welt ressourcenorientierter, stressfreier und entspannter zu gestalten. Durch neue Impulse, das Wechseln von Perspektiven, das Erlernen neuer Muster und das Stärken der eigenen Stabilität. Oft ist nur eine Verschiebung des Fokus notwendig, um den Gedanken und Handlungen eine neue, positive Richtung zu geben.

Ich habe meinen Coaching-Case ausgewählt, weil er verdeutlicht, welch starke Wirkung Bilder haben können und wie sie dabei helfen, die eigene Situation zu reflektieren.

Case-Übersicht

- Ausgangssituation: Es herrschten Konflikte in einem IT-Team, die zunächst nicht benannt werden konnten.

- Zielsetzung: Die Stimmung im Team sollte verbessert werden.

- Methoden: Deeskalation, Perspektivwechsel, Wirklichkeitskonstruktion, Mediation, Coaching über Bilder

- Ergebnis: Teamarbeit, in der jeder den anderen unterstützte und das gemeinsame Ziel im Vordergrund stand

Welches Schiff ist deins? Ein Team-Coaching-Prozess

Nachdem ich mittlerweile über viele Jahre Gruppen und Teams in verschiedenen Transformationsprozessen beobachtet und begleitet habe, stelle ich immer wieder Ähnliches fest: Menschen merken schnell, dass Konflikte bestehen, können aber selten klar benennen, worum es geht.

So war es auch in diesem Fall, bei dem ich gebeten wurde, in einem Unternehmen zu coachen, da die Stimmung ‚irgendwie schlecht' war.

Zunächst ließ ich mir grob skizzieren, um welche Konflikte zwischen welchen Parteien es sich handelte. Es betraf ein Team im IT-Bereich, bestehend aus ca. 15 Mitarbeitern. Diese 15 Personen waren ungefähr zur Hälfte Mitarbeiter des Unternehmens selbst und zur anderen Hälfte Mitarbeiter eines externen IT-Dienstleisters. Das Team hatte die Aufgabe, gemeinsam neue Prozesse für ein wichtiges Projekt zu entwickeln. Die Hauptaufgabe bestand darin, Anforderungen aus dem Fachbereich, welcher nicht Teil des Teams war, gemeinsam IT-seitig umzusetzen. Sowohl intern als auch extern gab es Berater und Entwickler, die eng zusammenarbeiten mussten.

Das Team war so strukturiert, dass die Rollen klar verteilt waren. Letztlich bestand die Prozesskette immer aus dieser Prozessfolge: *Fachbereich fordert an – Berater nimmt Anforderung auf und übersetzt – Entwickler setzt um.* Beispiel: Der Fachbereich wünscht sich eine Funktion, um Stornierungen durchführen zu können – der Berater nimmt die Anforderung auf und konzipiert eine Oberfläche, auf der es einen Button ‚Stornierung' gibt – der Entwickler entwickelt die Oberfläche und den Button. Die Herausforderung bestand nun darin, dass sowohl unternehmensinterne als auch externe Personen für die Qualität der Umsetzung verantwortlich waren. Die externen Berater und Entwickler wurden durch das Unternehmen bezahlt, folglich handelte es sich um eine Dienstleistung. Demnach war die Erwartung eine andere als an die internen

Mitarbeiter. Innerhalb eines Teams, welches an einem gemeinsamen Ergebnis arbeitet, kann dieser Zustand zu Konflikten führen. Es steht dann nicht der Teamgedanke, sondern die geschäftliche Beziehung im Vordergrund.

Die Projektleitung des Teams wollte ich auf jeden Fall in den Prozess einbinden und schloss mich daher mit ihr kurz, um mir ihr Okay einzuholen. In dem Gespräch erfuhr ich, dass der initiale Konflikt, aus dem sich die schlechte Stimmung entwickelt hatte, vor allem zwischen zwei internen und zwei externen Mitarbeitern bestand.

Ich entschied mich, mit diesen vier Personen in Zweiergesprächen zu sprechen, um ihren individuellen Blick auf die Stimmung besser einfangen zu können (‚Wirklichkeitskonstruktion‘).

Das erste Gespräch fand online mit den zwei unternehmensinternen Kollegen statt. Peter und Tom hatten bereits seit einiger Zeit den Eindruck, dass ihre Erwartungen von den externen Kollegen nicht erfüllt wurden, insbesondere aufgrund der unzureichenden Kommunikation. Im zweiten Gespräch traf ich mich mit Ivan und Sascha, zwei erfahrenen externen Beratern, die schon viele Jahre mit dem Unternehmen zusammenarbeiteten. Sie äußerten ihre Unzufriedenheit hauptsächlich über die fehlende Struktur und die unklare Beschreibung der Anforderungen.

Schnell wurde deutlich, dass es in diesem Team auf allen Seiten Erwartungen gab, die von der jeweils anderen Seite vermeintlich nicht erfüllt wurden. Nicht nur in diesem Fall, sondern auch in anderen Fällen hörte ich beispielsweise folgende Sätze:

„Also, wenn der nicht liefert, können wir nichts tun.“

„Das war ja so schlecht vorbereitet, da muss der sich ja nicht wundern.“

„Das muss der doch lösen, das ist doch nicht mein Thema (oder gerne auch: Dafür wird der doch bezahlt).“

Es wurde mir also schnell klar: Hier fand weder ein Perspektivwechsel statt noch wurde hier offensichtlich miteinander über die Erwartungen gesprochen.

Ich stelle in solchen Einzelgesprächen immer wieder fest, dass man mir gegenüber, als externer Dritter, durchaus gewillt ist, ‚auszupacken‘ und ehrlich anzusprechen, was alles nicht gut läuft.

Die beiden Gespräche ermöglichten mir somit einen guten Überblick, um zu verstehen, wie aufgeladen die Stimmung zwischen den Parteien war. Auf beiden Seiten spürte ich eine gewisse Zerrissenheit. Sie wollten die Konflikte gerne angehen, um das Arbeiten miteinander wieder auf ein angenehmes Level zu bringen. Auf der anderen Seite hatte sich bereits Resignation breit gemacht. Ein bisschen nach der Devise: „Was würde ein Coaching/eine Mediation schon helfen – wir haben den Konflikt bereits sehr lange?!“

Wie konnte ich es nun also schaffen, Peter, Tom, Ivan und Sascha an einen Tisch zu bekommen? Impulse als Angebot in eine solche Situation zu geben, bringt oftmals viel in Bewegung. Also entschied ich, eine gemeinsame Session mit einem Impuls von mir zu starten und danach erst in die Konfrontation zu gehen. Ich vereinbarte einen gemeinsamen Termin mit den vier Betroffenen und bat darum, die mir bereits vorgebrachten Herausforderungen und Ärgernisse aufgeschrieben mitzubringen.

Der Impuls

Die Arbeit in einem interdisziplinären Team ist vergleichbar mit der Arbeit auf einem Schiff. Alle müssen mit anpacken und sich gegenseitig unterstützen, damit das Schiff sicher, effizient und ohne Verluste im nächsten Hafen ankommt. Dafür braucht es verschiedene Tätigkeiten und Verantwortungen und eine Zusammenarbeit, die über die eigenen Kompetenzgrenzen hinausgeht. Alle auf dem Schiff sind verantwortlich für das erfolgreiche Einlaufen im Hafen. Jeder Einzelne. Was also lief in diesem Team anders?

Jeder wusste zwar exakt, was seine Aufgabe war, aber die Erwartung an den jeweils anderen war enorm hoch. „Ich mache meins, du machst deins." Das kann funktionieren, allerdings nur so lange, wie es keine Komplikationen gibt. Leider häufen sich Reibungen und unvorhersehbare Situationen in dieser komplexen und hochdynamischen Welt und fordern Teams zunehmend heraus.

Manchmal beobachte ich nicht nur Resignation, sondern teilweise gar eine antizipierte Schadenfreude. „Ich mach meins, und wenn du deins nichts packst, dann ist es weder mein Problem noch meine Aufgabe, mich zu kümmern."

Ein Schiff, auf dem die Crew wartet, bis der Kapitän, der Koch oder der Mechaniker den nächsten Fehler macht, um sich dann zurückzulehnen und sich zu freuen, dass man selbst nicht betroffen ist, wird den Hafen niemals erreichen.

Mit diesem Bild des Schiffs im Gepäck begab ich mich also in den Termin, ließ die Teilnehmer ankommen und startete mit einer kleinen Begrüßung. Alle vier waren sichtlich nervös, was verständlich war, da sie vermutlich mit einem angespannten ‚Klärungstermin' rechneten.

Schon durch meinen ersten Satz, mit dem ich zunächst auf einer Meta-Ebene in die Metapher des Schiffs einleitete, merkte ich, wie sich die Teilnehmer entspannten, da sich ihre Befürchtung, sofort in den Konflikt einsteigen zu müssen, erstmal nicht bewahrheiteten.

„Bevor wir gleich in die Unterhaltung starten, möchte ich euch gerne ein Bild an die Hand geben. Das könnt ihr einfach wirken lassen. Stellt euch vor, es gibt zwei Schiffe…"

Ich erläuterte die beiden Schiffe mit ihren Hauptcharakteren und dem Verhalten der Crewmitglieder. Auf beiden Schiffen arbeiten ein Kapitän, ein Koch und ein Mechaniker. Die Verantwortung dieser Crewmitglieder ist klar, doch während die Crew von Schiff 1 offensichtlich mit der Leistung der Hauptcharaktere nicht zufrieden ist und im Unmut verharrt, versucht die Crew auf Schiff 2 alles in Bewegung zu setzen, um gemeinsam erfolgreicher zu sein. So steht ein Crewmitglied auf Schiff 1 mit verschränkten Armen neben dem Kapitän und denkt: „Gleich rammt er bestimmt den Eisberg." Zeitgleich wirft das Crewmitglied auf Schiff 2 aktiv einen Blick auf die Karte, um dem Kapitän den Weg zu weisen. Gleiches spielt sich in der Küche ab. Während auf Schiff 1 noch über die verbrannte Suppe geschimpft wird, läuft auf Schiff 2 ein Crewmitglied los, um dem Koch den Kochlöffel anzureichen. Auch unter Deck spielt sich eine ähnliche Szene ab. Während auf Schiff 1 schlechte Stimmung herrscht, weil die Crew nicht verstehen kann, wie der Mechaniker seit Tagen erfolglos an der Maschine herumschraubt, macht die Crew auf Schiff 2 die richtigen Werkzeuge ausfindig und stellt sie zur Verfügung.

Ich endete meine Metapher mit der Aussage: „Auf welchem Schiff möchtest du arbeiten? Du entscheidest. Immer!"

Stille! – Eindrückliche Stille!

Was passiert in so einem Moment? Auf einfache Art und Weise beschreibe ich ein Szenario, mit dem jeder sofort etwas anfangen kann. Jeder kann die Gefühle beschreiben, die auf dem einen oder dem anderen Schiff herrschen. Und jeder würde sofort entscheiden: „Na klar, möchte ich auf dem Schiff mit der hilfsbereiten Crew arbeiten."

Plötzlich findet ein Transfer statt. Verhalte ich mich selbst so wie die Crew auf diesem Schiff? Habe ich den Kollegen schon einmal gefragt, warum er seine Aufgabe nicht erledigen konnte, und habe ich jemals meine Unterstützung angeboten? Wäre es mir nicht sogar möglich, den Fortschritt unserer Arbeit zu beschleunigen, wenn ich mein Wissen und meine Expertise auch dort einbringe, wo ich nicht explizit laut Jobbeschreibung drum gebeten wurde?

Gemeinsames Festlegen der Maßnahmen

Nach dieser Einführung auf der Meta-Ebene bat ich die vier Teilnehmer, die Herausforderungen in der Teamzusammenarbeit aus ihrer jeweiligen Perspektive zu beschreiben. Die anderen hatten dann die Chance, darauf zu antworten.

Zunächst starteten Peter und Tom damit, ihre Punkte vorzubringen. Ivan und Sascha konnten anschließend direkt auf das Gesagte eingehen. Es entstand ein Austausch über Missstände und Herausforderungen. Ich beobachtete dennoch eins: Die Art und Weise, wie die Kritikpunkte vorgebracht wurden, war sehr sachlich – viel sachlicher, als sie mir vor ein paar Wochen vorgebracht worden waren. Vielleicht hatten sie seitdem oder sogar durch das Bild des Schiffs ein wenig die Perspektive verändert, sodass sie nicht mehr meckern wollten, sondern konstruktive Vorschläge für eine Lösung brachten.

Aus einem „Warum macht ihr das denn dann nicht so, wie wir euch es übergeben haben?" wurde ein „Was können wir tun, damit ihr unsere Anforderung besser versteht?". Aus einem „Das ist doch eure Aufgabe, uns zu sagen, wie es laufen soll!" wurde ein „Vielleicht können wir gemeinsam überlegen, wie wir es machen könnten!".

„Wir sitzen doch alle im gleichen Boot." ist ein bekanntes Sprichwort, das oft ganz beiläufig verwendet wird. Mit meinen beiden Schiffen drücke ich das Gleiche aus, doch für die Teammitglieder wird dadurch viel deutlicher, was es bedeutet, gemeinsam ein Ziel zu verfolgen. Jeder trägt Verantwortung, jeder leistet seinen Beitrag.

Sehr strukturiert nahmen wir im weiteren Verlauf des Meetings Aspekte auf, die in der Zusammenarbeit noch nicht funktionierten, stellten fest, welche Wissenslücken einzelne Personen noch hatten und welche Meeting-Formate aktuell noch nicht gut funktionierten.

Wir erstellten eine Liste der Punkte und erarbeiteten gemeinsame Maßnahmen, die getroffen werden sollten. Beispielsweise wurde gemeinschaftlich festgestellt, dass die internen Kollegen auf einem unterschiedlichen Wissensstand zu einer bestimmten Methode waren. Eine Schulung für alle Kollegen sollte hier Abhilfe schaffen. Ebenso wurde bemerkt, dass es einen methodischen Leiter in dem Team gab, mit dem neue Vereinbarungen zu Meeting-Formaten getroffen werden sollten. Die vier Teamkollegen einigten sich auch darauf, die gemeinsamen Herausforderungen im wöchentlichen Teammeeting mit dem gesamten Team anzusprechen, um eine größere Transparenz zu schaffen und alle zu beteiligen. Schon in diesem ersten Meeting hatte ich das Gefühl, dass die Perspektive „Wir sitzen doch alle in einem Boot und wollen das Gleiche." enorm half, um ins Handeln zu kommen.

Der weitere Verlauf

Ich habe in den letzten 20 Jahren auch als Teilnehmerin häufig in solchen Workshops gesessen und musste im Rückblick feststellen, dass viele gemeinsam erarbeitete Maßnahmen letztlich nie in die Umsetzung kamen. Woran hat es gelegen? Ich bin der Ansicht, dass Verbindlichkeit und Nachhaltigkeit in dieser Sache eine riesige Rolle spielen. Workshops dieser Art finden meist außerhalb des normalen Arbeitsumfelds statt. Voller Motivation verlässt man den Workshop – und schon am nächsten Morgen ist man wieder in seinem Hamsterrad gefangen. Es ist sehr schade, wenn etwas aktiviert wird, was nachhaltig leider keinen Bestand hat.

Als Coach und Moderator habe ich die Möglichkeit, das zu durchbrechen. Ich kann die nachhaltigen Veränderungen meiner Klient:innen unterstützen, indem ich mich ihnen nach dem Workshop immer mal wieder in Erinnerung rufe. Ich bat Peter, Tom, Ivan und Sascha bereits während unseres Workshops, für jede Maßnahme festzulegen, wer dafür verantwortlich sein würde und bis wann sie umgesetzt werden könnte. Wir einigten uns darauf, in vier Wochen erneut auf die Liste zu schauen und zu prüfen, wie weit das Team gekommen war.

Kurz vor dem nächsten Termin verschickte ich eine Erinnerungs-E-Mail an die Gruppe, in der ich meine Vorfreude ausdrückte und darauf hinwies, dass ich gespannt war, wie weit sie bereits gekommen waren.

So folgten fünf Folgetermine (jeweils 30 Minuten). Ich fragte die vier Beteiligten regelmäßig, ob das Team noch etwas brauchte, um voranzukommen, doch es schien, als wäre ein ‚Knoten geplatzt' – vielleicht sogar ein Seemannsknoten. Vielleicht war es genau dieser Impuls mit den beiden Schiffen, der notwendig gewesen war, um die Perspektive auf den Konflikt zu verändern. Oder es war das gemeinsame Gespräch über die Herausforderungen, das den Wendepunkt brachte. Im Ergebnis wurden die Maßnahmen umgesetzt, wodurch die Kommunikation verbessert und das gemeinsame Arbeiten in den Vordergrund gestellt wurde.

Am Ende entscheidet jeder selbst, auf welchem Schiff er arbeiten möchte. Auf dem Schiff, auf dem antizipierte Schadenfreude, ein Gegeneinander und eine Einzelkämpfer-Mentalität vorherrschen. Oder auf einem Schiff, auf dem Verantwortung geteilt und aufeinander vertraut wird sowie Herausforderungen gemeinsam gemeistert werden.

Ich bin froh, dass Peter, Tom, Ivan und Sascha entschieden haben, mit dem zweiten Schiff in See zu stechen und ihre Crew offensichtlich auch überzeugen konnten. Ich bin mir sicher, dass sie in Zukunft noch viele Häfen gemeinsam erfolgreich erreichen werden.

Selbstreflexion:

Was nimmst du für dich mit?

Du hast nun 30 echte Coaching-Prozesse erlebt – Momentaufnahmen aus dem echten Leben. Geschichten voller Klarheit und Chaos, Mut und Angst, Fragen und Antworten. Geschichten von Menschen, die sich auf den Weg gemacht haben. Vielleicht hast du dich in manchen Szenen wiedergefunden. Vielleicht hat dich ein Gedanke überrascht, eine Frage tief berührt oder ein Bild nicht mehr losgelassen.

Coaching beginnt oft mit einer Ahnung. Da ist noch etwas. Etwas, das sich verändern will. Etwas, das gesehen werden möchte.

- Was bleibt in dir zurück?

- Welche Szene bewegt dich noch immer?

- Welche Frage traf dich mitten ins Herz?

- Welche Erkenntnis darf in deinem eigenen Leben weiterwirken?

Vielleicht spürst du jetzt den Impuls, selbst innezuhalten. Nicht, um sofort Lösungen zu finden. Sondern um zu spüren, wo du gerade stehst – und wohin du dich entwickeln möchtest. Vielleicht reicht es schon, eine neue Frage zuzulassen. Eine neue Perspektive. Einen nächsten Schritt.

Dieses Buch ist eine Einladung. Eine Einladung an dich, mutig deine Schatten zu umarmen, um endlich in deinem eigenen Licht zu strahlen.

• Platz für deine Gedanken •